AF477872

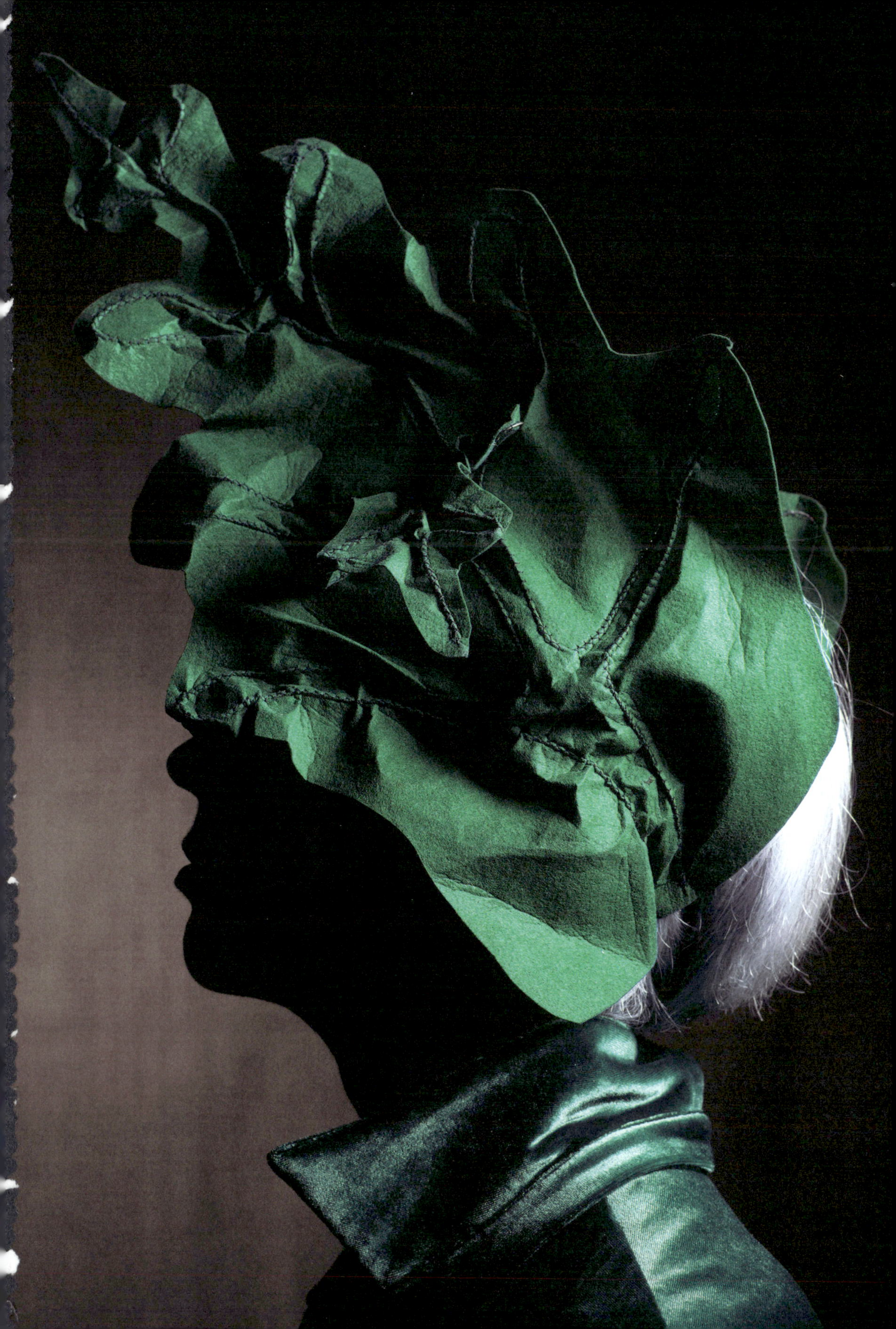

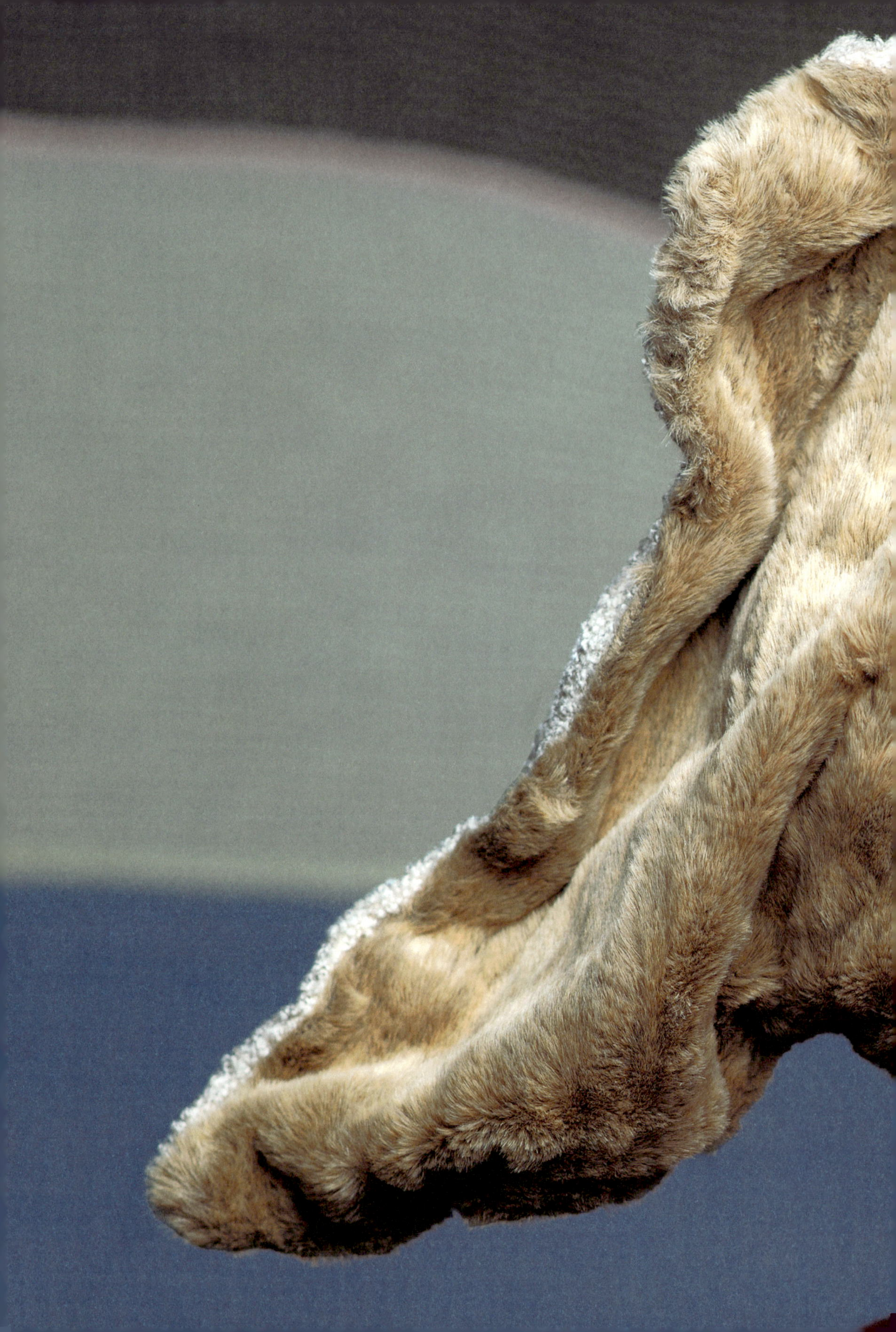

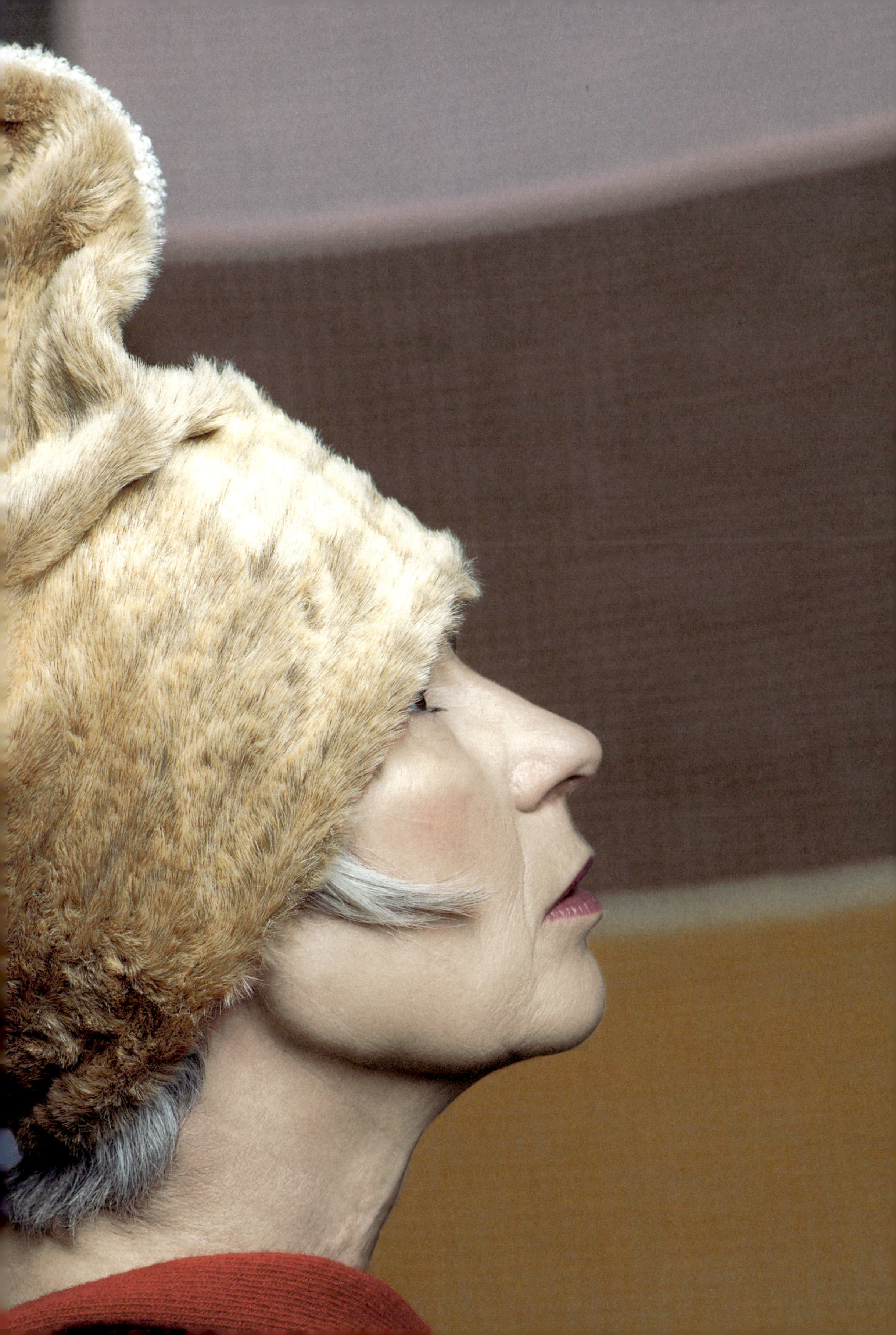

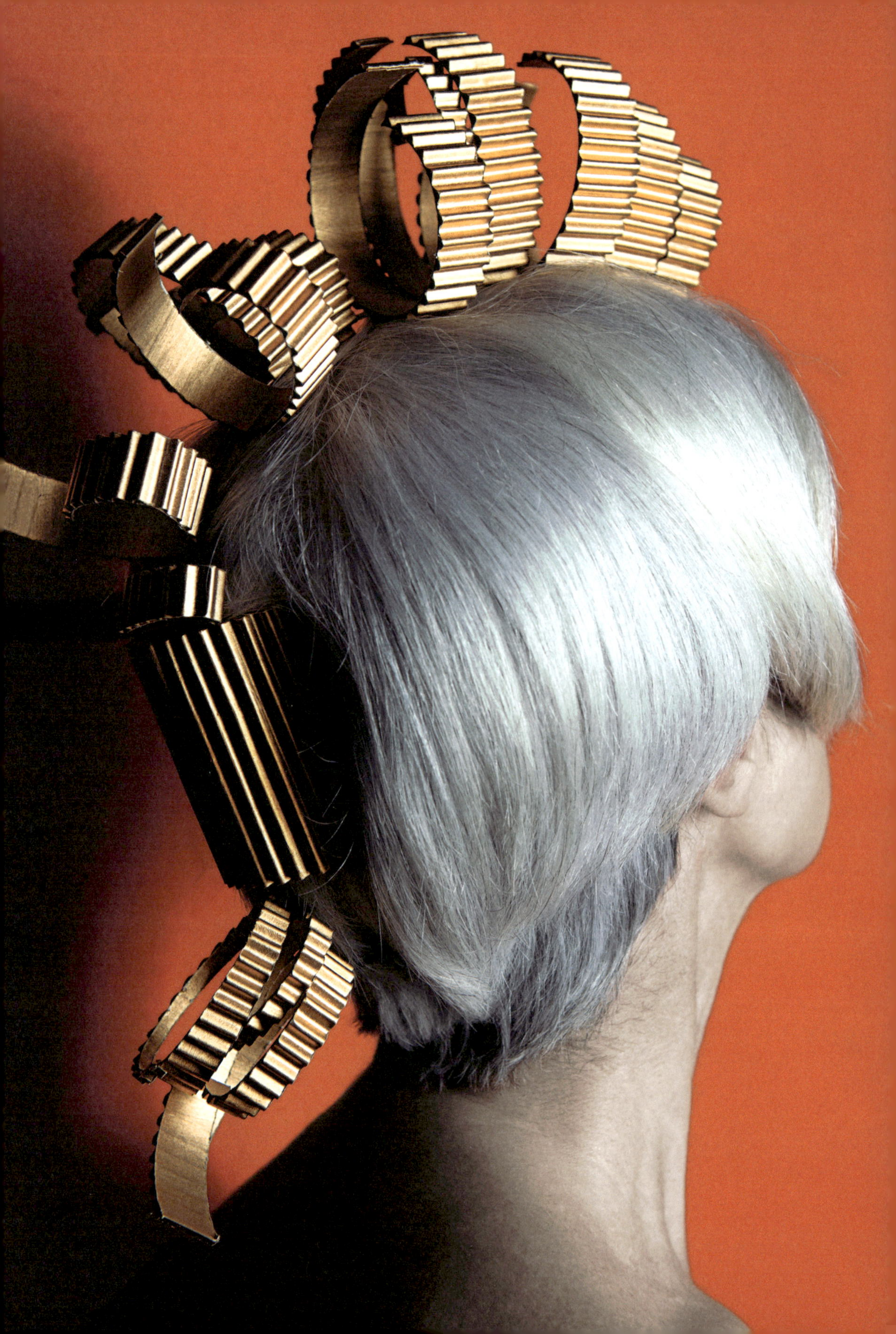

CANDELA
CORT

LA FABRICA

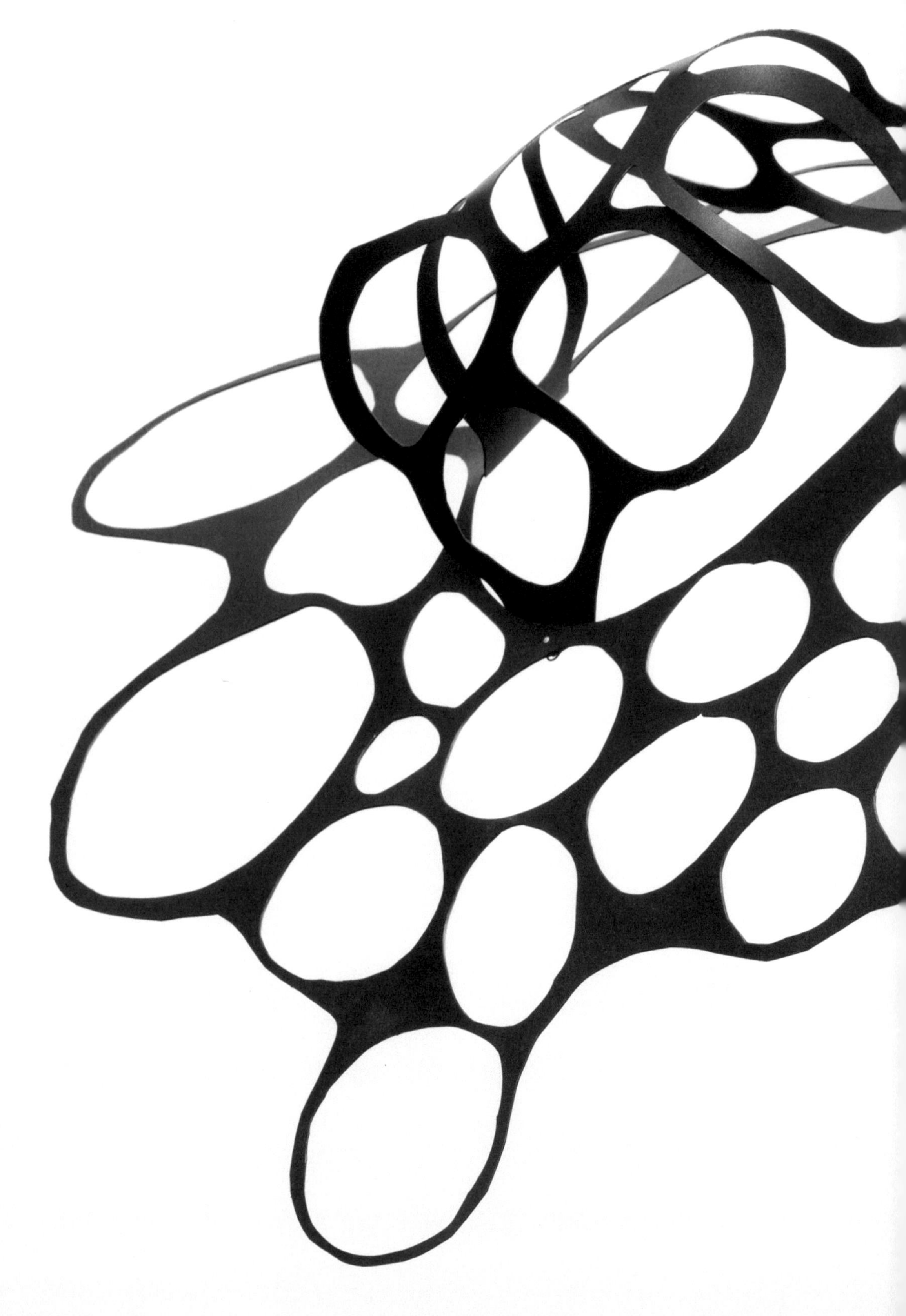

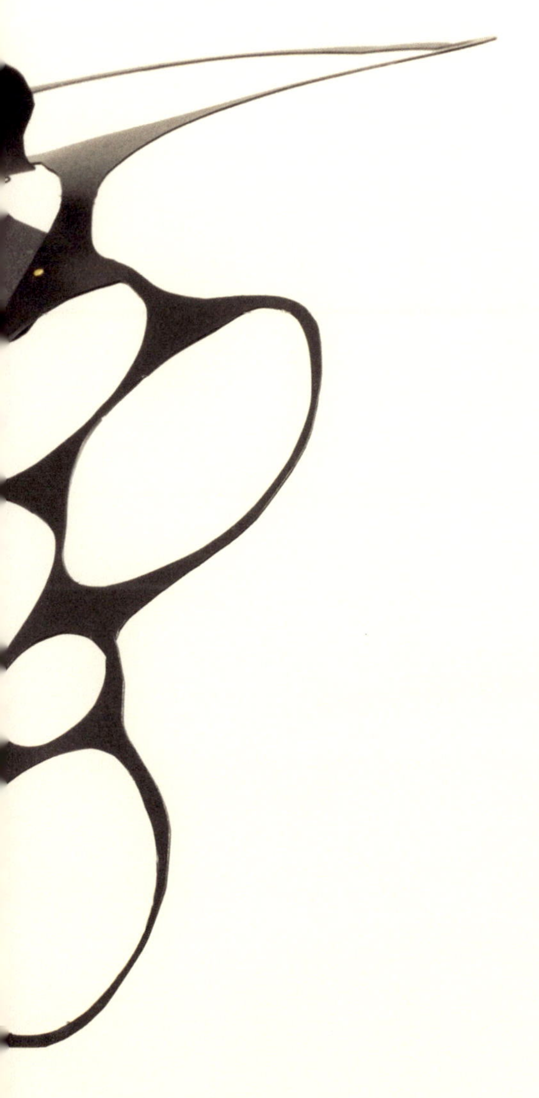

Anatxu Zabalbeascoa

Candela Cort, una artista artesana y una artesana artista

Anatxu Zabalbeascoa

Eugenio d'Ors diferenciaba entre «el mundo de las formas que vuelan y el de las formas que se apoyan». Las obras de Candela Cort vuelan apoyadas. Por eso escapan a la razón y resultan paradójicas. Sus sombreros, tocados y collares son livianos, casi etéreos, y, sin embargo, son también rotundos. Son insignificantes —desde el punto de vista material— y, a pesar de ello, tienen capacidad para transformar. A cualquiera de sus sombreros es imposible ponerle fecha de nacimiento y es muy difícil también ponerle precio. ¿Cuánto cuesta un alambre que transforma una tela? Nada y todo. ¿Cuánto vale una prenda que está viva, que se acomoda, se hace y se deshace? ¿Cuánto algo que es capaz de ser a un tiempo siempre lo mismo y cada vez distinto?

Lo clásico hace pie, lo barroco despega. Y Candela Cort conjuga esos opuestos deshaciendo su oposición. Como quien cuadra un círculo, logra un imposible: sin sacrificar ni color ni forma consigue que la claridad de su trazo sea limpia y, sin que el color la ensucie, logre levantar el vuelo y alcance a ser musical.

Ni por la forma ni por el color es fácil clasificar los sombreros, collares, tocados, *collages*, pulseras y cuellos que idea Cort. Radiografías, cartón ondulado, alambre de latón, cintas, goma elástica, plástico o botones... Tampoco los inesperados materiales facilitan la clasificación. ¿Qué tienen en común entonces los trabajos? ¿Qué traza el hilo entre lo que pasa por su cabeza y lo que sale de sus manos? De la paradoja arranca y con la flexibilidad lo continúa: «Siempre vuelven», dice Cort de sus creaciones. Y es cierto que son obedientes y libres a la vez. La flexibilidad de los materiales permite deformar los sombreros sin que estos pierdan su forma. Eso los multiplica. Ningún sombrero es rígido. Todos ofrecen la posibilidad de ser uno y muchos. El mismo tocado funciona en la playa y sirve para una boda.

Más que diseñar, Candela construye, monta, cose y juega para hacer. Reina de la paradoja, compone sorpresas elegantes. Sus creaciones son atrevidas, pero sutiles. Uno se recrea cuando se calza uno de sus sombreros en el más amplio sentido de la palabra: acercarse a Candela es estar dispuesto a jugar. Es entender la alegría como parte esencial de la vida. Re-crearse significa también volver a ser. Les sucede a los sombreros —que cambian de forma y, decíamos, regresan a la forma original— y también a las personas que, por un momento, se proyectan en un atributo. Un insignificante cordón dorado, anudado como un racimo de uvas, remite a las joyas de los maharajás. Un tercio de sus sombreros plegables como fuelles ha viajado a Ascot, ha volado en bodas reales, ha permanecido décadas en los roperos impertérritos ante el paso de las modas.

En el trabajo de Cort, una espiral negra es a la vez cobijo y pedestal.

Como sucede con su obra, el sombrero, en sí mismo, es un objeto paradójico. Con frecuencia significa a la gente, la hace visible. Pero también puede ocultarla o enmascararla. Cort asume ese papel vitalista. Como artista, construye la herramienta de la transformación: vende la posibilidad de ser otro. Sus sombreros son tanto quien uno es como quien quiere ser. Flexibles, casi irrompibles y, sin embargo —otra paradoja más—, delicados, siendo casi etéreos, los tocados son transformadores.

«Hoy he visto a Mister Lock confeccionar un sombrero con cintas, paja y alfileres… Lo llevo puesto y me proporciona ideas inglesas», escribió el filósofo Jean-Jacques Rousseau. Los sombreros de Candela Cort también parecen alterar —aunque sea durante un instante— el pensamiento. «Son lo único de lo que estoy segura. Este es mi territorio. Siempre digo que hago sombreros en lugar de ir al psiquiatra. Es mi medicina», explica Cort. Y su terapia remite a la que Jonathan Swift escribió hace más de tres siglos. El autor de *Los viajes de Gulliver* defendía que la receta para la buena vida la firmaban los mejores médicos del mundo: el doctor Dieta, el doctor Tranquilidad y la doctora Alegría. A esta última recurre Cort como método de trabajo.

«Cuando he estado mal, esto me cura. Desde que nací tengo la autoestima baja. Siempre dudo. Con frecuencia pienso que hay algo que no funciona. Que lo que hago no tiene sentido. En el estudio no pienso, pero al salir al mundo me entran las dudas». Todos los finales de verano, Candela entra en crisis. Regresa de La Toja y en Madrid afronta las razones que la creatividad no responde. Llega al estudio recelosa. «Y cuando empiezo a mirar las cosas que he hecho y empiezo a tocar y a probarme los sombreros, salgo de ese momento de duda». Antonio Gala escribió que si no se avanza recordando, se tropieza. Y Cort defiende que desde el olvido no se puede construir: «Necesito recordarme, sacar fuerzas de lo que he hecho. [...] El gran premio de un creativo es que alguien vea lo mismo que tú: que guste tu trabajo». Sucede cuando alguien entra en su estudio. Uno empieza por abrir la boca. Luego les llega el turno a los ojos, como platos; finalmente uno se atreve a tocar y, frente al espejo, empieza la fiesta. Uno se busca entre tocados, collares y sombreros, y redescubre que lo más hermoso de la vida es superfluo. Como los pavos reales.

El primer sombrero

Concha Lantero, la madre de Candela, lloraba cada vez que le gustaba un broche de los que hacía su hija. «Cuando llegaba al estudio le entraba una emoción que nos hacía llorar a todos». Era su fan número uno. Se lo compraba todo y lo regalaba a sus amigas. Murió hace diecisiete años. Era, como la propia Candela, delgada y muy alta. Le gustaba, como a ella, vestirse bien. La diseñadora Elena Benarroch dijo que era de las mujeres más elegantes de España. «Pero también era muy de trapillo —apunta Cort—, combinaba lo bueno con lo malo». Era una persona con gusto propio. Más que de moda,

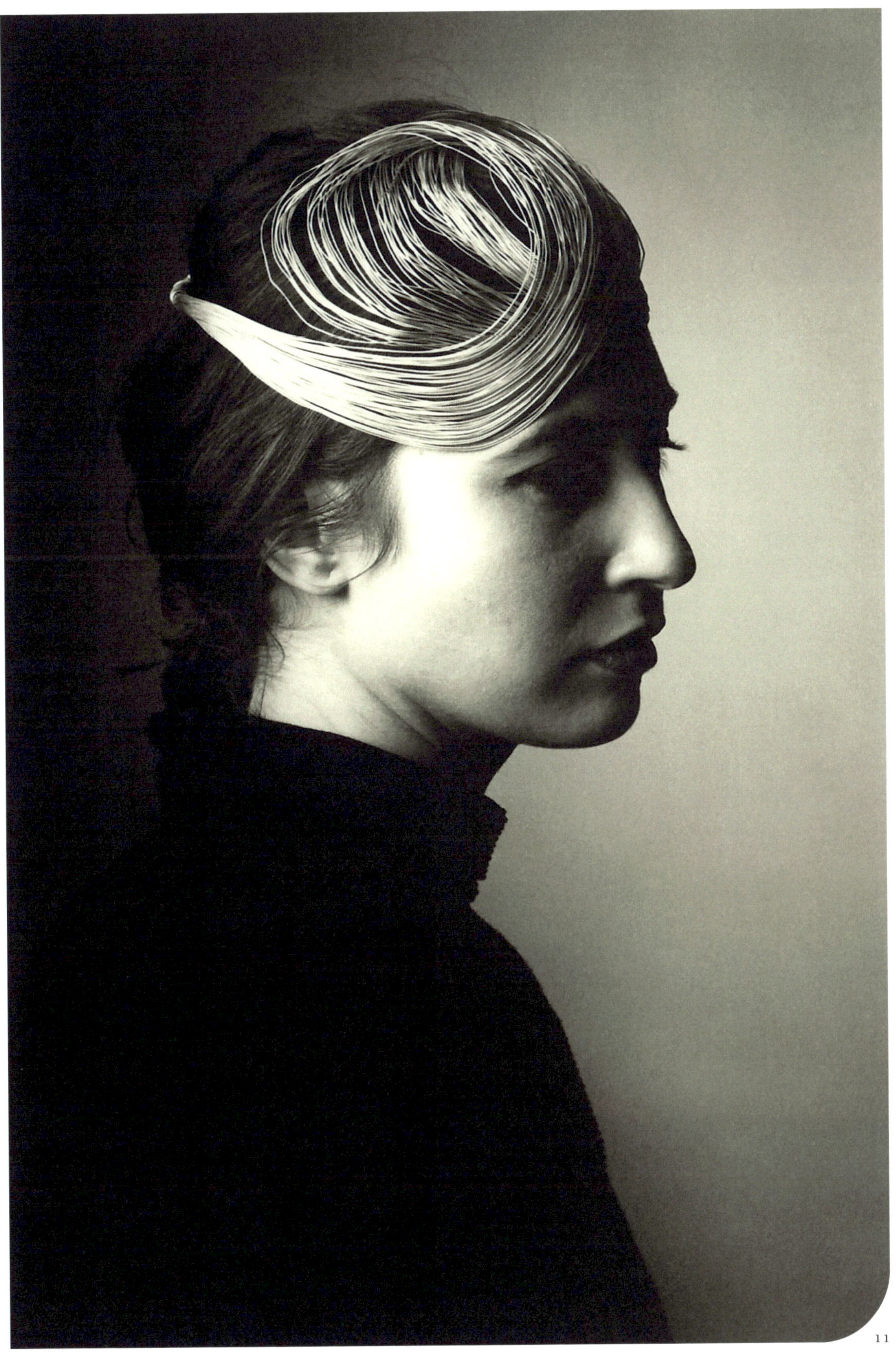

su infancia estuvo rodeada de fotografías. A eso dedicaban sus padres el tiempo libre. Ella misma empezó fotografiando. Estudió Bellas Artes «aunque pintaba fatal», asegura. Se especializó en fotografía y conoció al padre de su hija Manuela, el pintor Jaime Lorente, y a muchos de los grandes amigos de su vida.

La segunda de cinco hermanos, Candela se recuerda recolectando palos y conchas en playas de Galicia. También transformándolos en broches y collares. Cuando su hermano mayor se casó, ella heredó un sótano con las paredes de corcho que César había forrado para no molestar con su música. En esos corchos comenzó a clavar sus fotos. Y luego sus collares. Nadie supo ver en esa constante un oficio. Hasta que afloró. «Se cambia poco. Una tía que venía a comer los domingos me enseñó a hacer ganchillo». Aunque en su casa había costurera, era una niña cuando, con la Singer de pedal, comenzó a hacerse vestidos: lisos y decididos. Era habilidosa con las manos y miraba por el teleobjetivo. A su cámara Nikon le hizo una funda de ganchillo de colores. Corren los años noventa y ya tenemos a varias de las Candelas confluyendo en la artista que es hoy.

Artista de altos vuelos y artesana *low cost*, la cantera de Cort está en la ferretería, en las tapicerías, en las mercerías «y en los todo a 100». «Con cosas muy caras me agobio. Prefiero romper, transformar y no preocuparme por no poder tocar lo caro». En India, la cultura artesana distingue entre los *Karigar* y los *Kalakar*. El primero es un artesano: alguien que ha acumulado conocimiento y destreza para dominar un oficio. El segundo es un artista que hace artesanía: un creador que reconoce la importancia del lugar, del tiempo y de la tradición, alguien que quiere llevar la belleza a lo útil. La Candela Cort sombrerera comenzó trabajando con medias porque eran un material elástico: «Metía el alambre a la media y el sombrero se quedaba rígido, pero flexible». Había nacido el primer sombrero. Esa idea, que llegó por casualidad, se quedó para siempre en su trabajo. A partir de ahí, las medias se trasladaron a la cabeza. «Medias mías han ido a bodas reales».

Tras las medias, llegaron los papeles de arroz, el papel japonés de empapelar. «Lo fascinante es que las clientas se lo ponían en la cabeza. Aquellas señoras creían en mí». Por eso decidió que tenía que aprender a hacer sombreros en serio. Siendo artista, quiso aprender a ser artesana. Se puso delante de un espejo con tijeras, alambres y sus manos. Las medias se rompían. Las sustituyó por redes de pesca, por tules, por telas elásticas de licra. La goma transformaba el sombrero. Era como un juego, la constante en su trabajo. Llevaba años vendiendo sombreros cuando decidió que tenía que formarse. «Estaba embarazada de Manuela. Era ahora o nunca». Se apuntó a la London School of Fashion. Alquiló una casita en Holland Park y aprendió los aprestos, la tarlatana y las hormas… Al acabar, la directora le espetó: «¿Qué haces aquí aprendiendo si tendrías que estar enseñando?».

Tímida pero osada, viajó a París con una maleta con más de cien sombreros. Miyake jugó con ellos. También Jean-Paul Gaultier y Claude Montana. La llamaron de la Cámara de Comercio de Nueva York y… Candela regresó a su taller. «Nunca he querido crecer porque todo lo hago con mis manos. Quiero seguir así». *Kalakar.*

Candela cuenta su vida como todos: como un puzle. El fin de la fotografía llega cuando se separa y en la nueva casa no cabe un estudio fotográfico. Los sombreros afloran después como una reinvención. El juego se convierte en profesión. Y llegan las grandes clientas. Con el tiempo, la creatividad vuela más allá de la cabeza.

A Cort le encargaron una exposición junto al pintor Eduardo Arroyo y, de nuevo, volvió a jugar. El 6 y el 4 dieron lugar a los retratos esquemáticos, clásicos y primitivos, a los que les dibujó un tocado: habían nacido los *collages*, el momento en que la fotografía y los sombreros se encuentran. Por azar y jugando sus tocados buscan rostros en el Museo del Prado, en las pinacotecas del mundo y en los manuales de historia del arte. Contempla los retratos de los grandes pintores clasificándolos entre los completos y los que necesitan un sombrero. A estos se lo construye. Sus retratos re-tocados incluyen frescos pompeyanos, Dureros, Pieros della Francesca, Giottos, Ghirlandaios y una Catalina de Aragón pintada por Juan de Flandes. De los retratos re-tocados pasa a alterar los grabados: corona dibujos en blanco y negro y hace lo mismo con fotografías de mujeres a las que inventa una cabeza. Son tan leves sus sombreros que, ahora sí, quedan esbozados sobre la cabeza, levantados por el azar, construidos sin miedo y con aire.

El recorrido por la obra inagotable de Cort acaba con aplauso en la Expo de Lisboa. Suenan los compases de la ópera *O Corvo Branco*. La música es adictiva, la ha compuesto Philip Glass; Bob Wilson dirige la escena, y ha elegido los sombreros de Candela para representar el libreto de Luisa Costa Gomes.

Albert Camus escribió que el *charme* es un modo de obtener como respuesta un sí sin haber formulado a las claras ninguna pregunta. Los trabajos de Candela Cort tienen *charme*: obtienen respuestas sin necesidad de hacer preguntas. Los antiguos sombrereros tenían fama de locos porque inhalaban los tóxicos que se utilizaban para convertir el pelaje más fino del castor en fieltro. La piel del castor repelía el agua pero, sobre todo, era, es, mucho más flexible que la lana. Lo hemos dicho, la alegría, la puerta abierta a cierta locura y la flexibilidad innegociable inician el camino hacia el territorio Cort, donde Candela se reinventa en cada trabajo. Como artista siempre empieza de cero. «Me pierdo, pero sé reinventarme». Es el riesgo para llegar a un lugar desconocido, un sitio que fascina por ser extraño y cercano a la vez, un ámbito que se estrena con un nuevo tocado y que, con la alegría como objetivo, el juego como estrategia y la ligereza como condición espiritual, convierte el arte de Candela Cort en una vitalista forma de vida.

Candela Cort, Artisan-Artist and Artist-Artisan
Anatxu Zabalbeascoa

Eugeni d'Ors differentiated between the "world of forms that fly and the world of forms that lean". Candela Cort's creations lean in flight, at once grounded and aloft: a paradox that defies reason. Her hats, fascinators and necklaces are lightweight, almost ethereal, yet also solid and substantial. Though insignificant from a material point of view, they have the power to transform. It is impossible to fix the date of birth of any of her hats, and nearly as difficult to put a price on them. How much does a wire that transforms fabric cost? Nothing and everything. What is the worth of a living garment that adjusts, makes and unmakes itself? What value can we put on something that is always the same yet different every time?

The classical touches ground, the baroque takes flight. And Candela Cort combines those opposites, undoing their opposition. Like someone who squares the circle, she accomplishes the impossible: without sacrificing colour or form, she achieves clear, clean lines which no pigment can blur, lines that take wing and become musical.

It isn't easy to classify the hats, necklaces, fascinators, collages, bracelets and collars that Cort designs by shape or colour. And the unexpected materials—X-rays, corrugated paperboard, brass wire, ribbons, elastic bands, plastic or buttons—don't make classification any simpler. So what do all these pieces have in common? What is the connecting thread between what crosses her mind and what springs from her hands? She starts with a paradox and continues with flexibility: "They always return," Cort says of her creations. The truth is that they are simultaneously obedient and free. The flexible materials allow the hats to be deformed without losing their shape. And that multiples them. Not a single hat is rigid. They all have the potential to be one and legion. The same headpiece that works at the beach can be worn to a wedding.

Candela does more than design: she builds, assembles, sews and plays to create. The queen of paradox, she composes elegant surprises. Her creations are daring yet subtle. Slipping on one of her hats is a recreational experience in the broadest sense of the word: to get close to Candela, you must be willing to play, to understand joy as an essential part of life. Re-creation also means becoming anew. It happens to the hats—which change shape and, as I said before, return to their original form—and also to the people who, for a moment, see themselves projected onto an attribute. An insignificant gold cord, knotted like a cluster of grapes, recalls the jewels of the maharajahs. A regiment of her accordion-folding hats has travelled to Ascot, flown at royal weddings, and sat in wardrobes for decades, timeless and impervious to changing fashions.

In Cort's work, a black spiral is at once a shelter and a pedestal.

As with the rest of her creations, the hat is a paradoxical object in and of itself. It often signifies people, making them visible. But it can also conceal or disguise them. Cort willingly plays that vitalist role. As an artist, she constructs the tool of transformation: she sells the possibility of being someone else. Her hats are both who one is and who one wants to be. Flexible, practically unbreakable, yet—another paradox—delicate and almost ethereal, her headpieces are transformational.

"Today I saw Mister Lock fashion a hat with ribbons, straw and pins [...] I am wearing it, and it gives me English ideas," the philosopher Jean-Jacques Rousseau wrote. Candela Cort's hats also seem to alter, if only for a second, the wearer's thoughts. "They're the only thing of which I am certain.

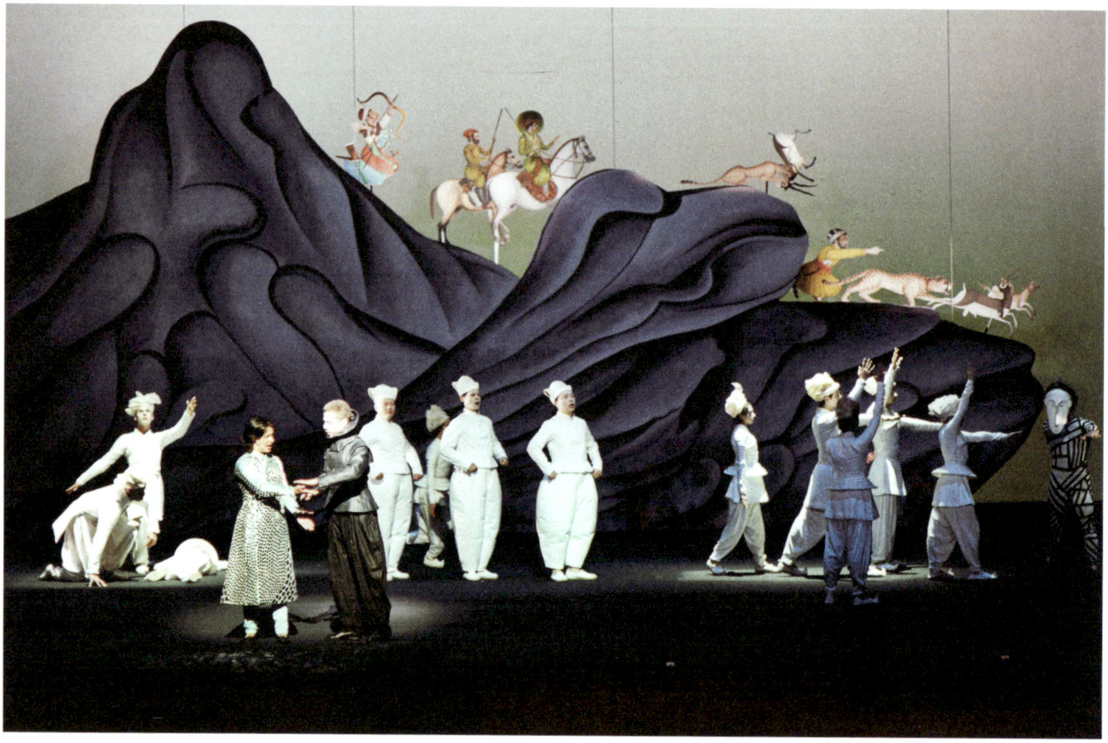

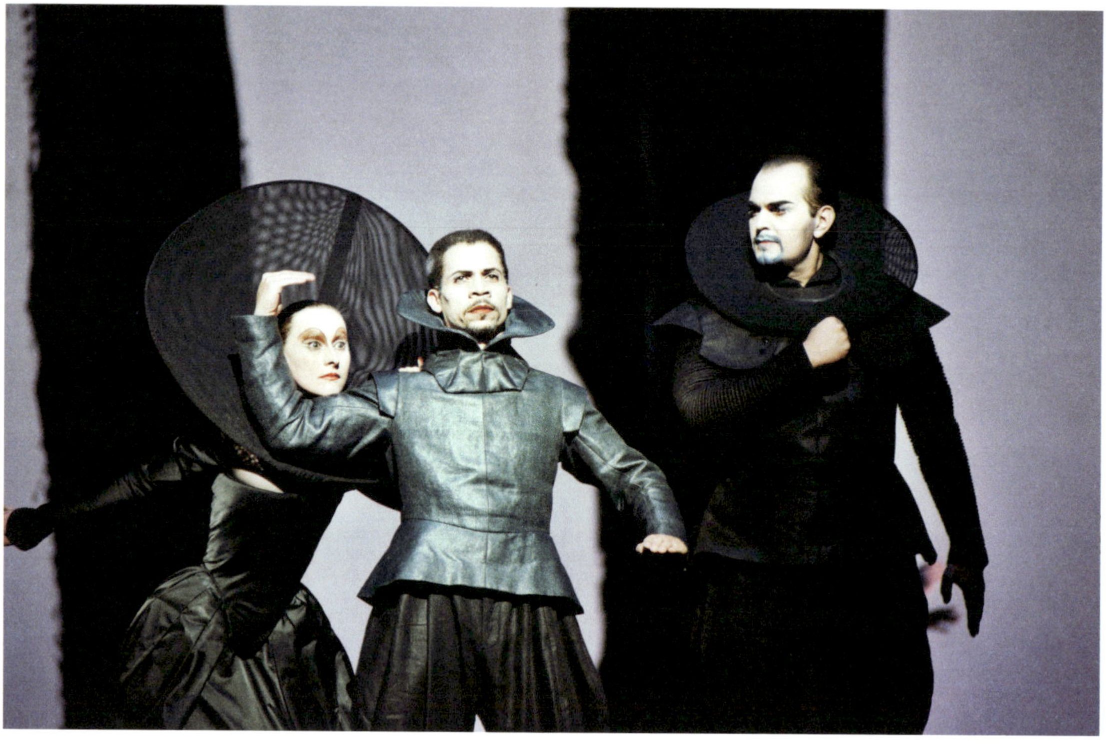

This is my territory. I always say that I make hats instead of going to the psychiatrist. It's my therapy," Cort explains. Her course of treatment recalls that indicated by Jonathan Swift over three centuries ago. The author of *Gulliver's Travels* claimed that the prescription for the good life was signed by the best doctors in the world: Doctor Diet, Doctor Quiet and Doctor Merryman. Cort has made the tonic of merriness her working method.

"Whenever I feel poorly, this cures me. I've had low self-esteem since the day I was born. I always second-guess myself. I often think there's something that doesn't work. That what I do makes no sense. In the studio I don't think, but when I go out, I begin to doubt." Candela suffers a crisis at the end of every summer. Upon returning to Madrid from the island of La Toja, she faces the questions that creativity does not answer. She arrives at the studio filled with apprehension. "But when I begin to look at the things I've done and start touching and trying on the hats, I leave that moment of doubt behind." Antonio Gala wrote that if we stride forward without remembering, we will inevitably stumble. And Cort believes that it is impossible to construct anything from oblivion: "I need to remember myself, draw strength from what I've done. [...] The greatest reward for a creative person is when someone sees what you see: when they like your work." It happens when visitors enter her studio. First, their jaws drop. Then their eyes grow round as saucers, and finally they dare to touch and, before the mirror, the party begins. They look for themselves among fascinators, necklaces and hats, and rediscover that the most beautiful things in life are superfluous. Like peacocks.

The first hat

Concha Lantero, Candela's mother, wept every time she liked a brooch that her daughter had made. "When she came to the studio, she became so emotional that she made us all cry." She was Candela's number one fan. Concha bought all of her daughter's creations and gave them to her friends. She died seventeen years ago. Like Candela, she was slender and very tall. Like her, she liked to dress well. The designer Elena Benarroch called them the most elegant women in Spain. "But she was also quite fond of casual wear," Cort recalls. "She combined the good with the bad." She had her own style. Her childhood was spent among pictures rather than fashion plates, as photography was her parents' hobby. Candela herself started out as a photographer. She studied Fine Art, although she confesses that she "was a terrible painter". She specialised in photography and met the father of her daughter Manuela, the painter Jaime Lorente, and many other lifelong friends.

The second of five siblings, Candela recalls collecting sticks and shells on the beaches of Galicia and turning them into brooches and necklaces. When her older brother César married, she inherited a basement studio whose walls he had lined with cork board to muffle the sound of his music. She began to pin her photos on the cork walls, and later her necklaces. No one suspected that this hobby might become a career, until her talent blossomed. "Things don't really change. An aunt who came to lunch every Sunday taught me how to crochet." Although her family employed a seamstress, as a little girl she began using the foot-pedal Singer to make her own dresses: plain and determined. She had skilled hands and saw life through a telephoto lens. She crocheted a colourful case for her Nikon camera. By the 1990s, several Candelas were converging to form the artist she is today.

A high-flying artist and low-cost artisan, Cort's sources are found in the ironmonger's, the upholsterer's, the haberdasher's and pound shops. "Very costly things fluster me.

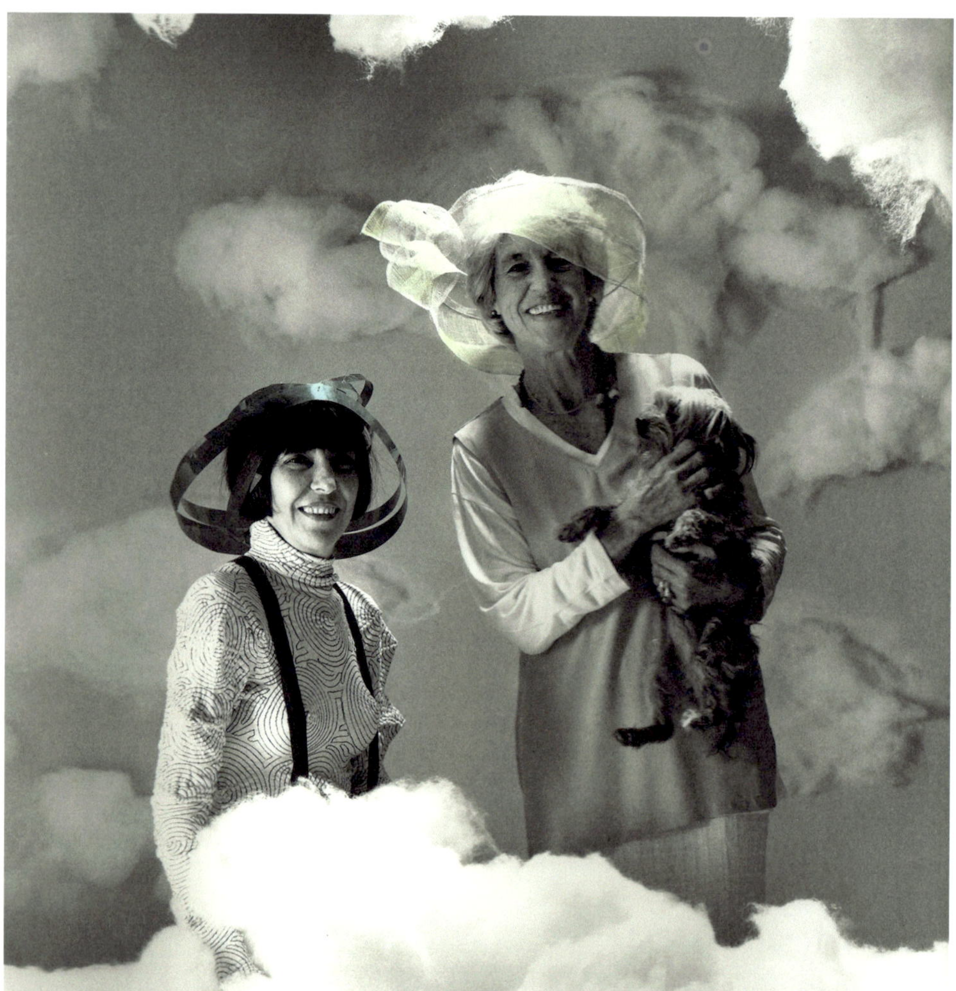

I prefer to break, transform and not worry about not being able to touch the expensive stuff." In the craft culture of India, there is a distinction between the *karigar* and the *kalakar*. The former is an artisan, a person who has acquired the necessary knowledge and skill to master a craft. The latter is an artist who crafts: a creator who understands the importance of place, time and tradition, someone who strives to make the useful beautiful. Candela Cort the milliner started out working with stockings because of their elastic properties: "I inserted the wire in the stocking to make the hat rigid and flexible at the same time." And so her first hat was born. That idea, which she hit upon by chance, became a constant in her work. Soon the stockings were perched on heads. "Some of my stockings have attended royal weddings."

After the stockings came the rice paper, a traditional Japanese material used to make wallpaper and screens. "The fascinating thing is that my clients actually wore it on their heads. Those ladies believed in me." For that reason, she decided she had to learn how to make hats in earnest. Already an artist, she wanted to learn how to be an artisan. She sat down before the mirror with scissors, wires and her hands. The stockings broke, so she replaced them with fishnet, tulle and stretchy Lycra fabrics. Elastic transformed the hat. It was like a game, the leitmotif of her work. She had already been selling hats for years when she decided that she needed formal training. "I was pregnant with Manuela. It was now or never." She enrolled at the London School of Fashion. She rented a little house in Holland Park and learned about stiffeners, tarlatan and hat blocks… When she finished, the director bluntly asked, "What are you doing studying here, when you should be teaching?"

Timid yet bold, she set out for Paris with a suitcase containing more than one hundred hats. Miyake played with them. So did Jean-Paul Gaultier and Claude Montana. She got a call from the New York Chamber of Commerce and… Candela returned to her studio. "I've never wanted to expand because I do everything with my own two hands. And I don't want that to change." *Kalakar*.

Candela tells the story of her life as everyone does, like a puzzle. The photographic era ended when she separated from her husband and moved into a new house that didn't have room for a photography lab. Hats bloomed later as a reinvention. The game became a profession. And important clients came along. Over time, her creativity began to spread beyond the head.

Cort was asked to do an exhibition with the painter Eduardo Arroyo, and once again she decided to play. A few simple lines gave rise to schematic, classic, primitive portraits on which she drew headpieces: photography and millinery converged, and collages were born. Betting her headpieces on a roll of the dice, they searched for faces in the Prado, international picture galleries and art history handbooks. She studied the portraits of the great painters and classified them as complete or in need of a hat. And she created headpieces for the latter. Her re-crowned portraits include Pompeian frescoes, works by Dürer, Piero della Francesca, Giotto, Ghirlandaio and a picture of Catherine of Aragon painted by Juan de Flandes. After the portraits, she decided to alter prints, crowning black and white drawings and photographs of women for whom she invented new heads. Their hats are so light that they seem to hover faintly over the heads, erected by chance, fearlessly constructed from air.

The journey through Cort's inexhaustible production ends with an ovation at the Lisbon Expo. The strains of the opera *O Corvo Branco* float through the air. The music is addictive, composed by Philip Glass; stage director Bob Wilson has chosen to represent the libretto by Luis Costa Gomes with Candela's hats.

Albert Camus wrote that charm is a way of getting someone to say yes without asking a clear question. Candela Cort's works have charm: they elicit answers without having to ask questions. In the olden days, milliners had a reputation for going mad because they inhaled the toxins used to turn the finest beaver pelts into felt. Beaver fur was water repellent and, most importantly, far more pliable than wool. Merriment, a willingness to flirt with lunacy, and non-negotiable flexibility mark the beginning of the road to Cort territory, where Candela reinvents herself in each new project. As an artist, she always starts from scratch. "I get lost, but I know how to reinvent myself." It's the risk one must take to reach an unknown land, a fascinatingly strange yet familiar place, a world that dawns with a new headpiece and, with joy as the goal, the game as strategy and lightness as a spiritual condition, turns the art of Candela Cort into a vitalist way of life.

SOMBREROS
MILLINERY

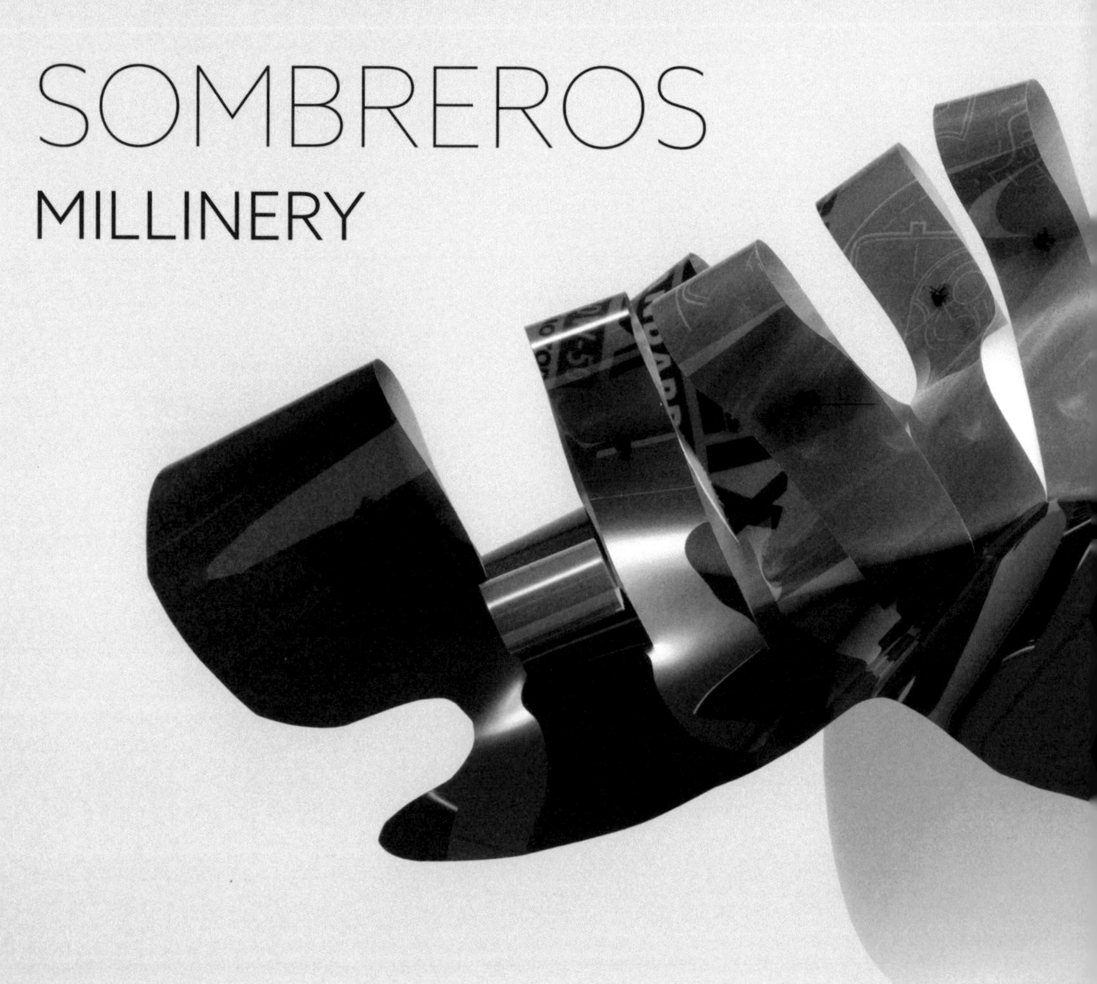

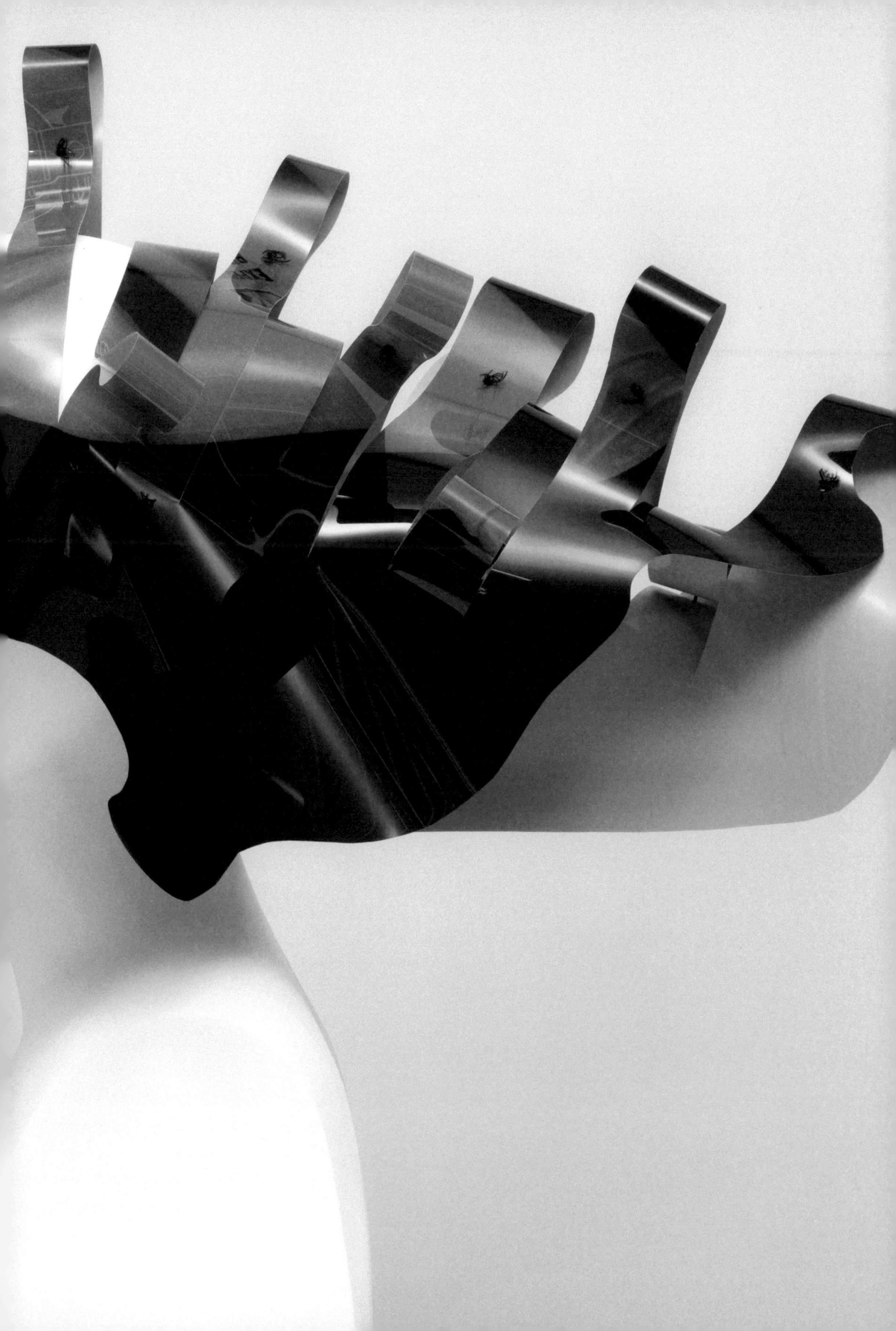

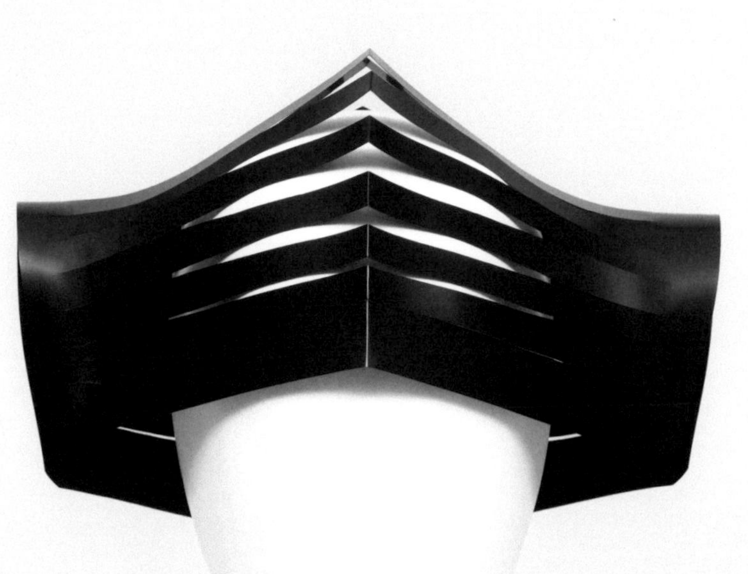

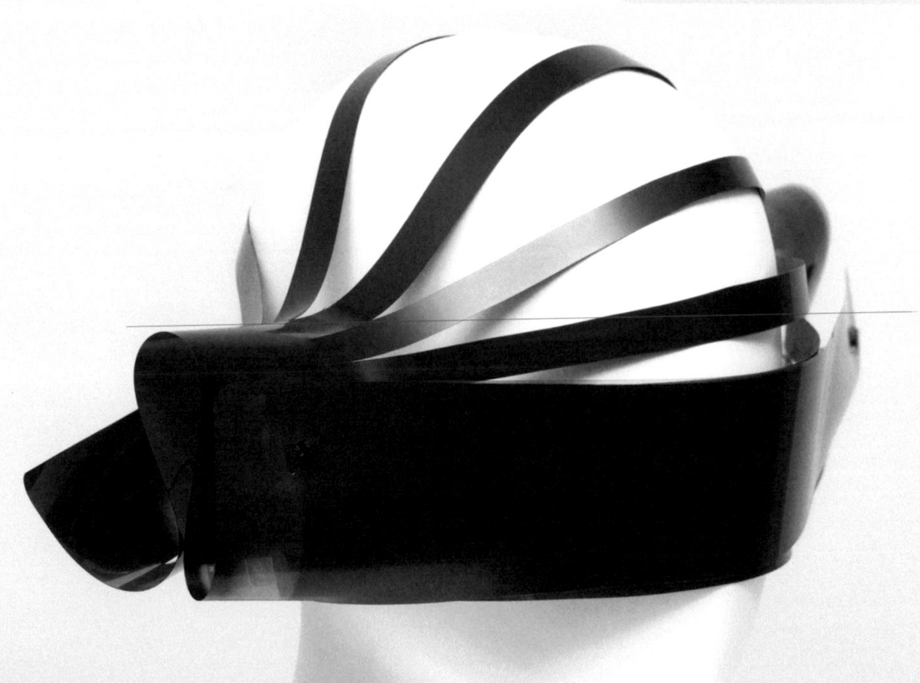

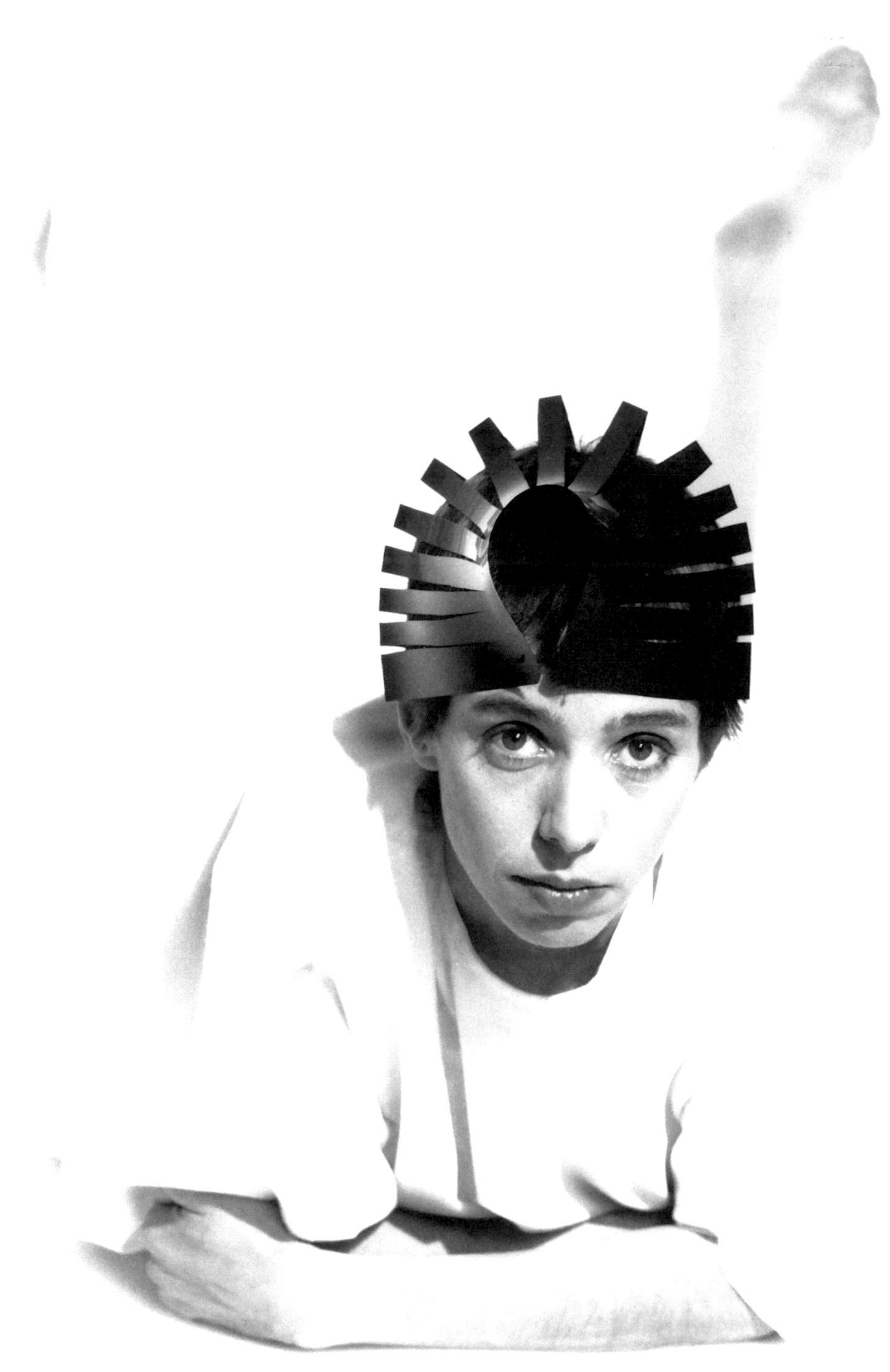

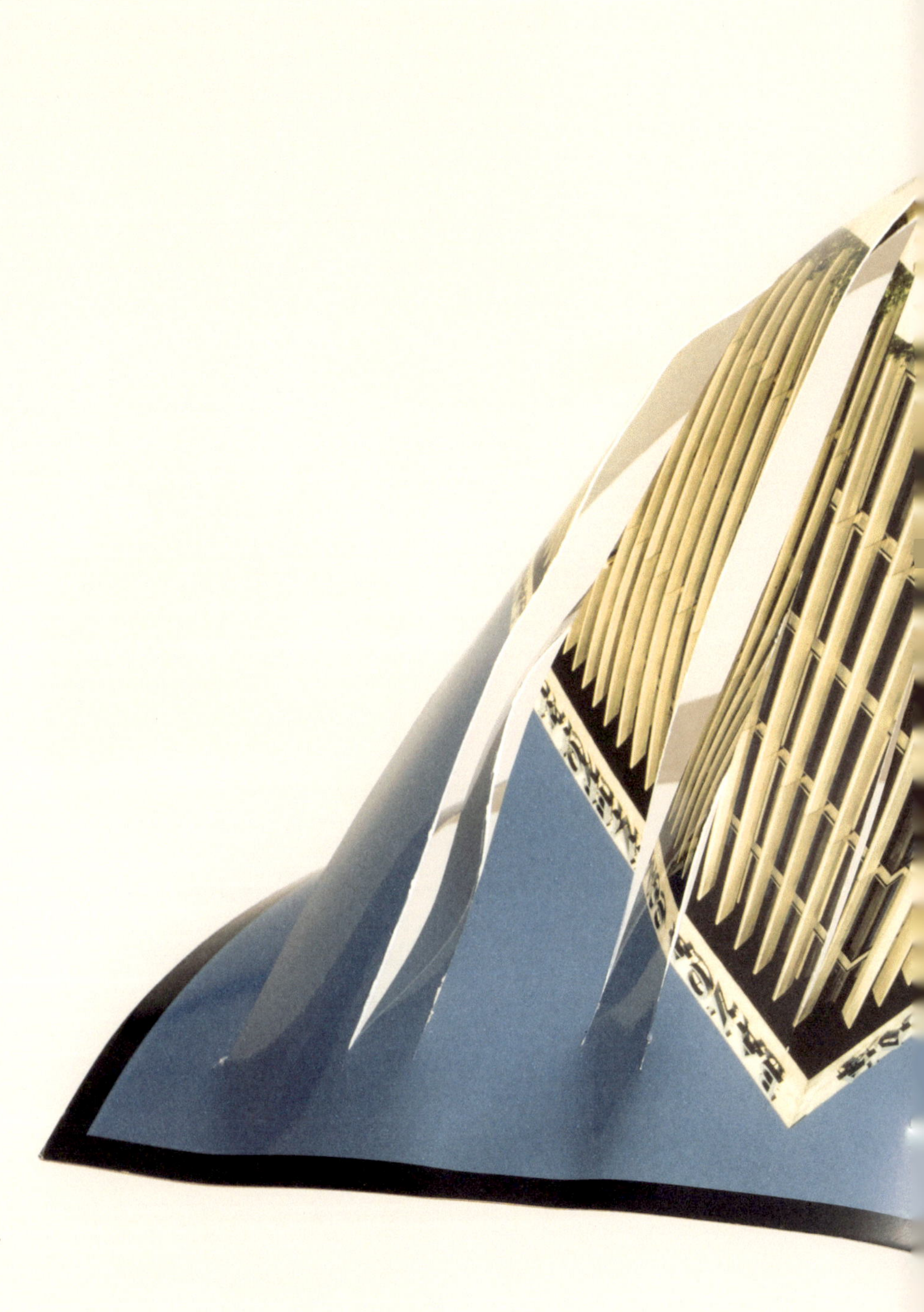

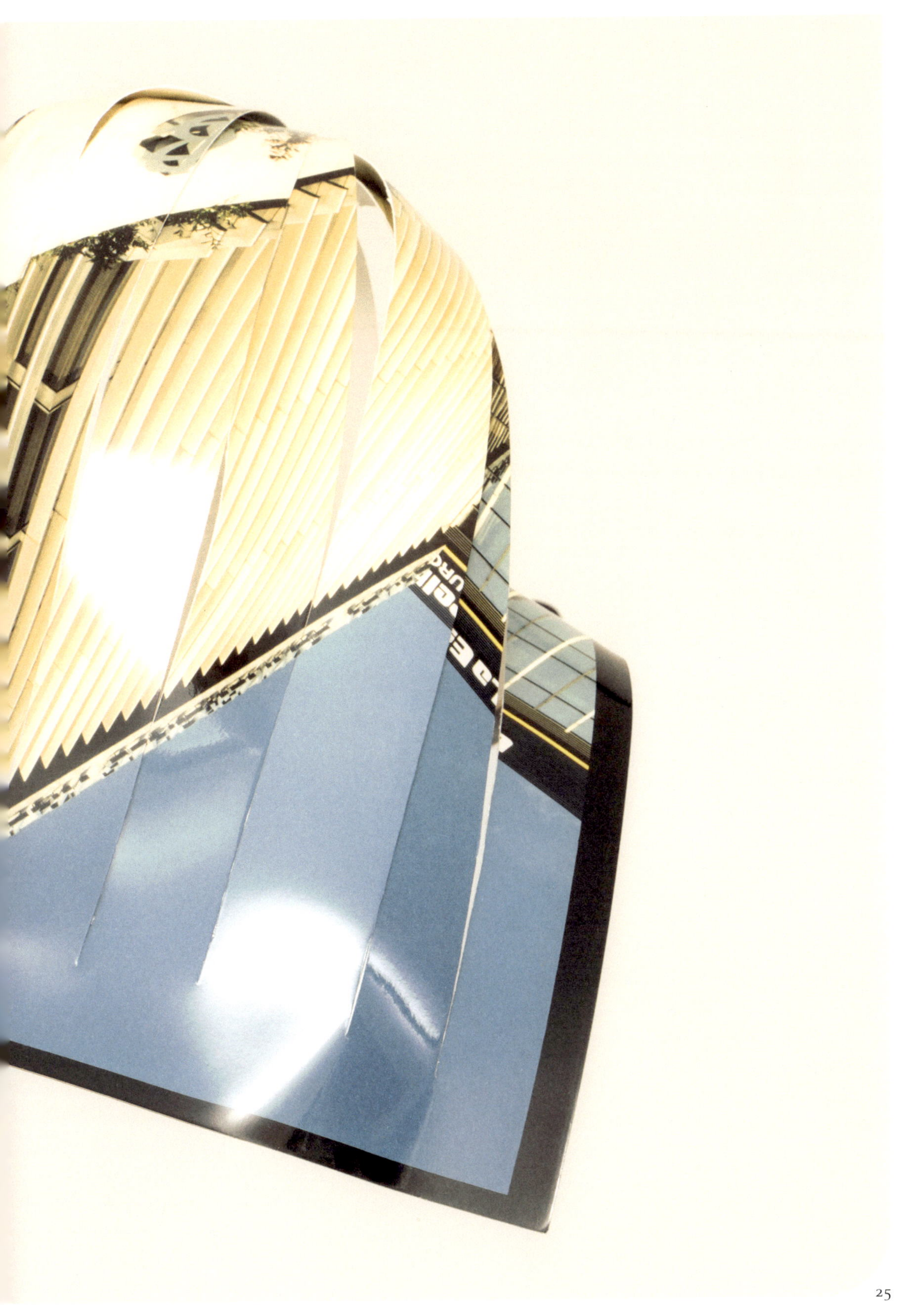

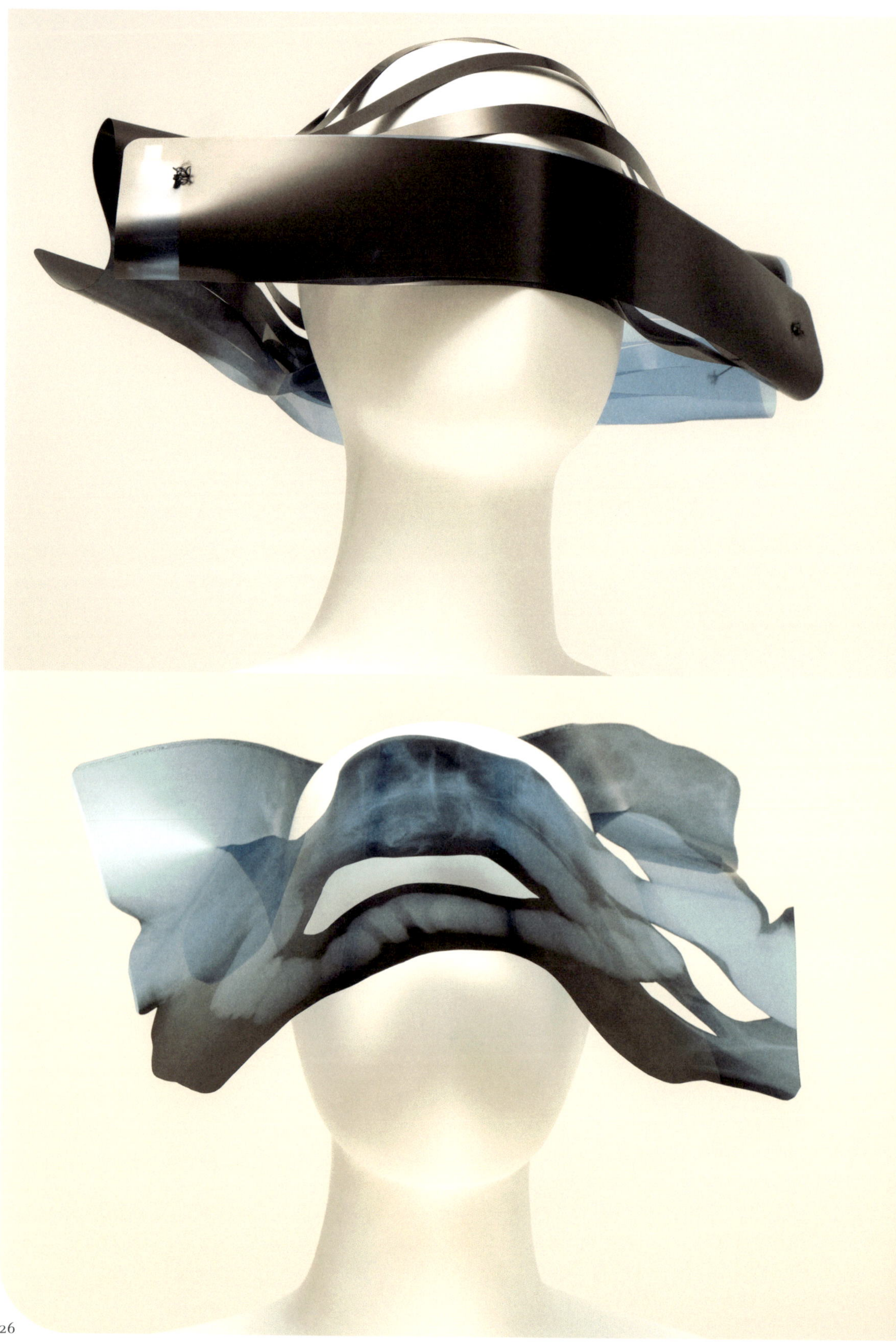

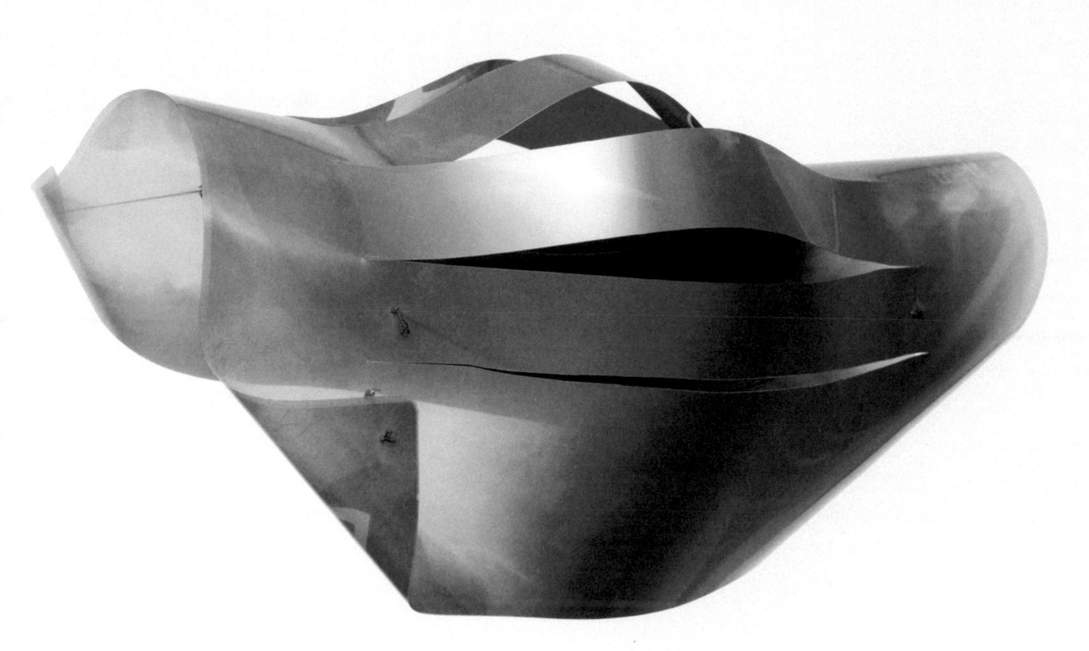

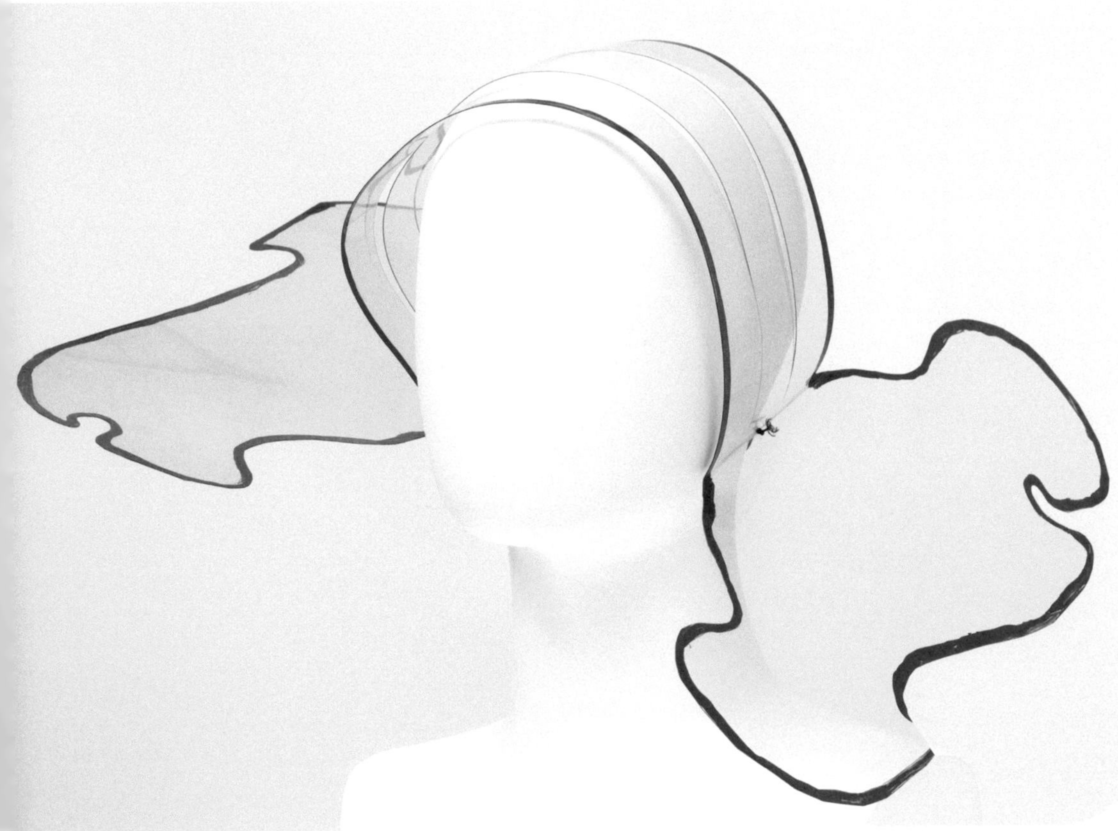

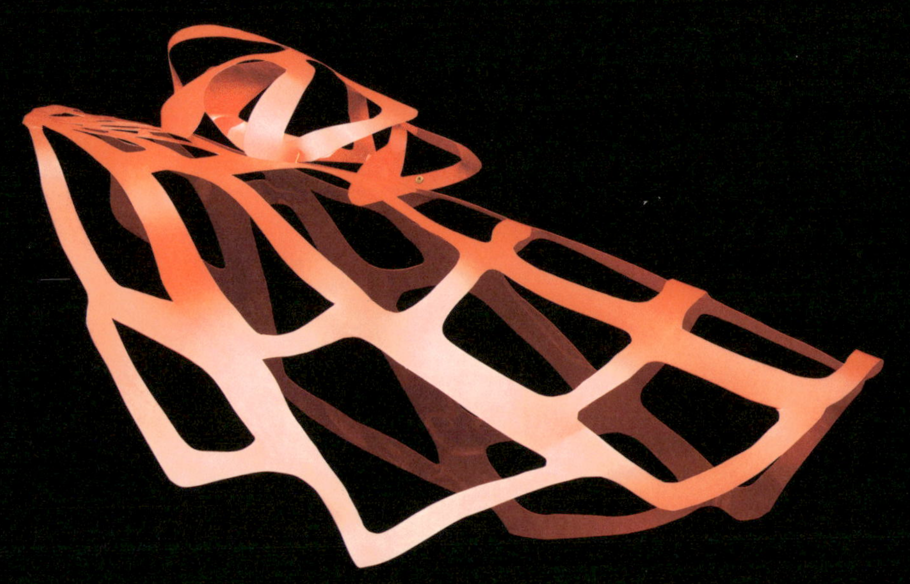

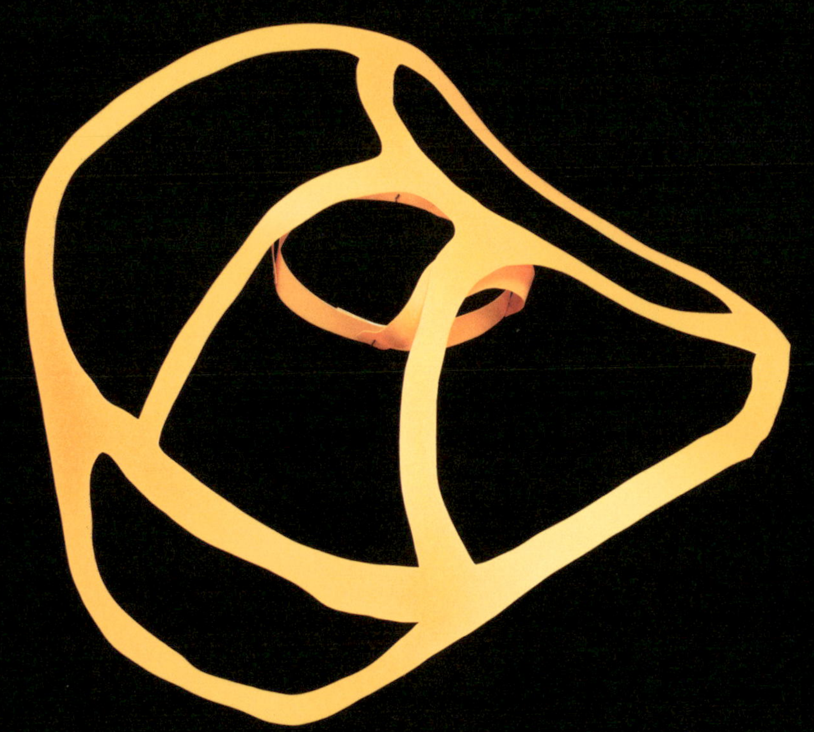

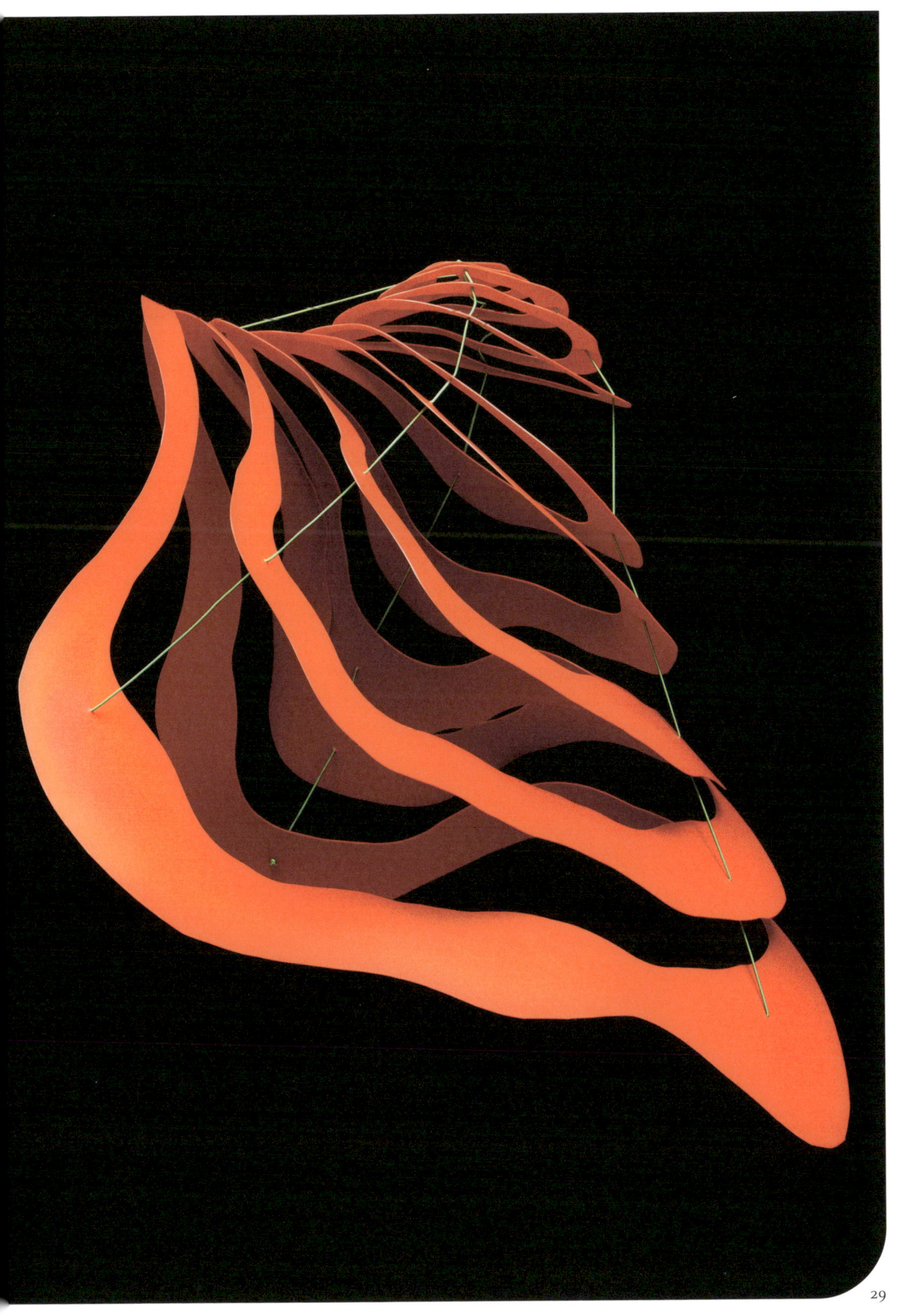

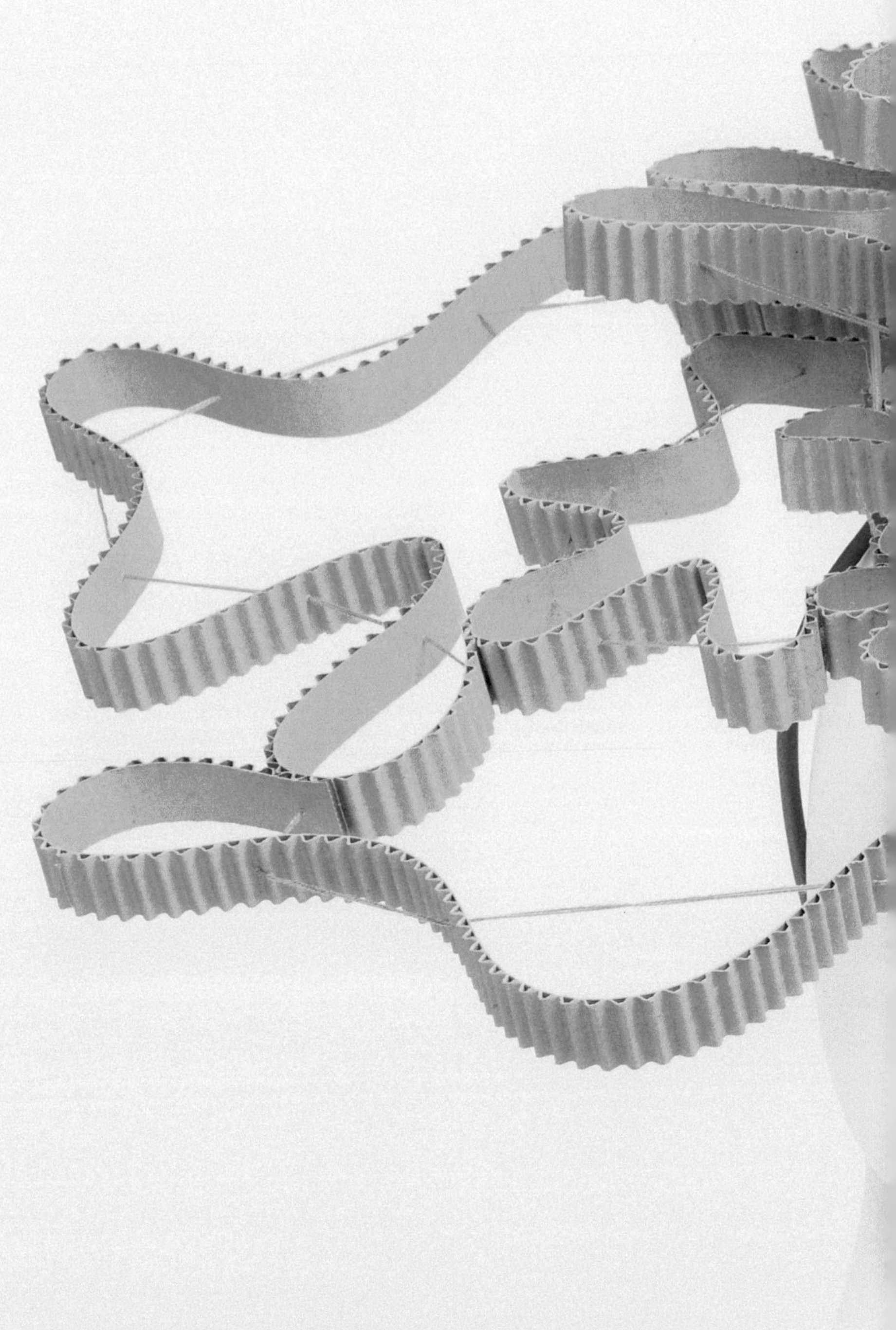

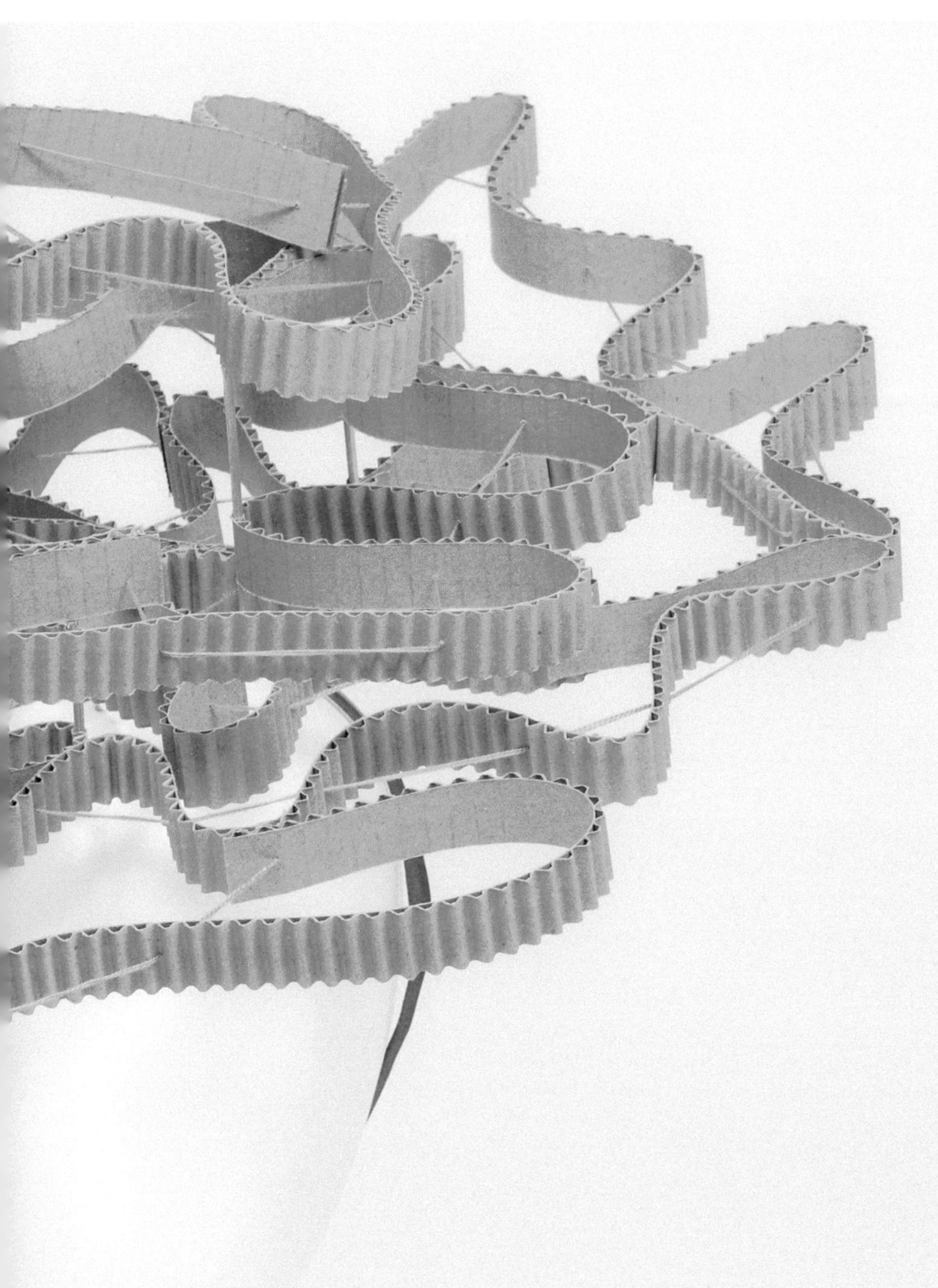

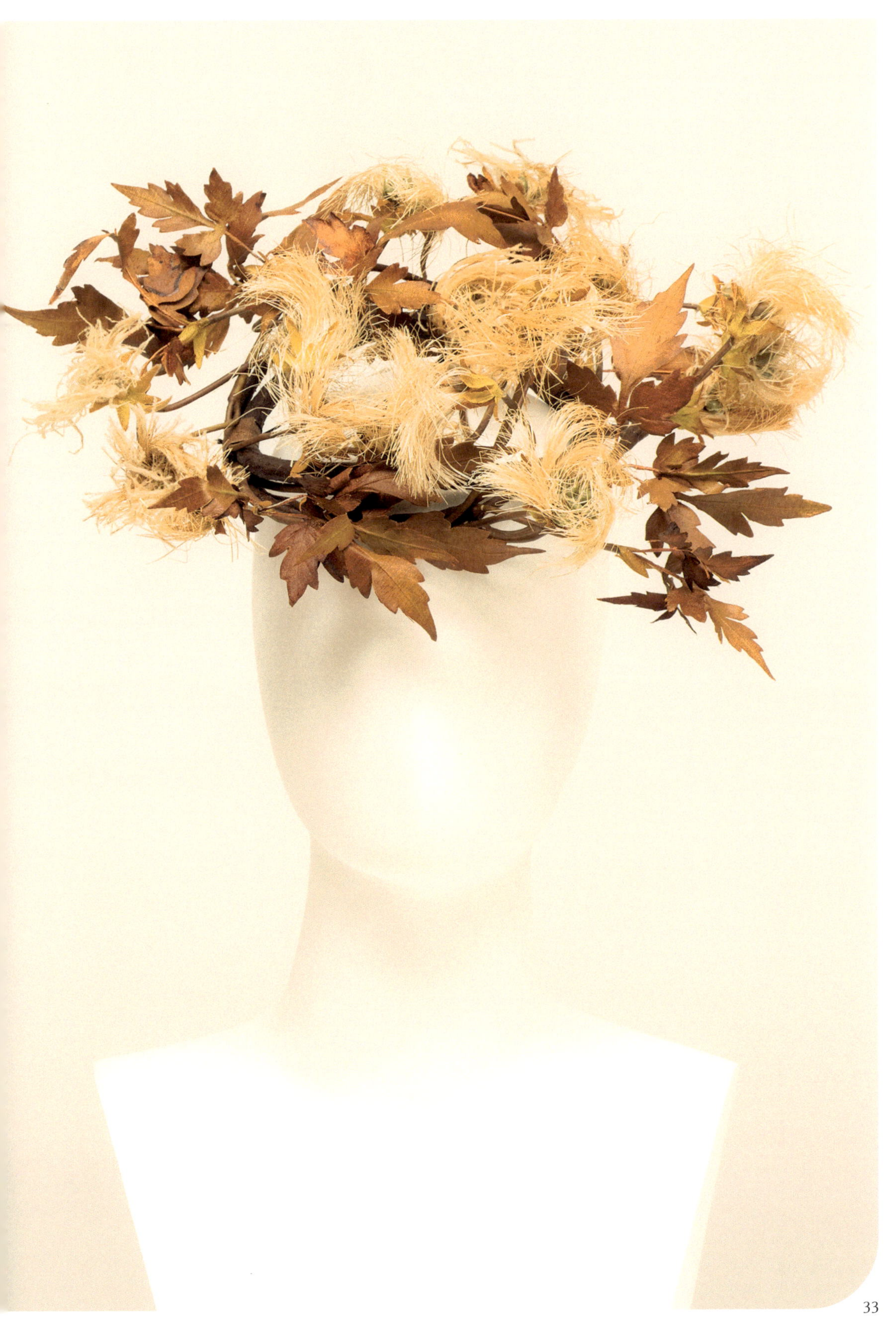

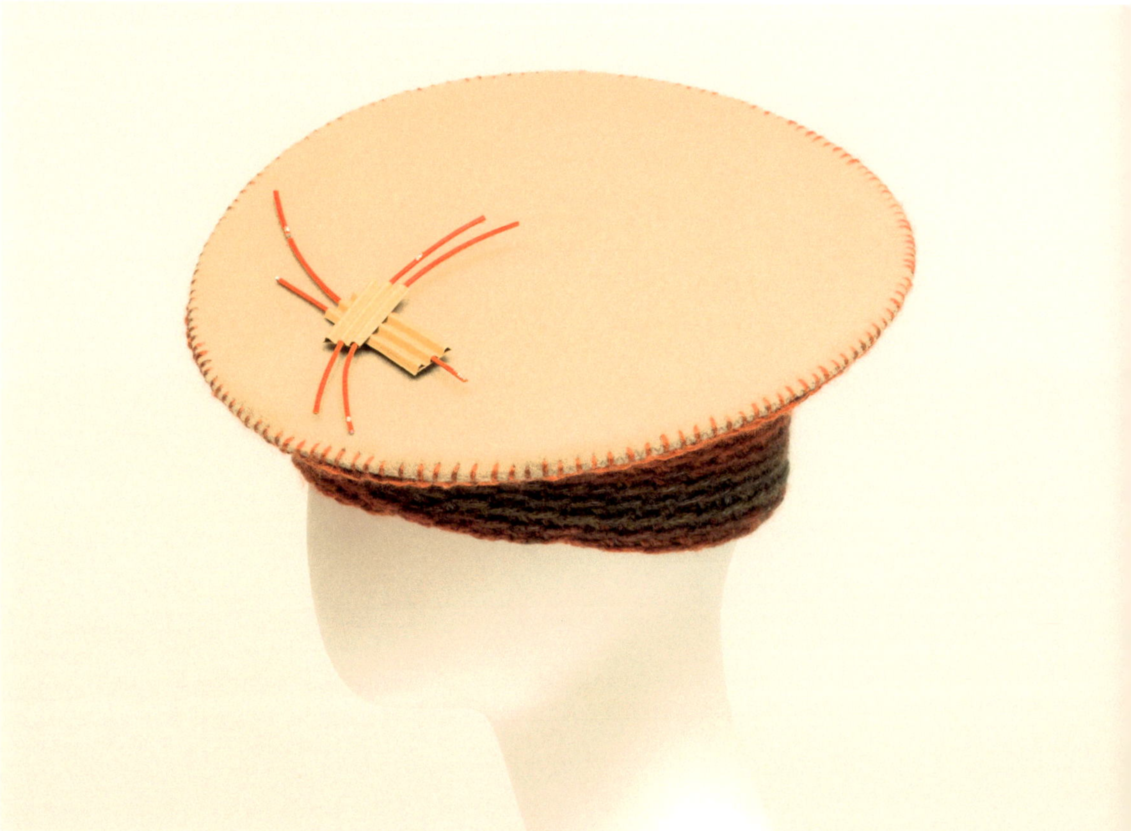

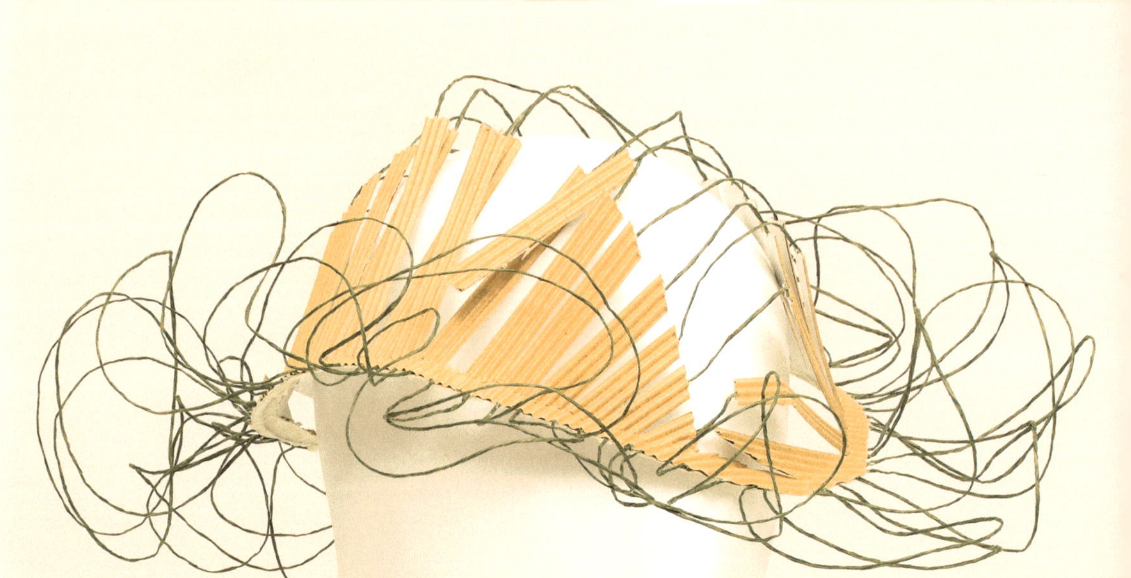

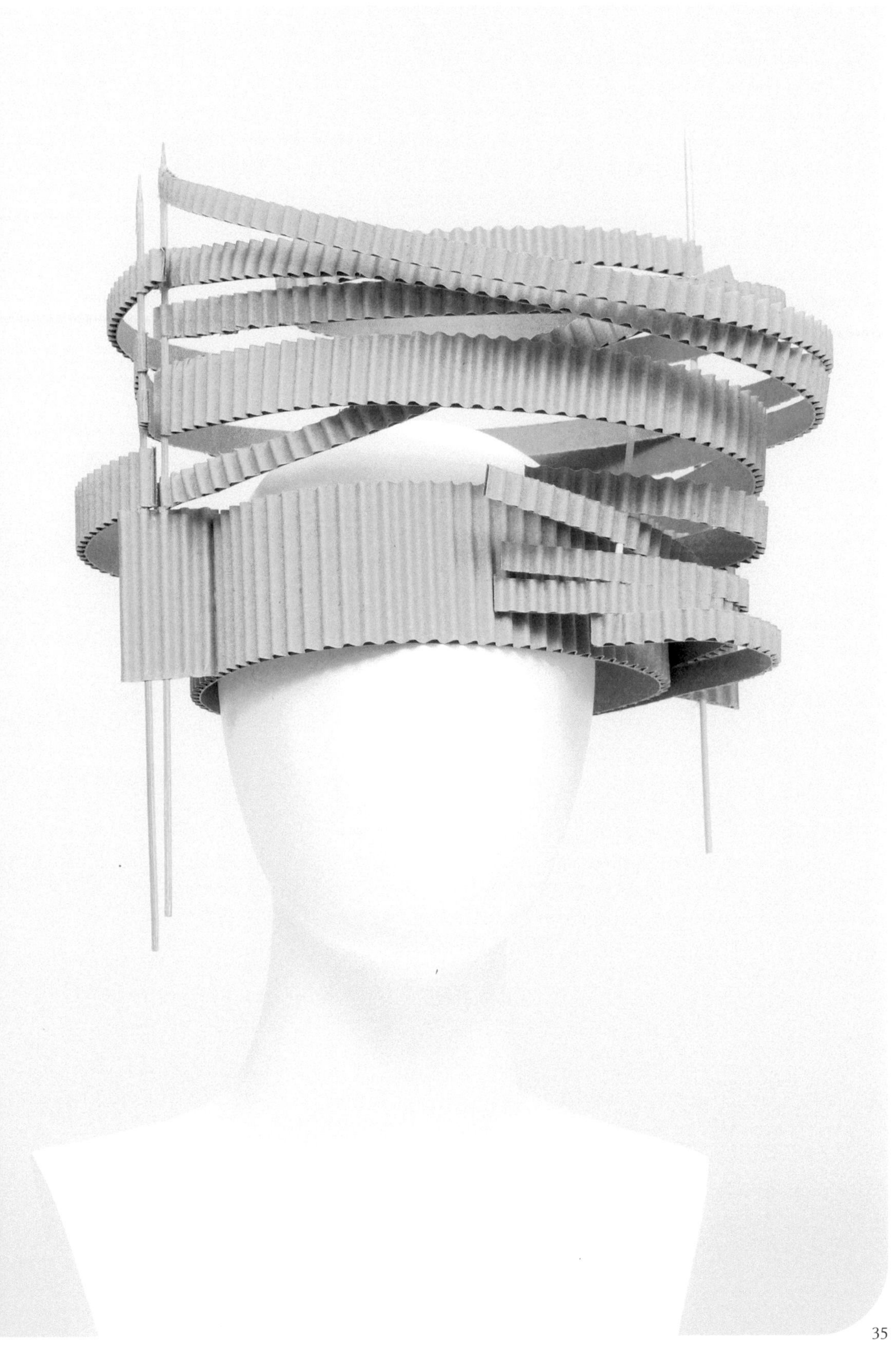

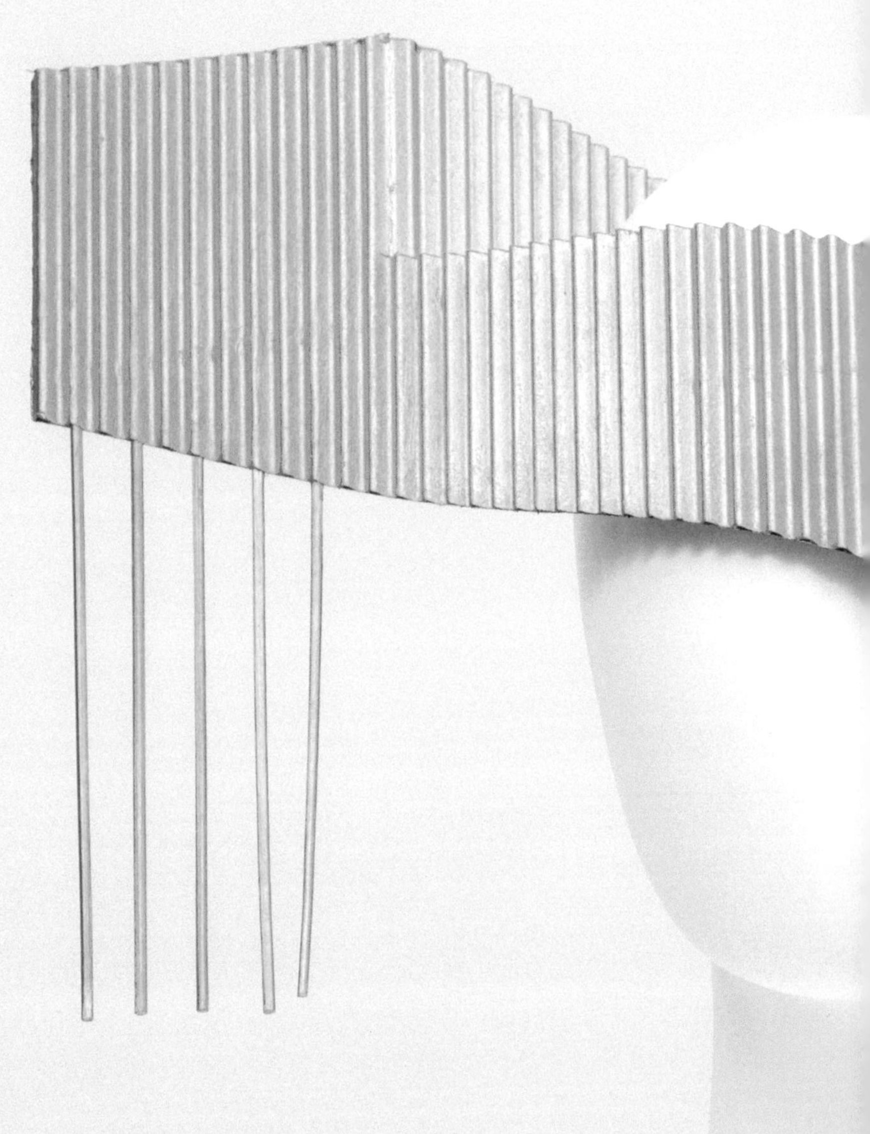

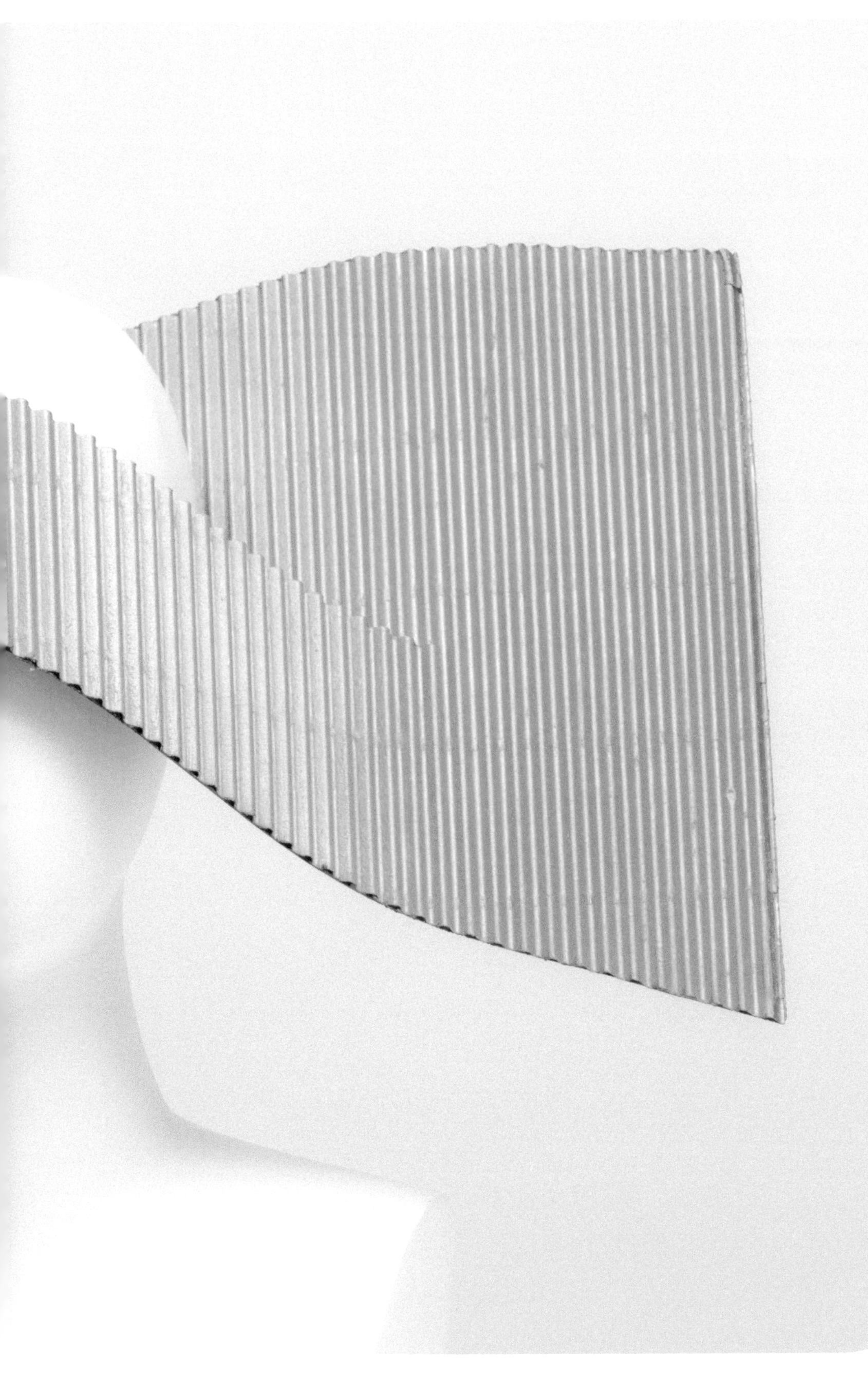

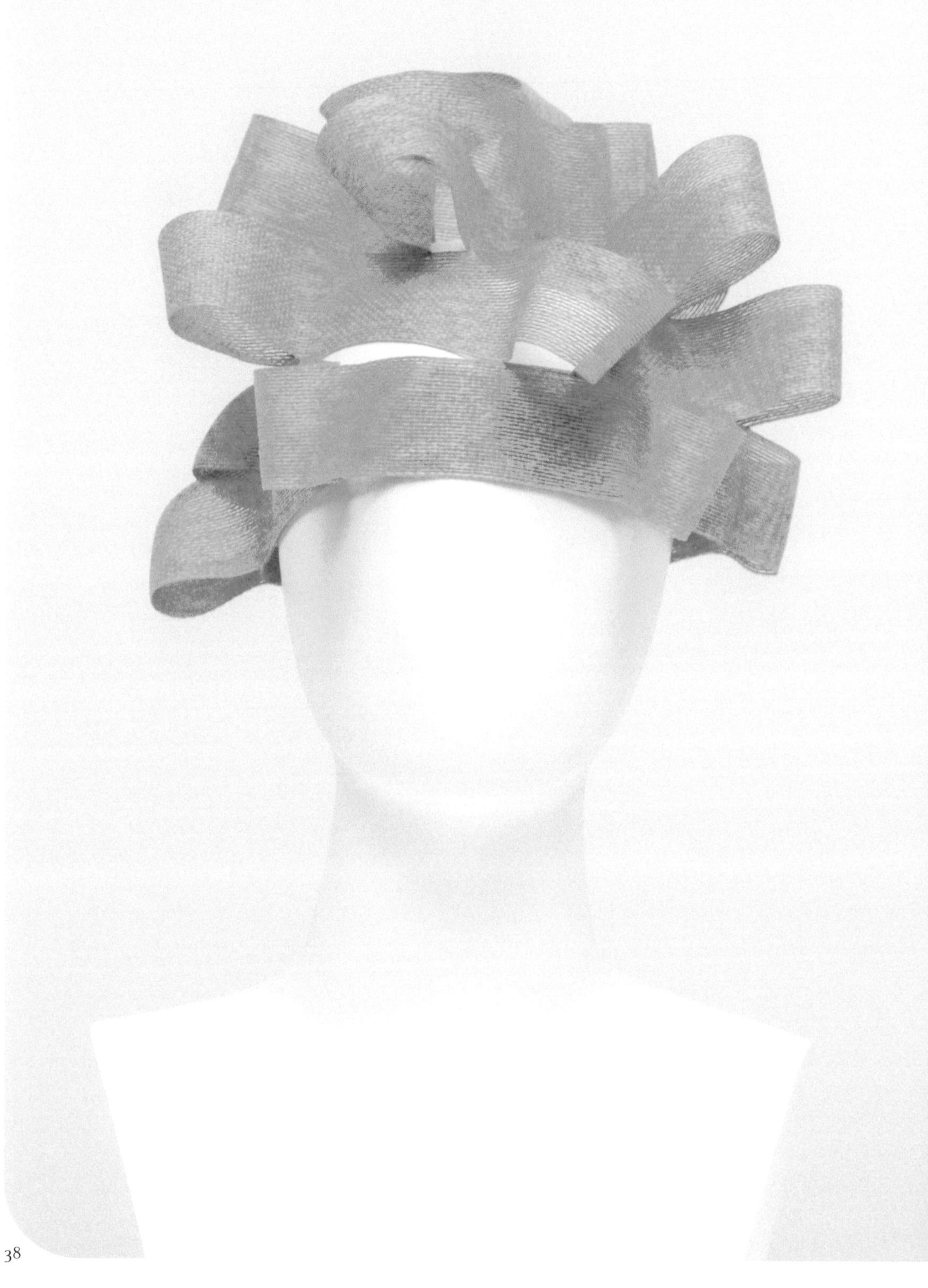

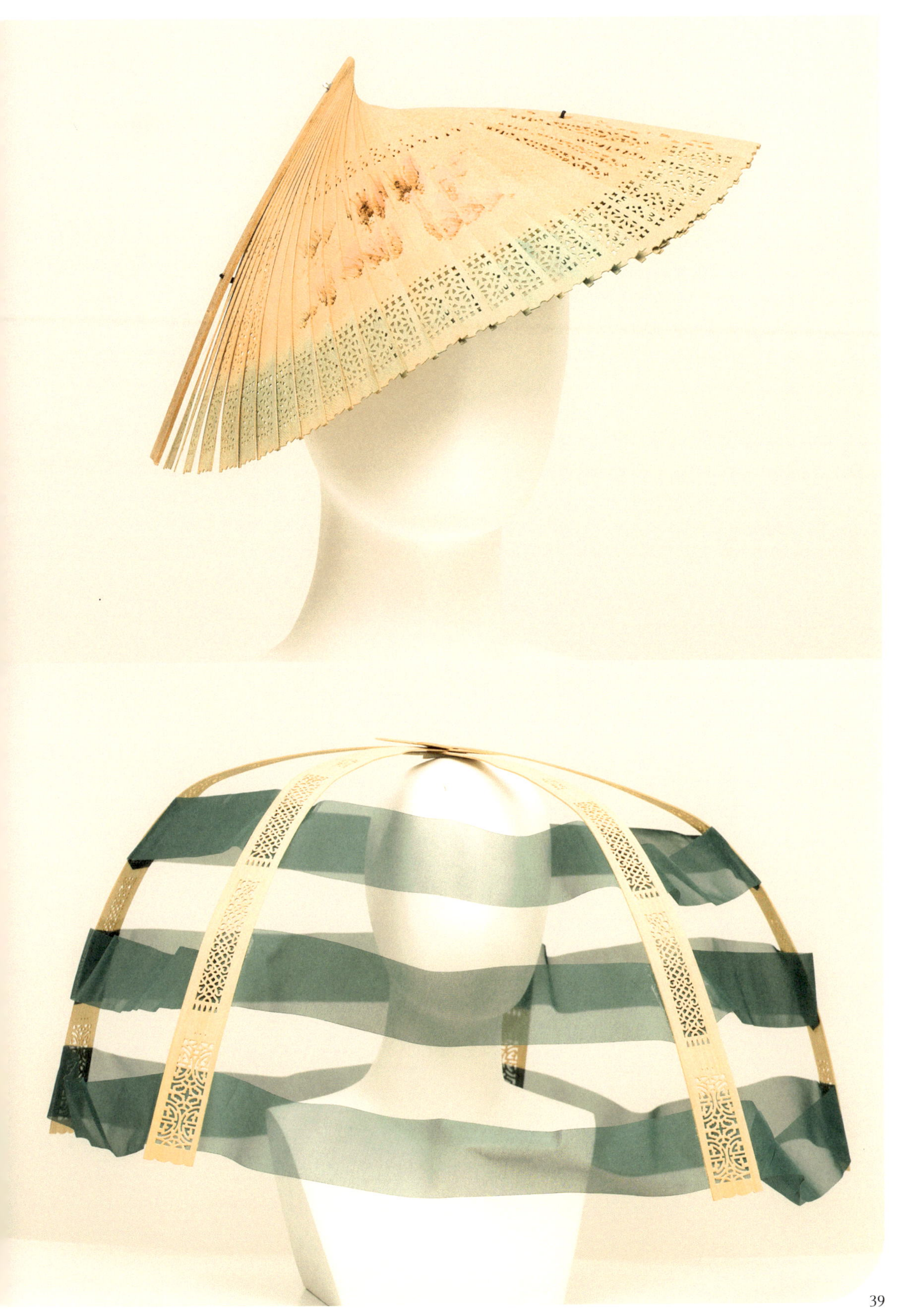

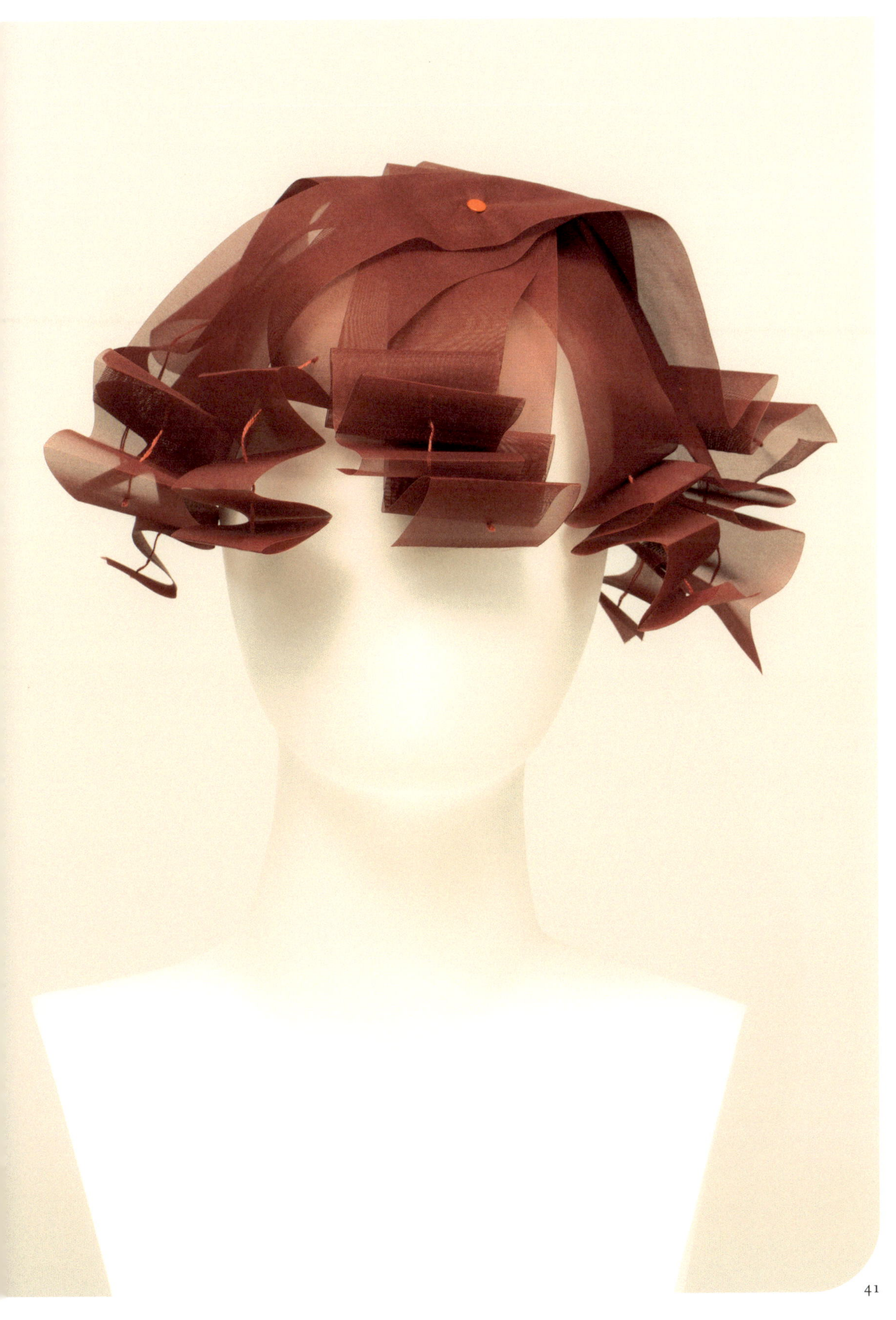

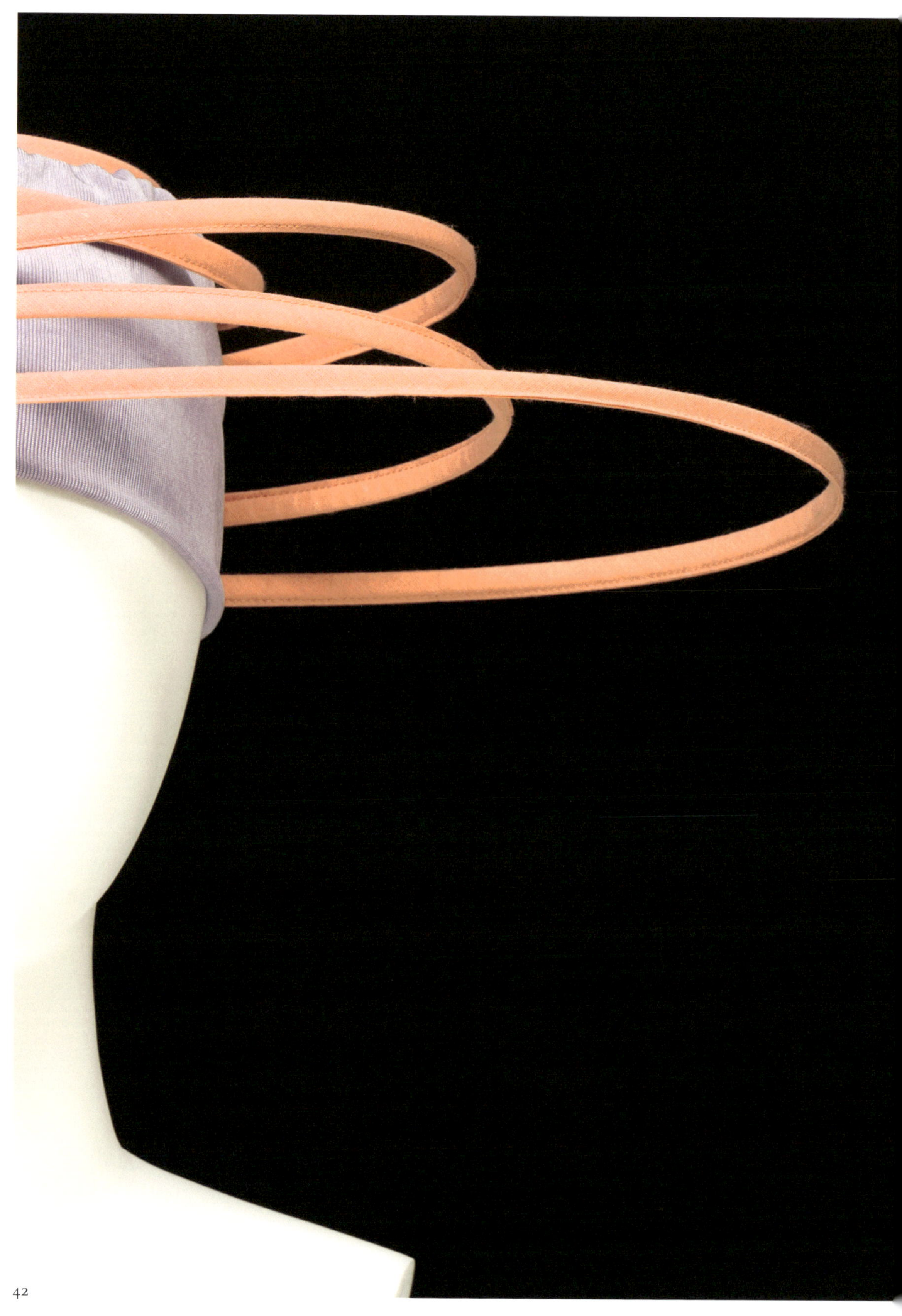

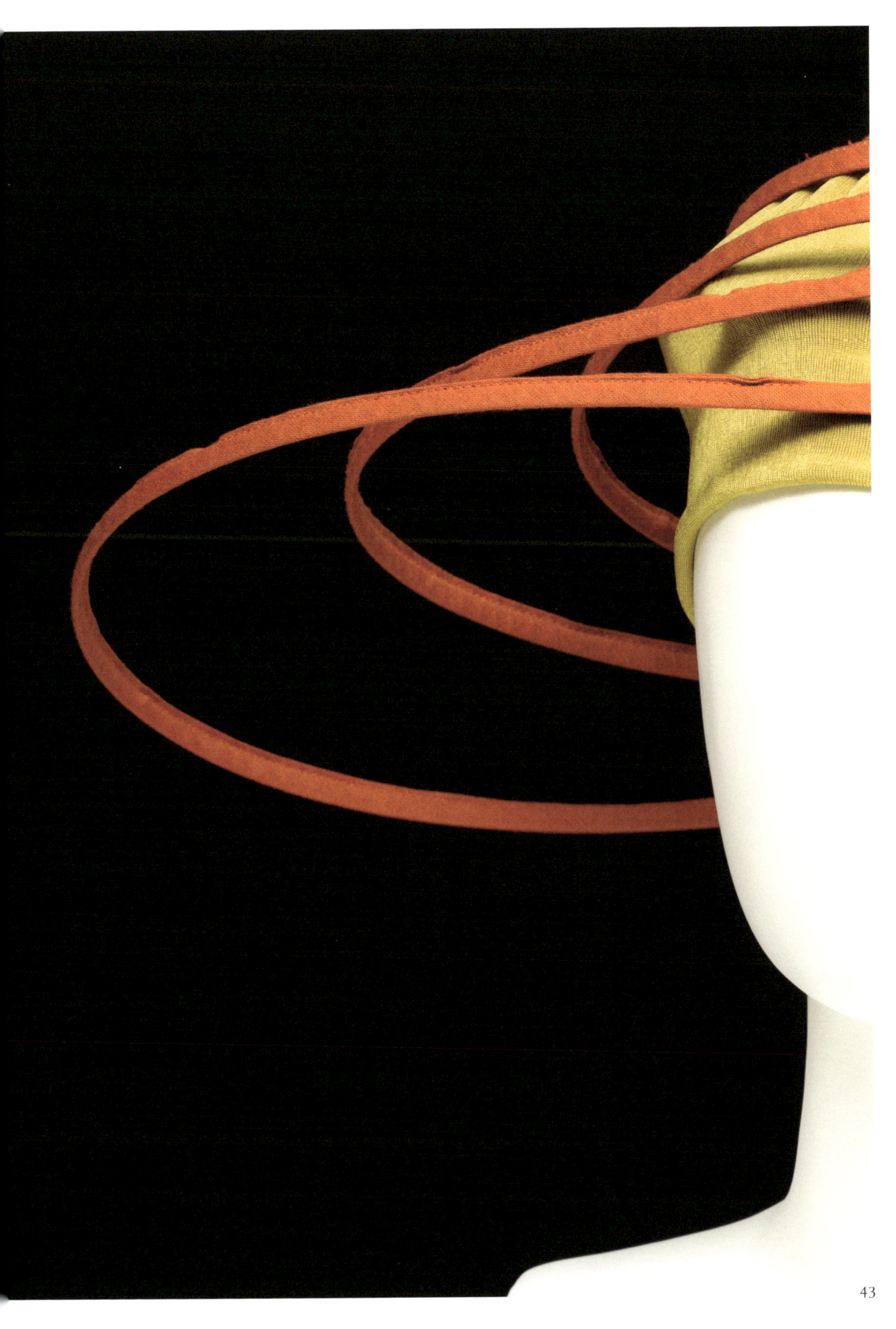

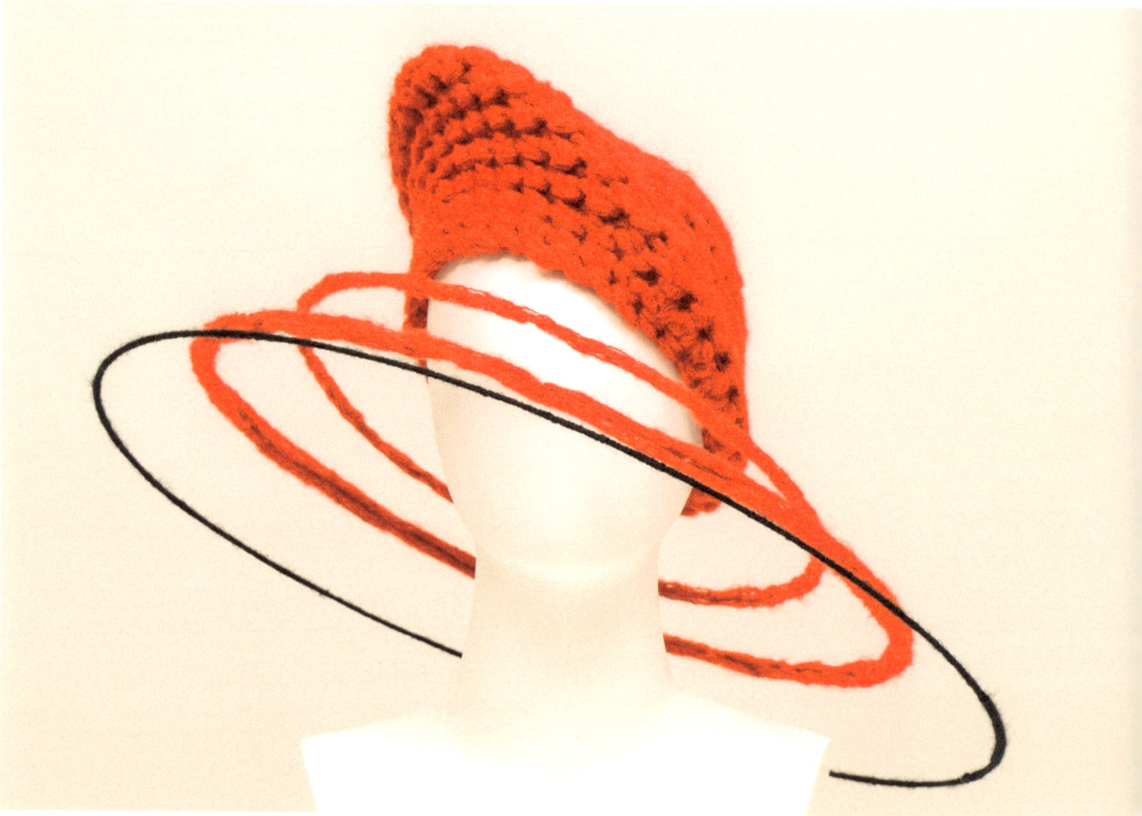

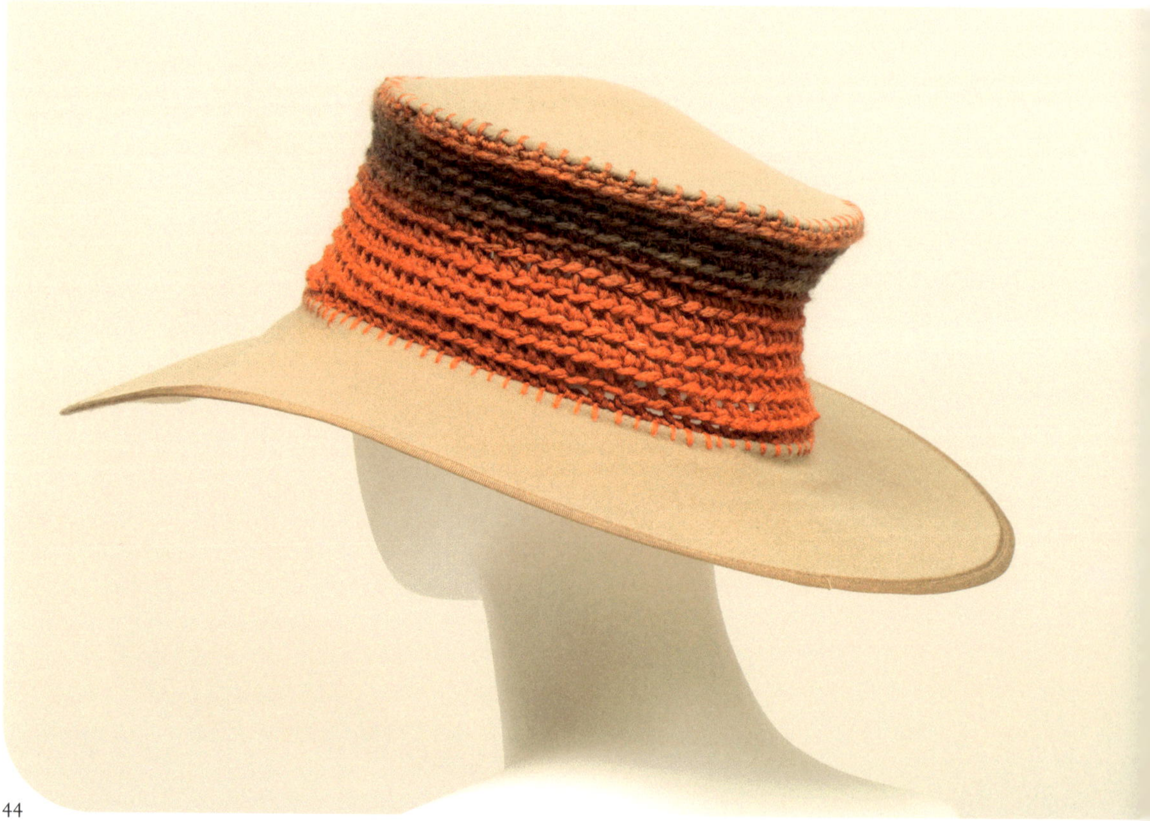

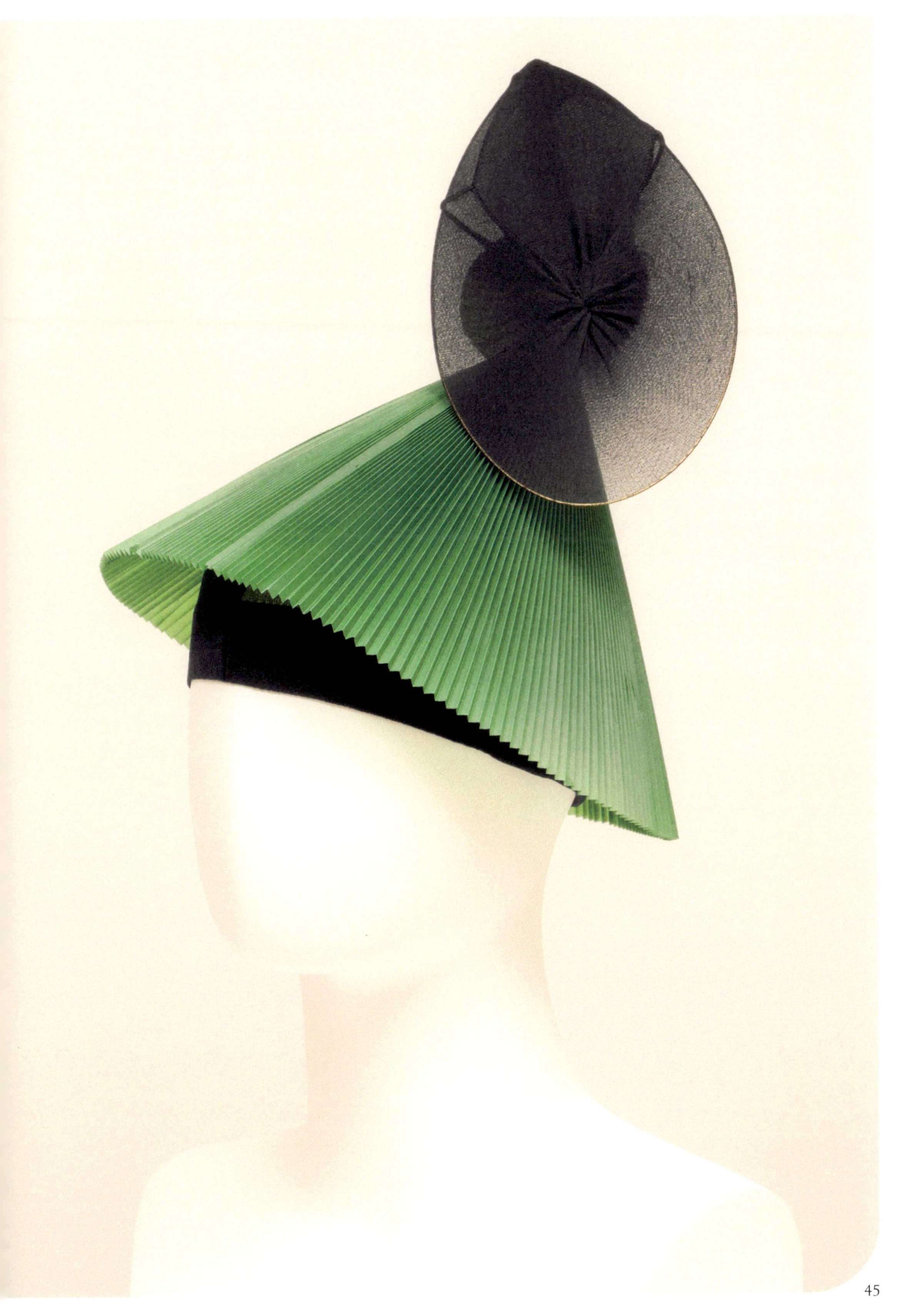

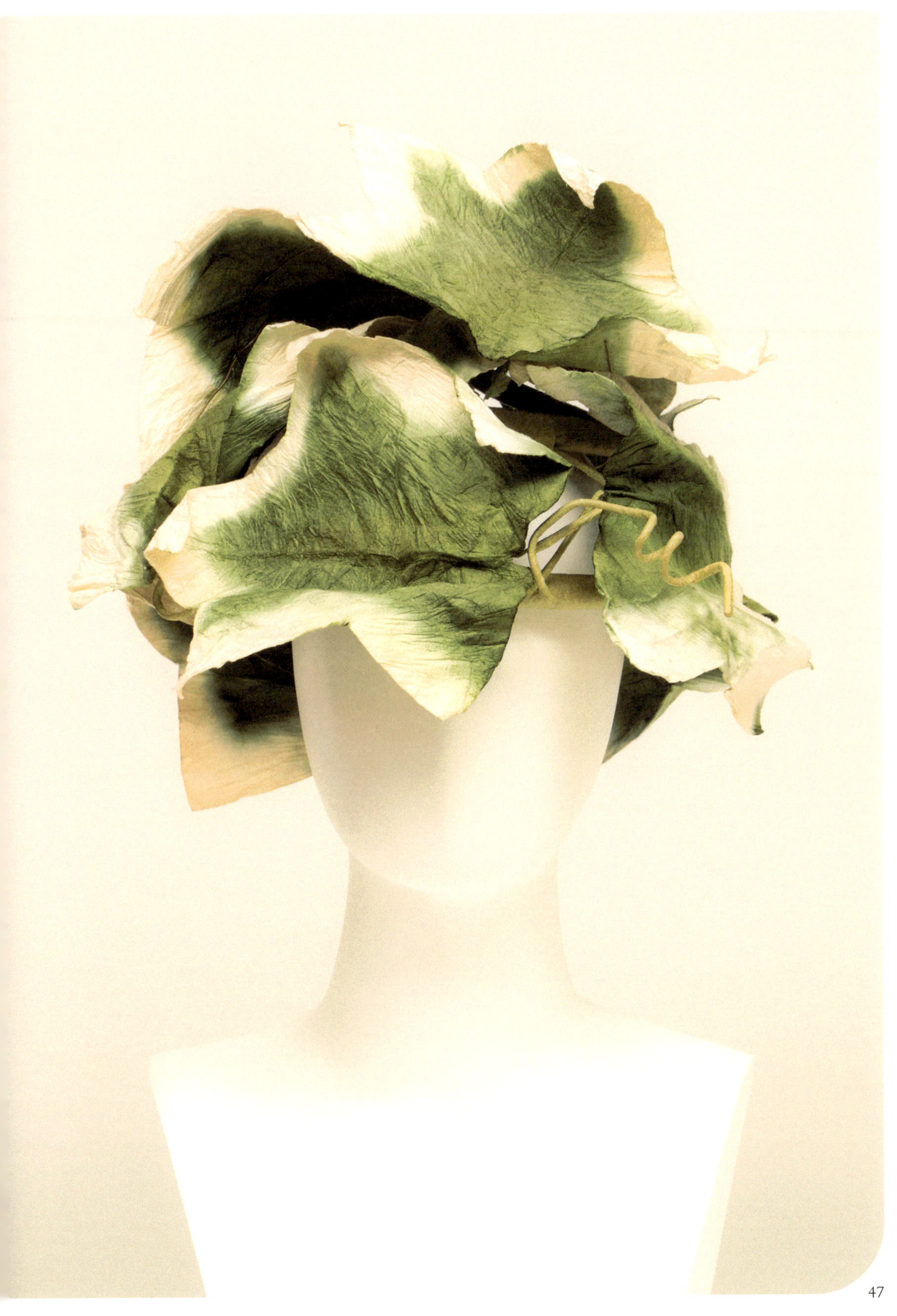

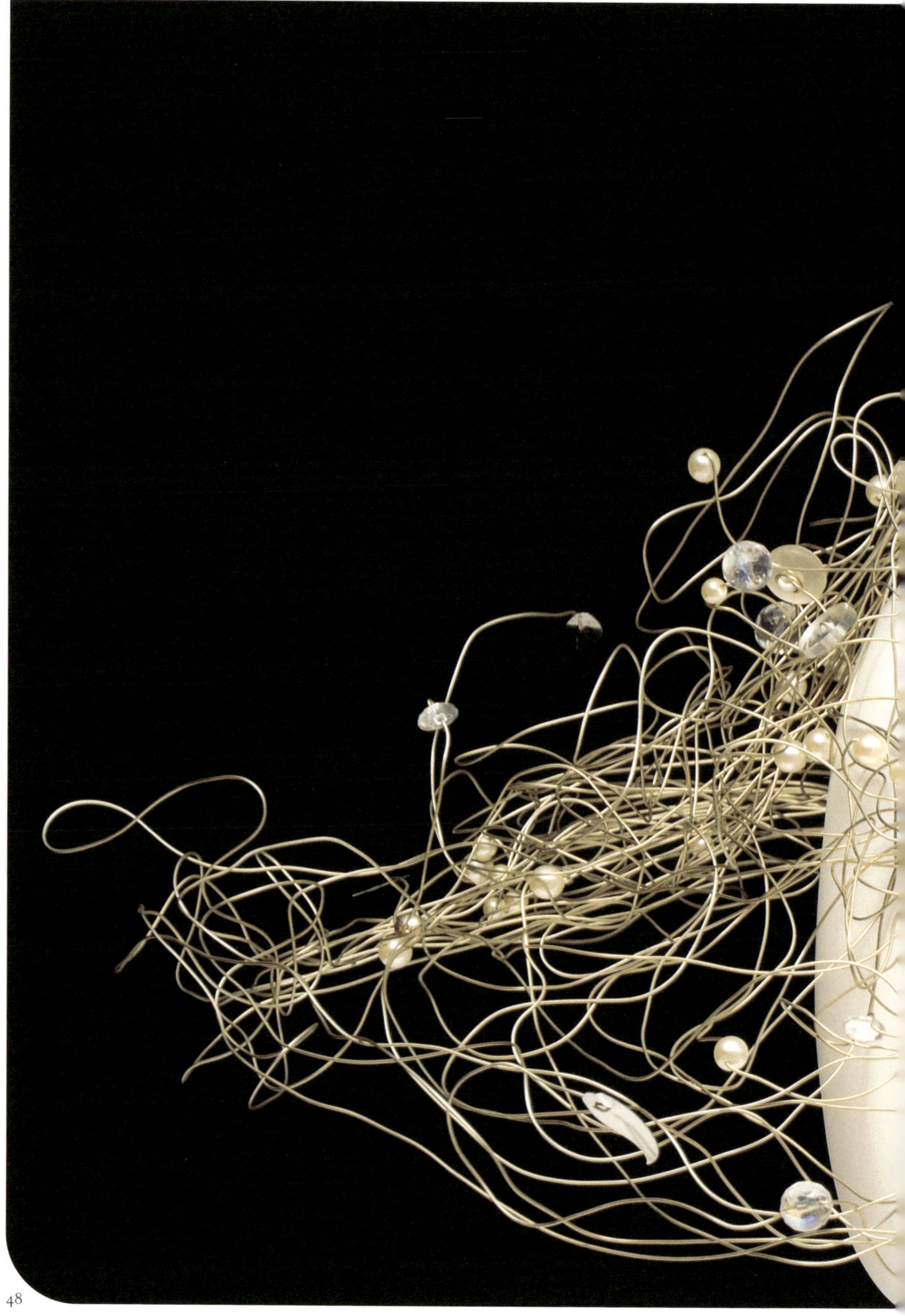

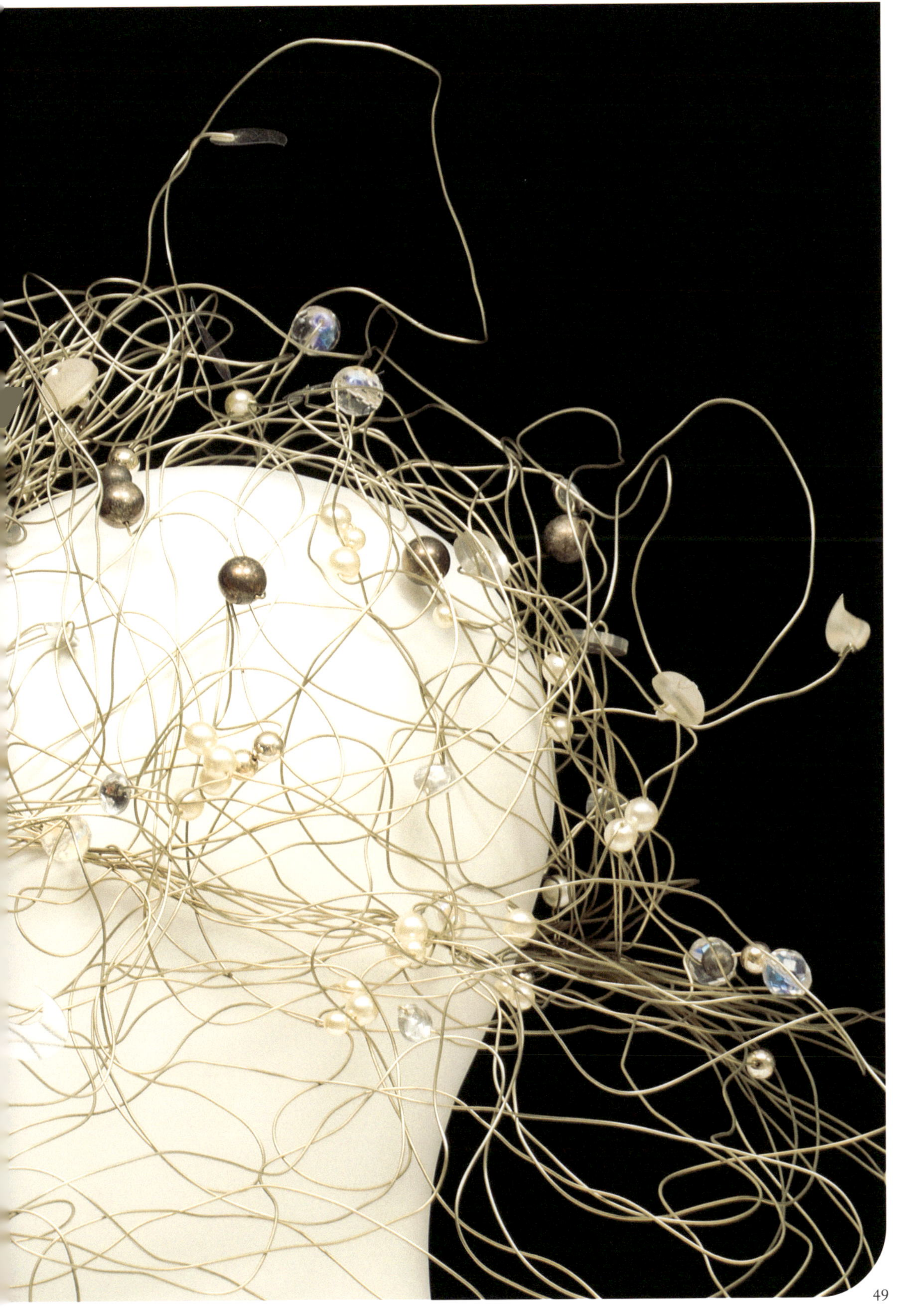

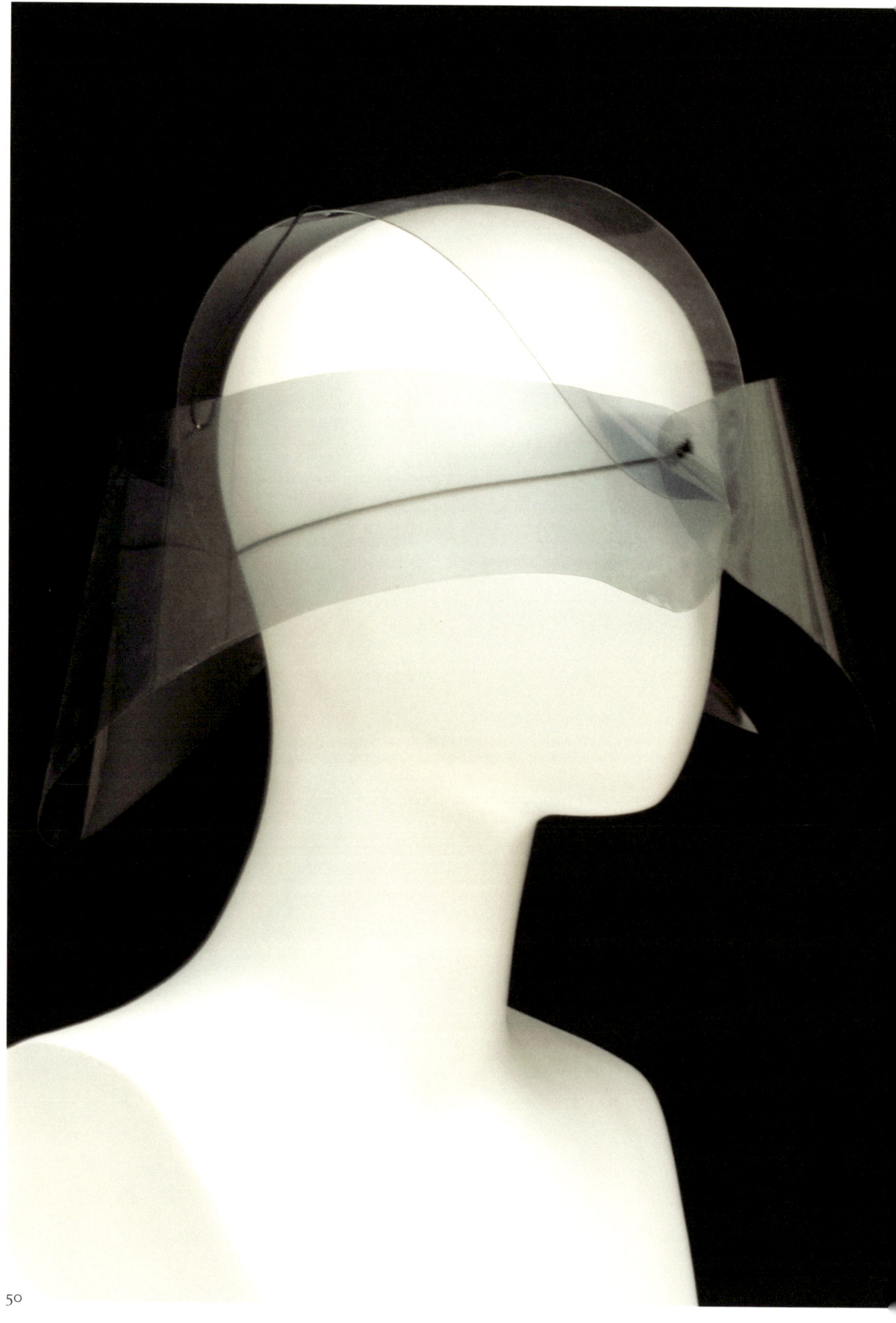

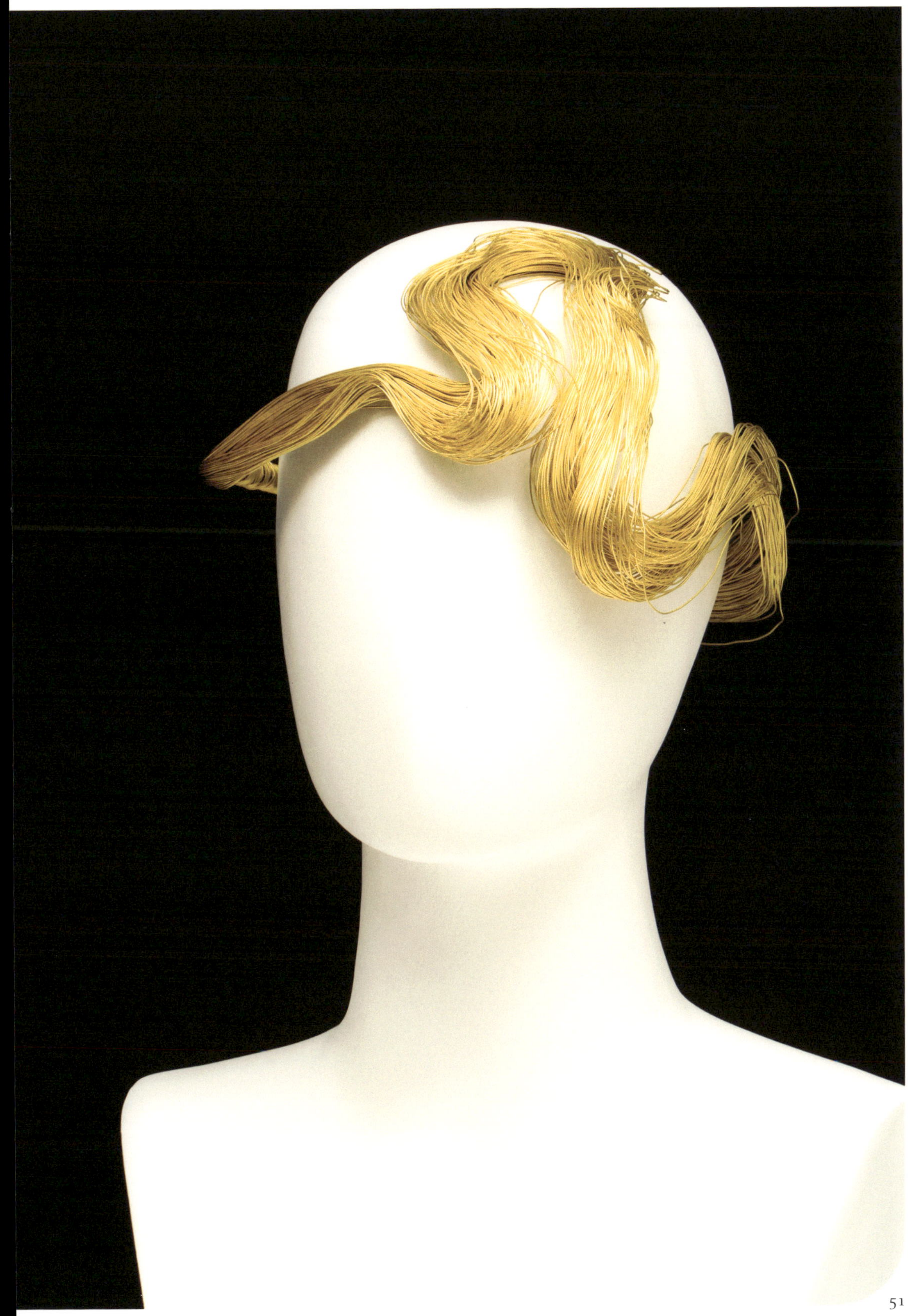

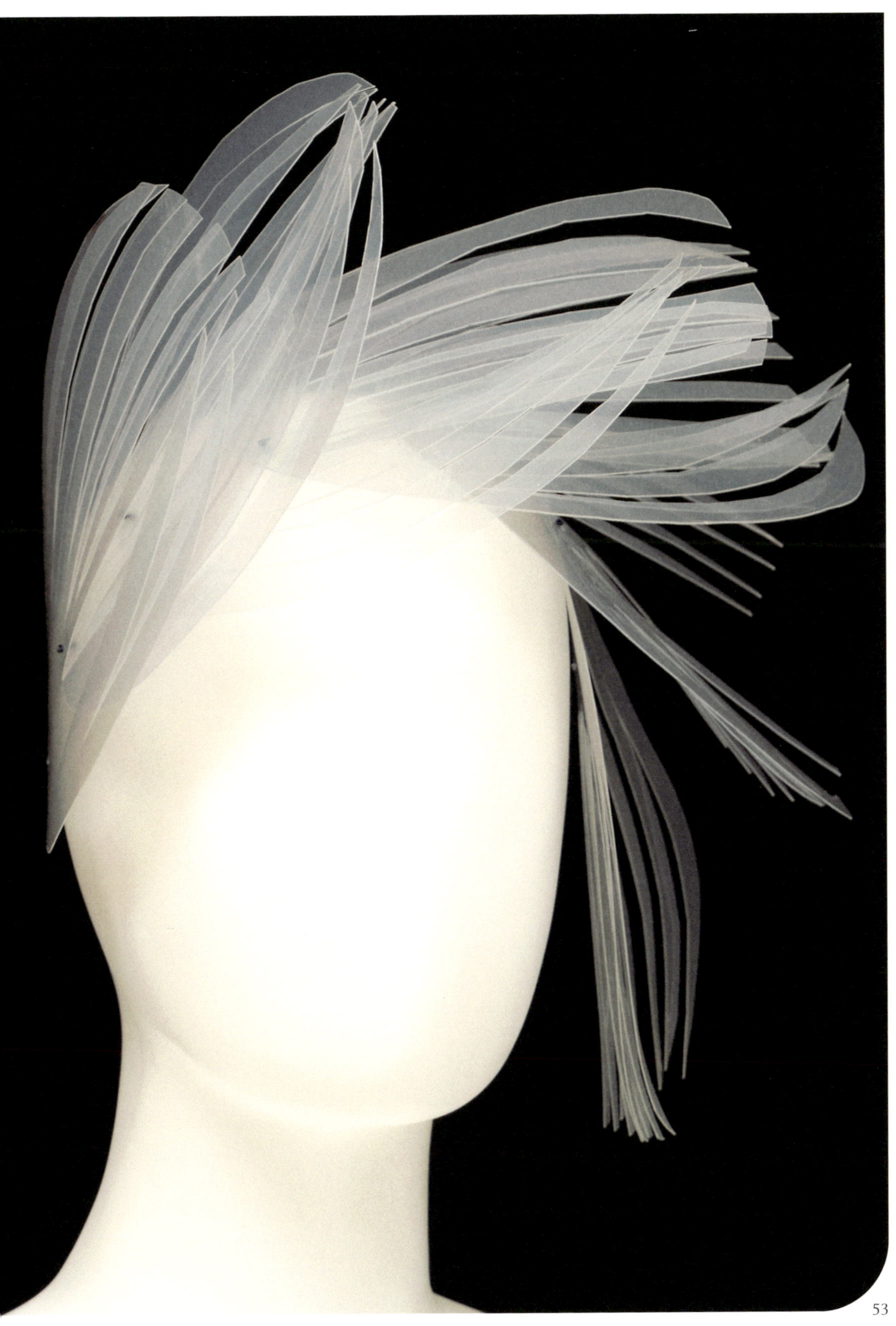

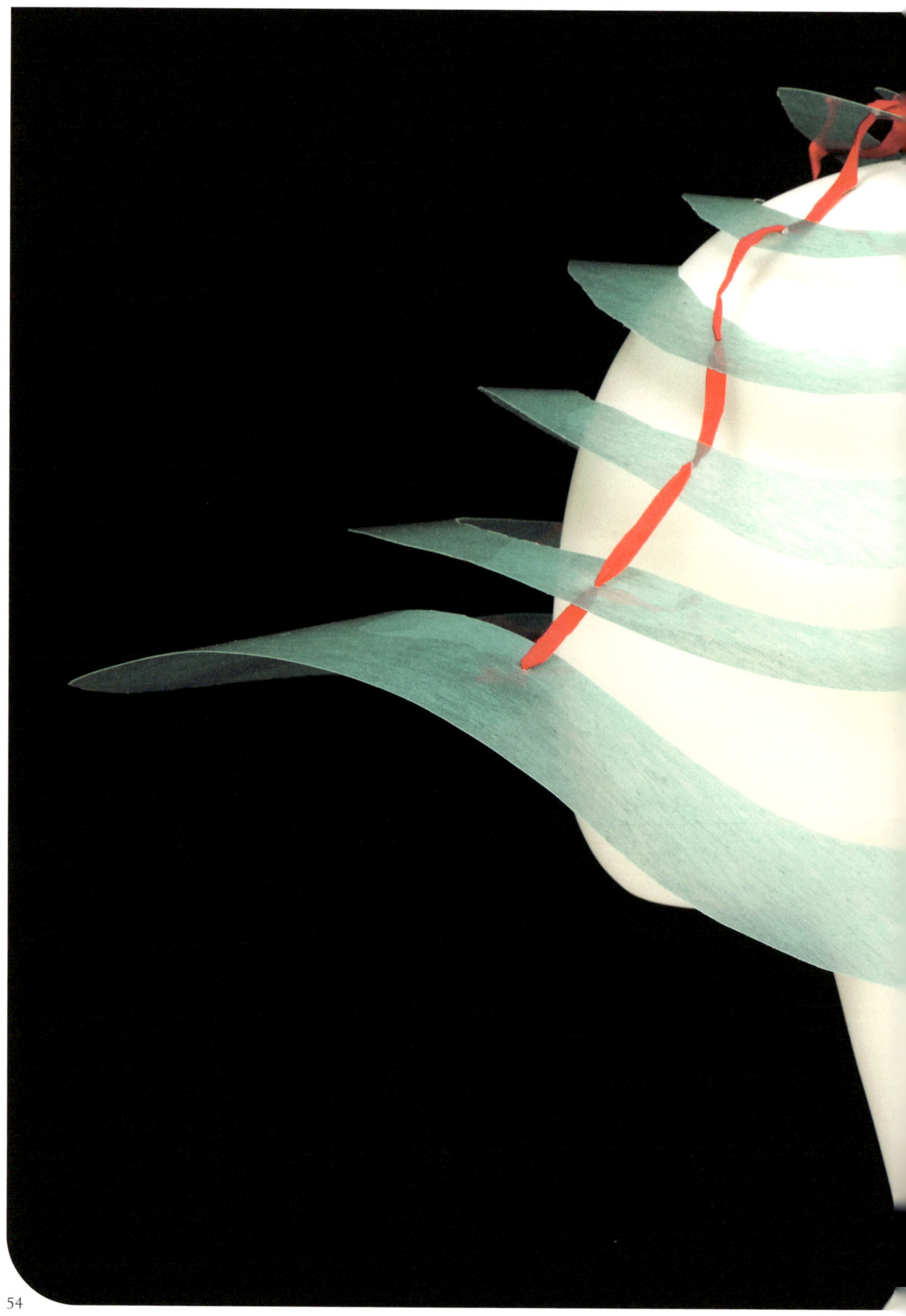

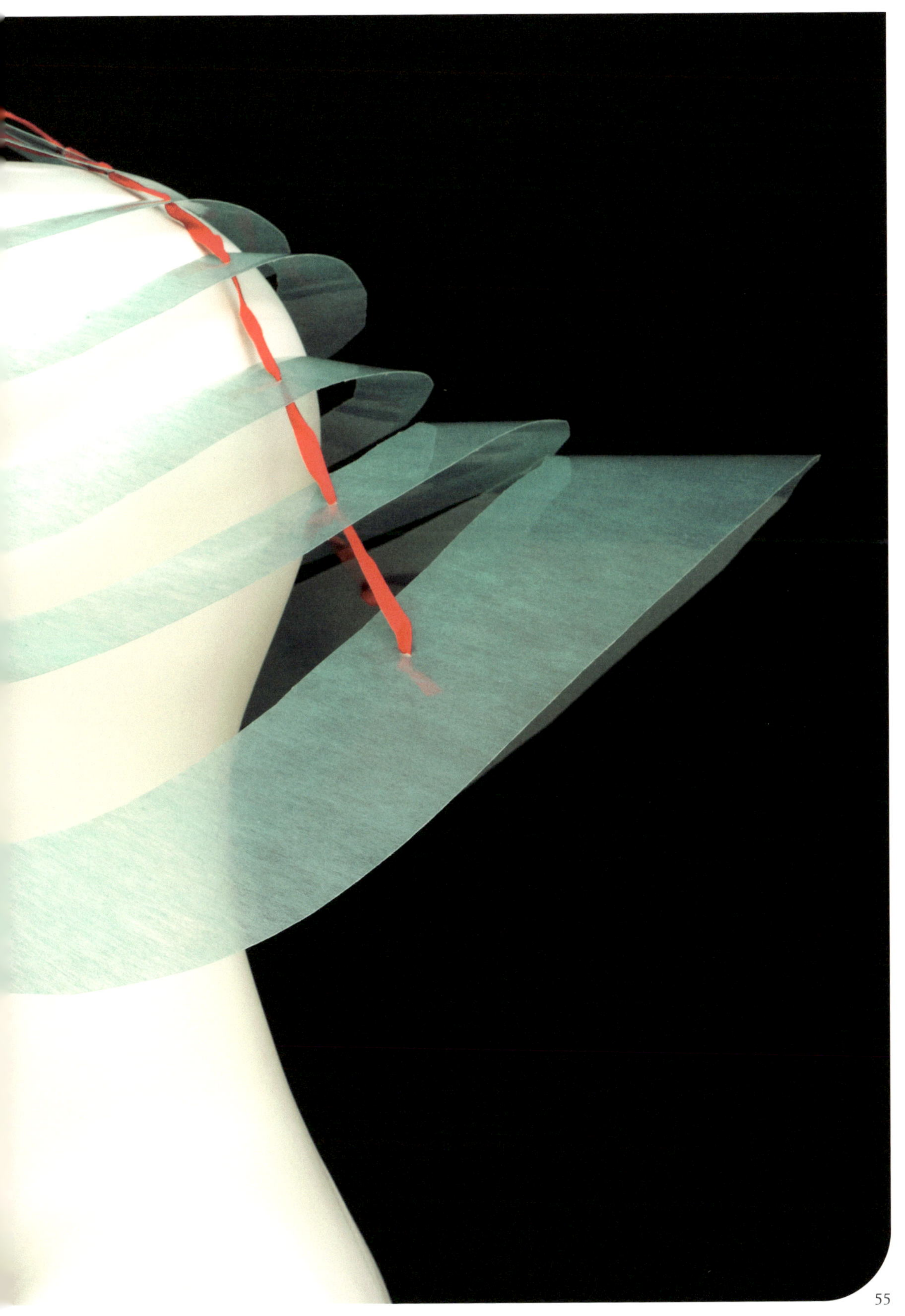

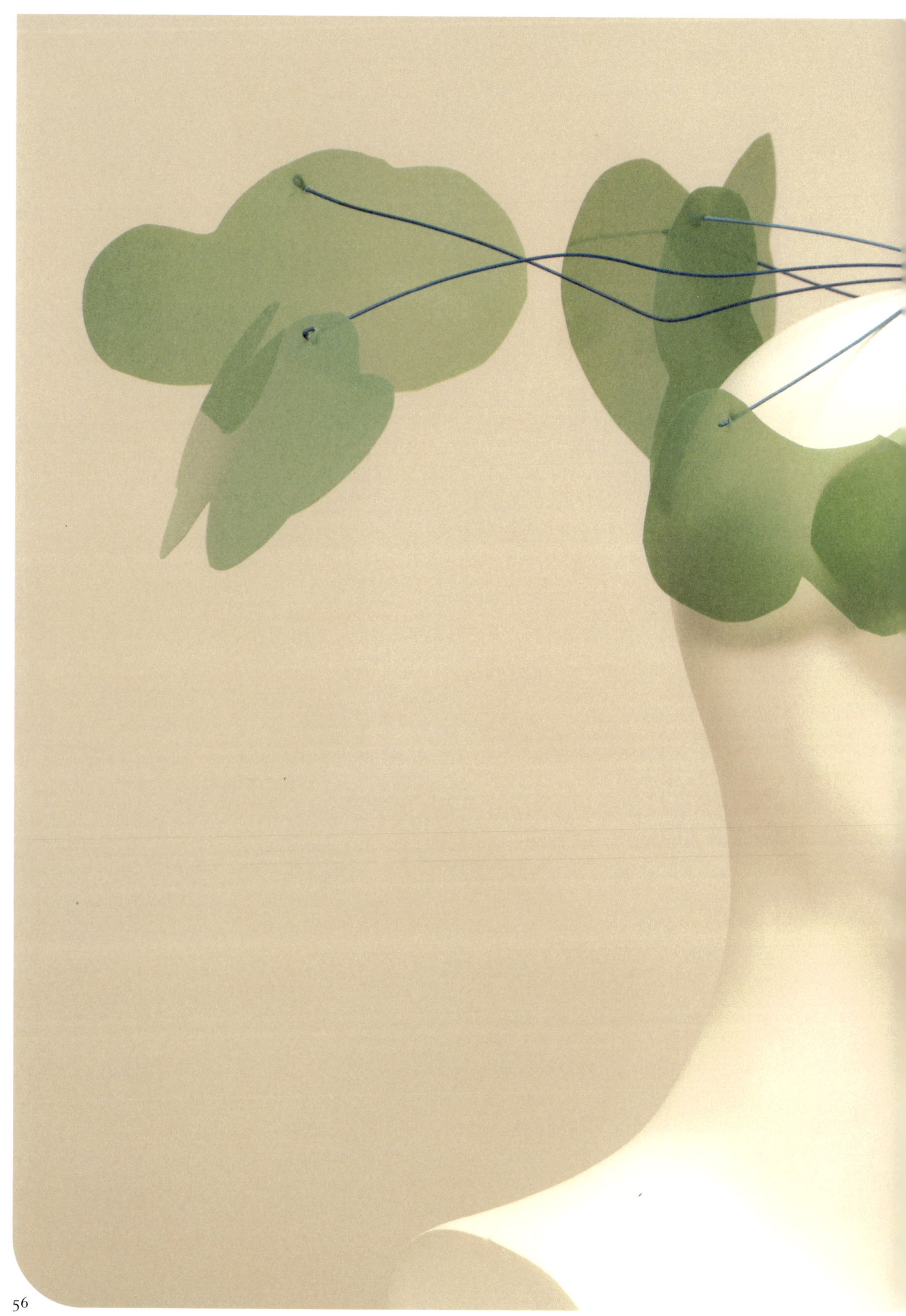

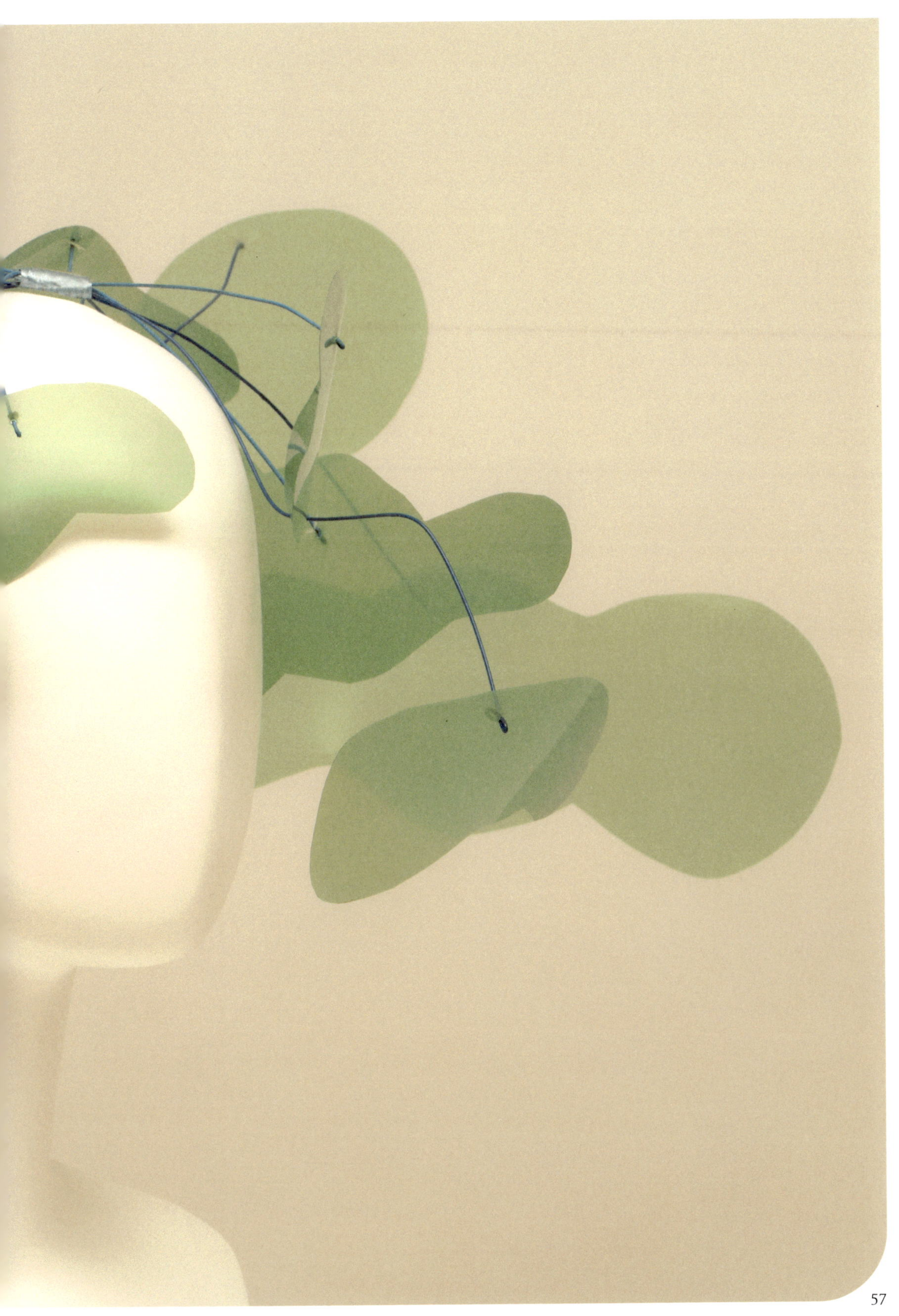

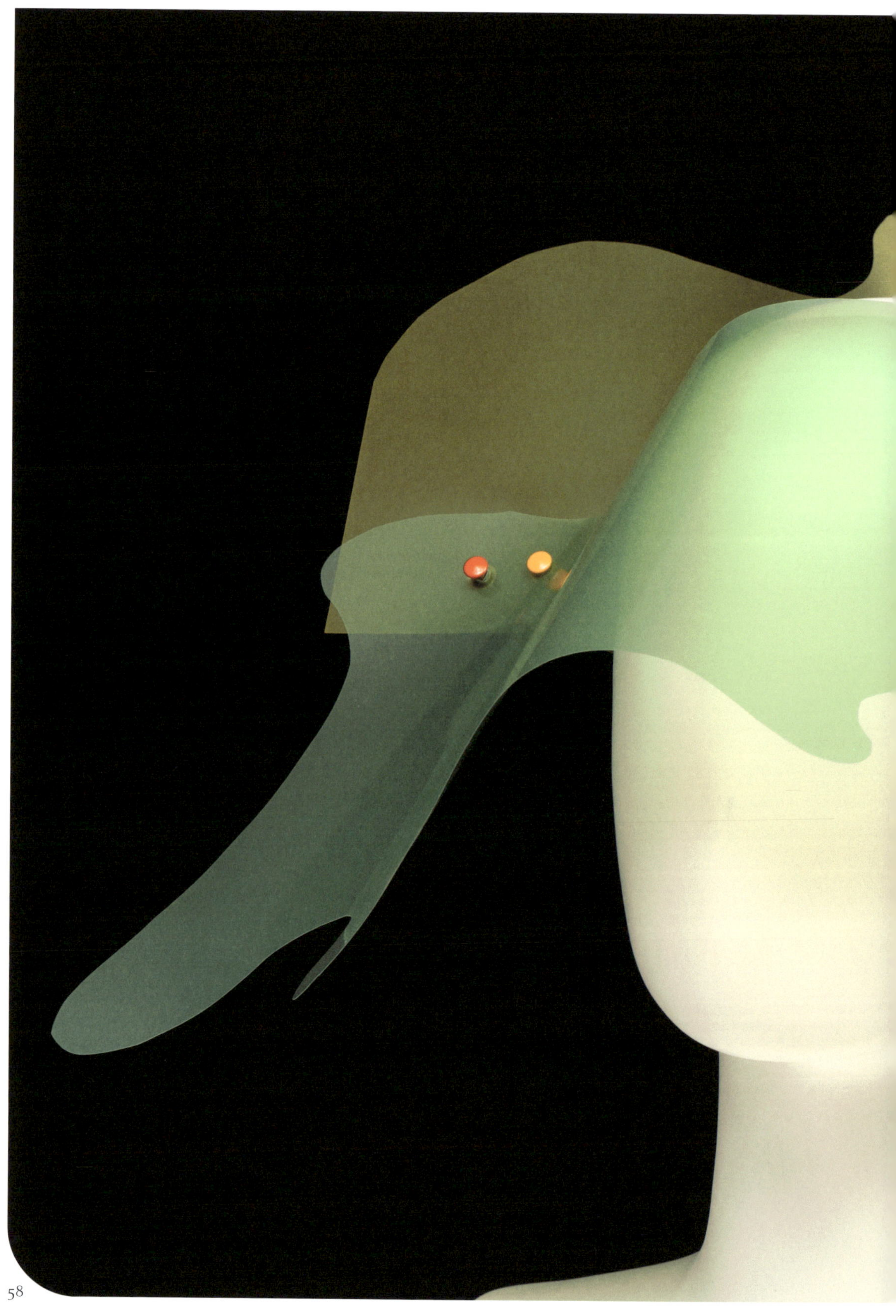

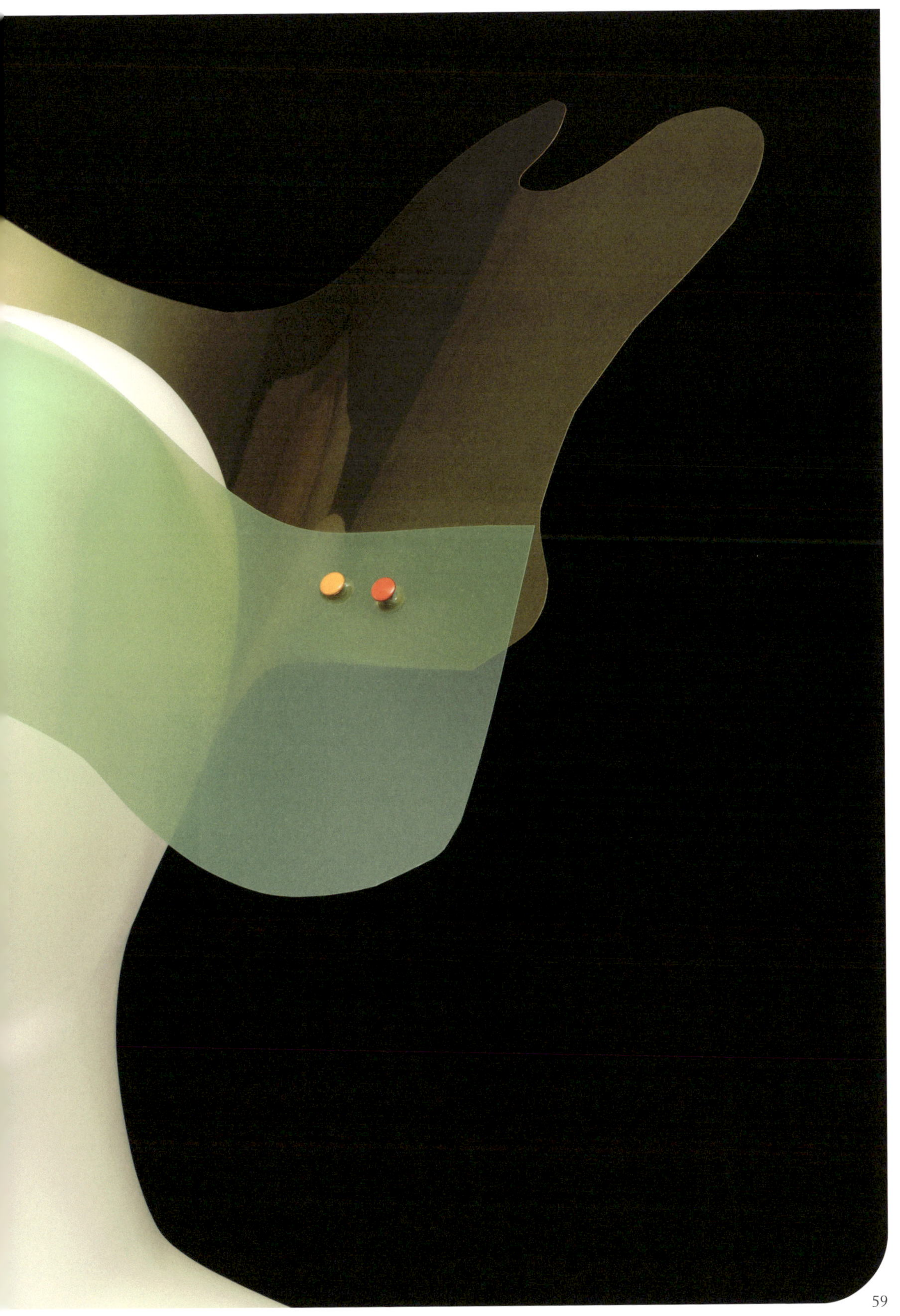

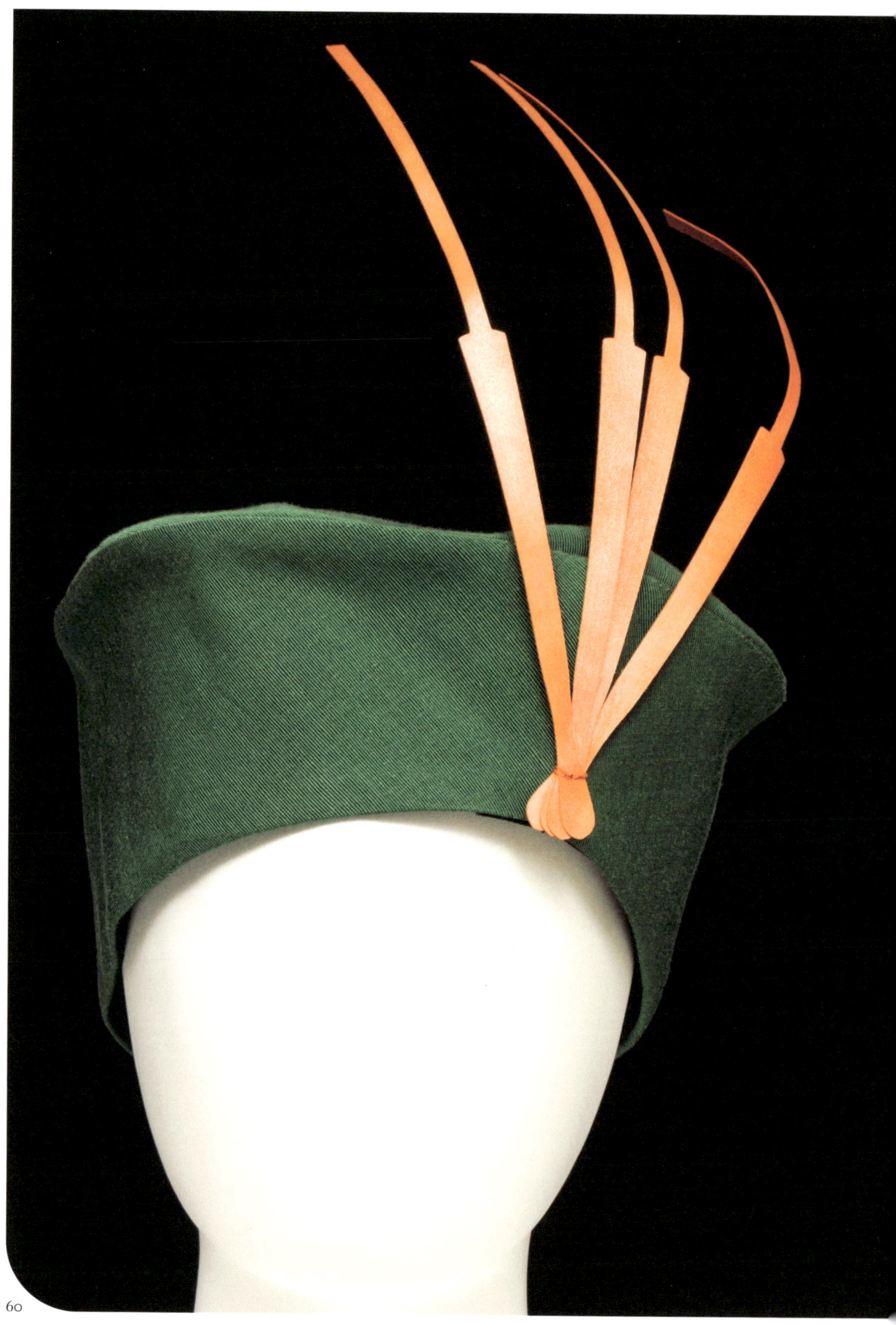

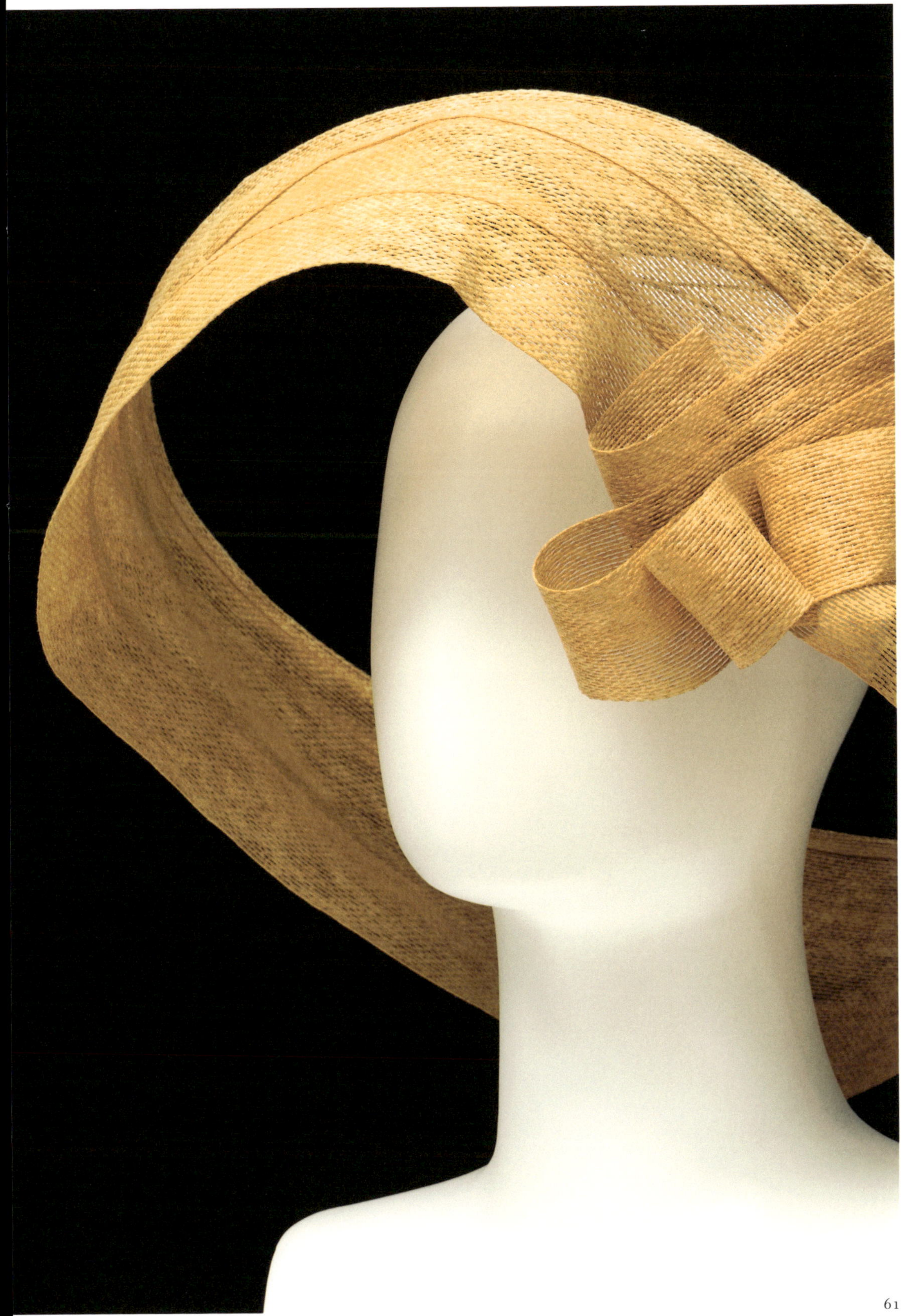

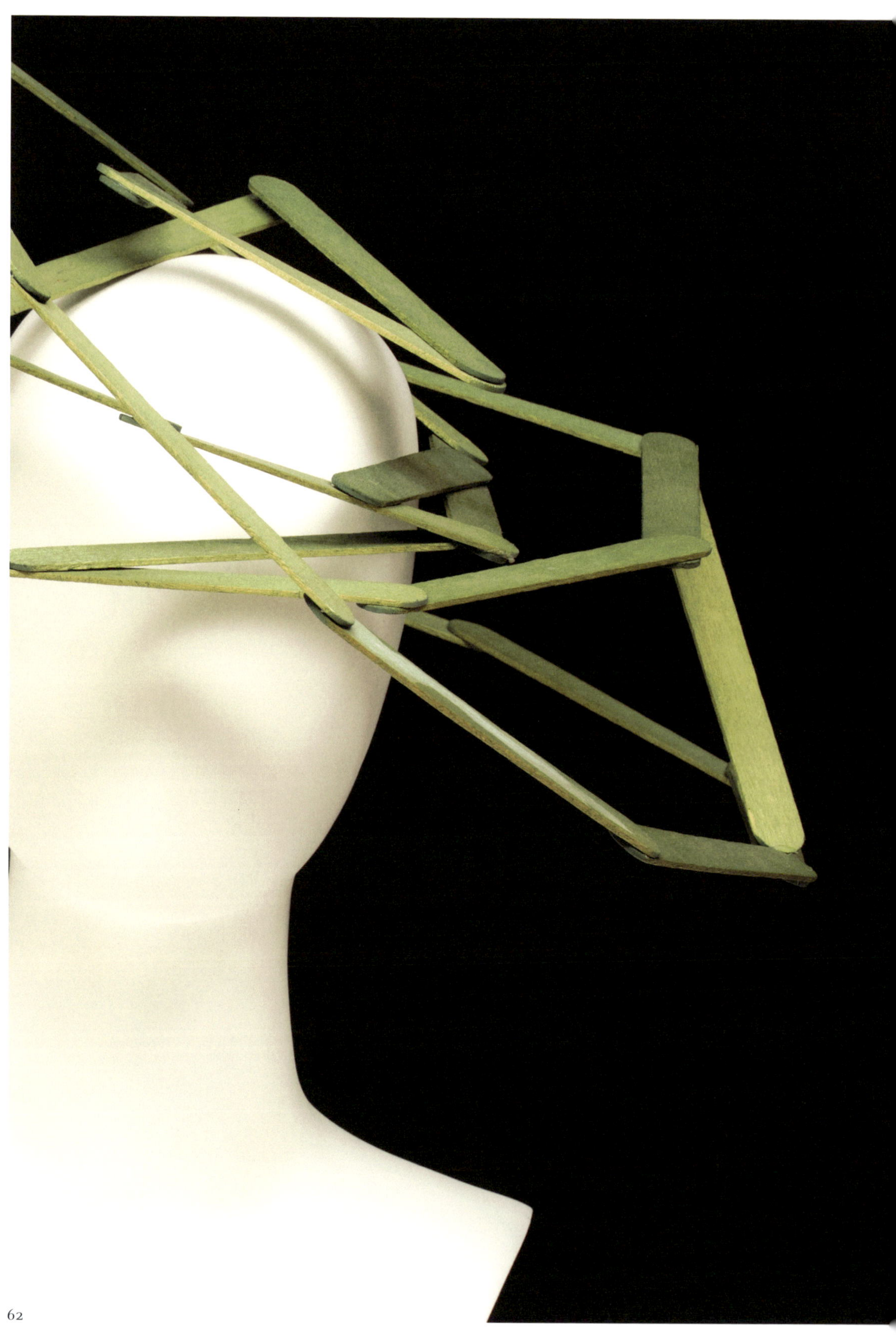

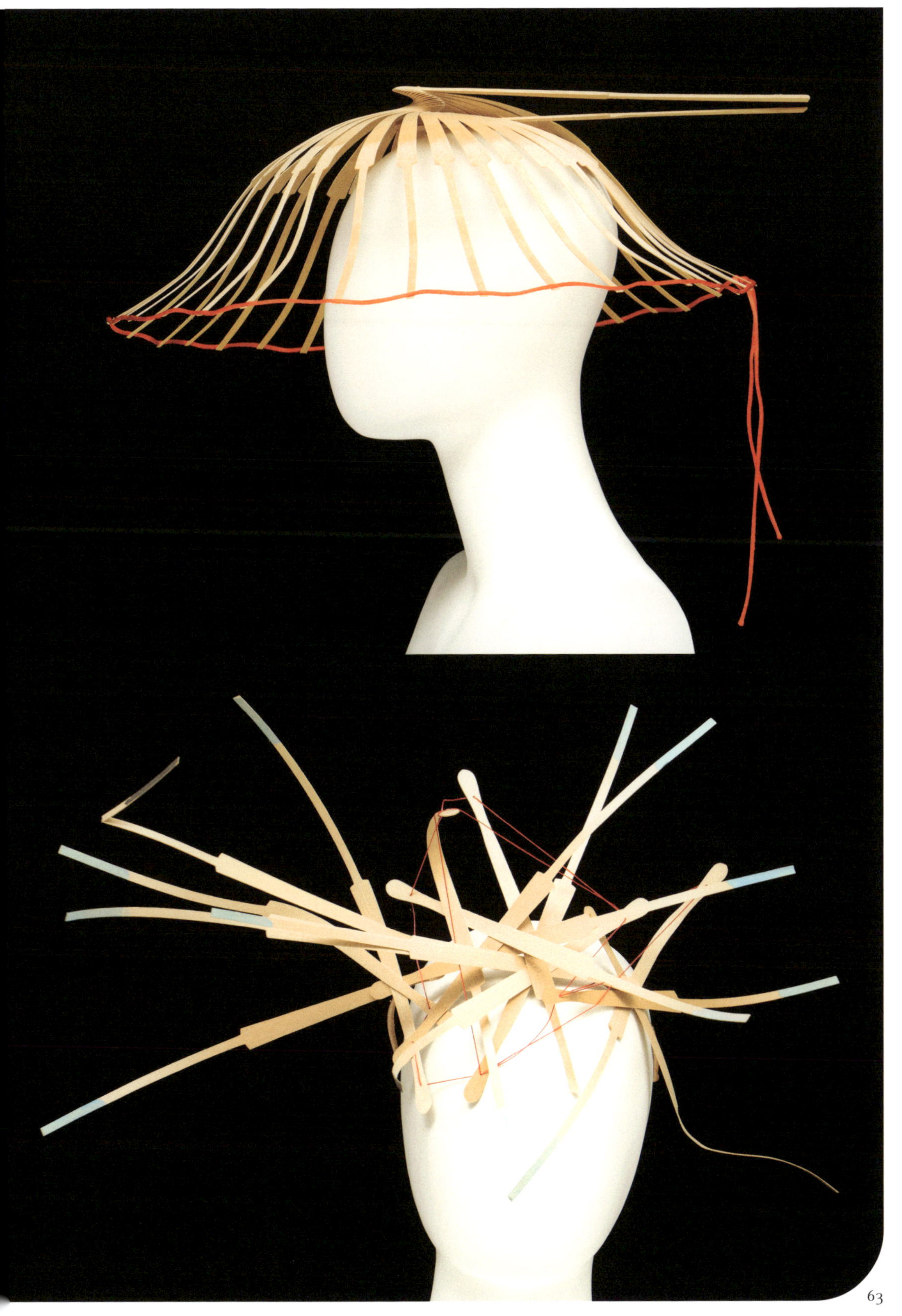

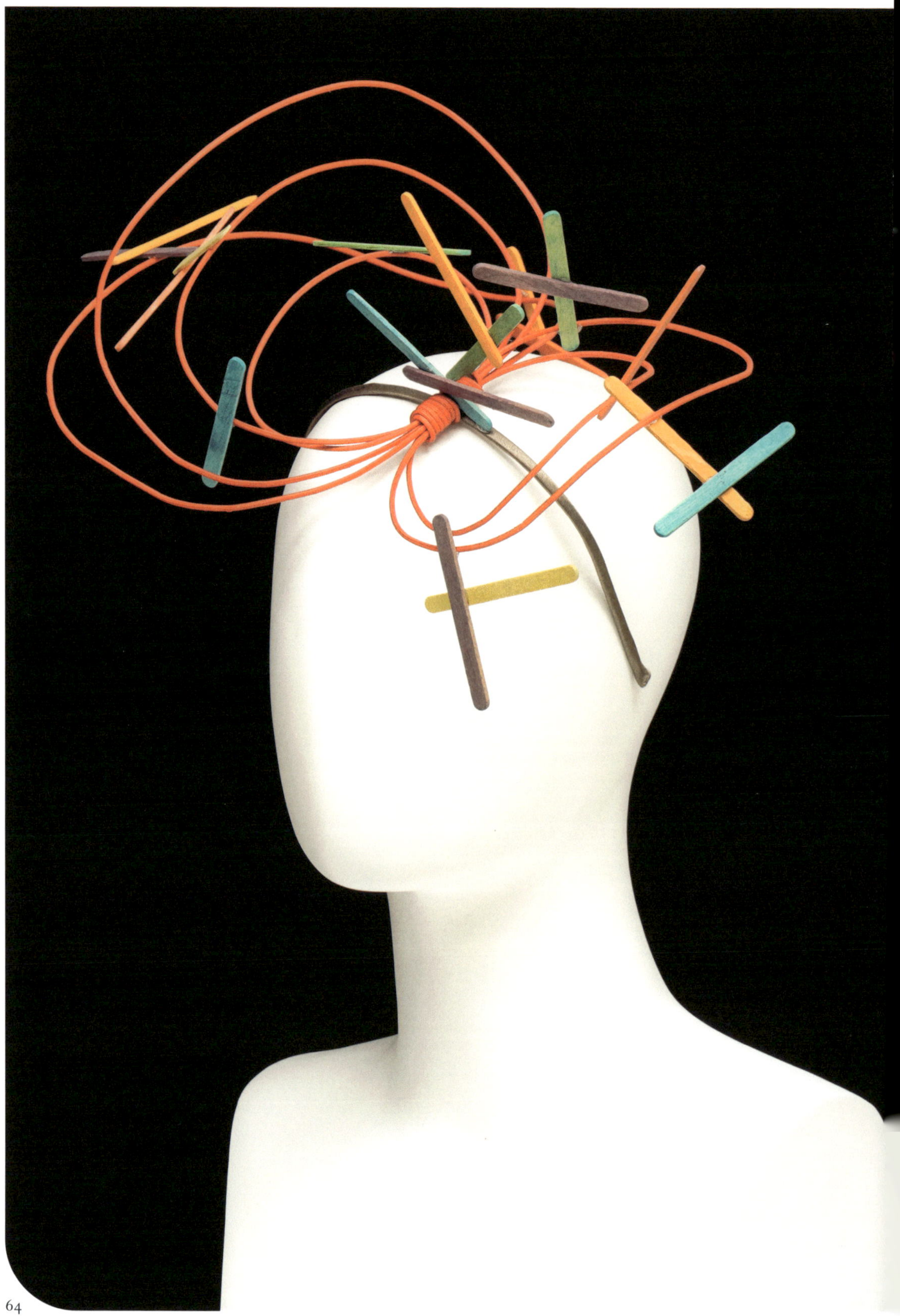

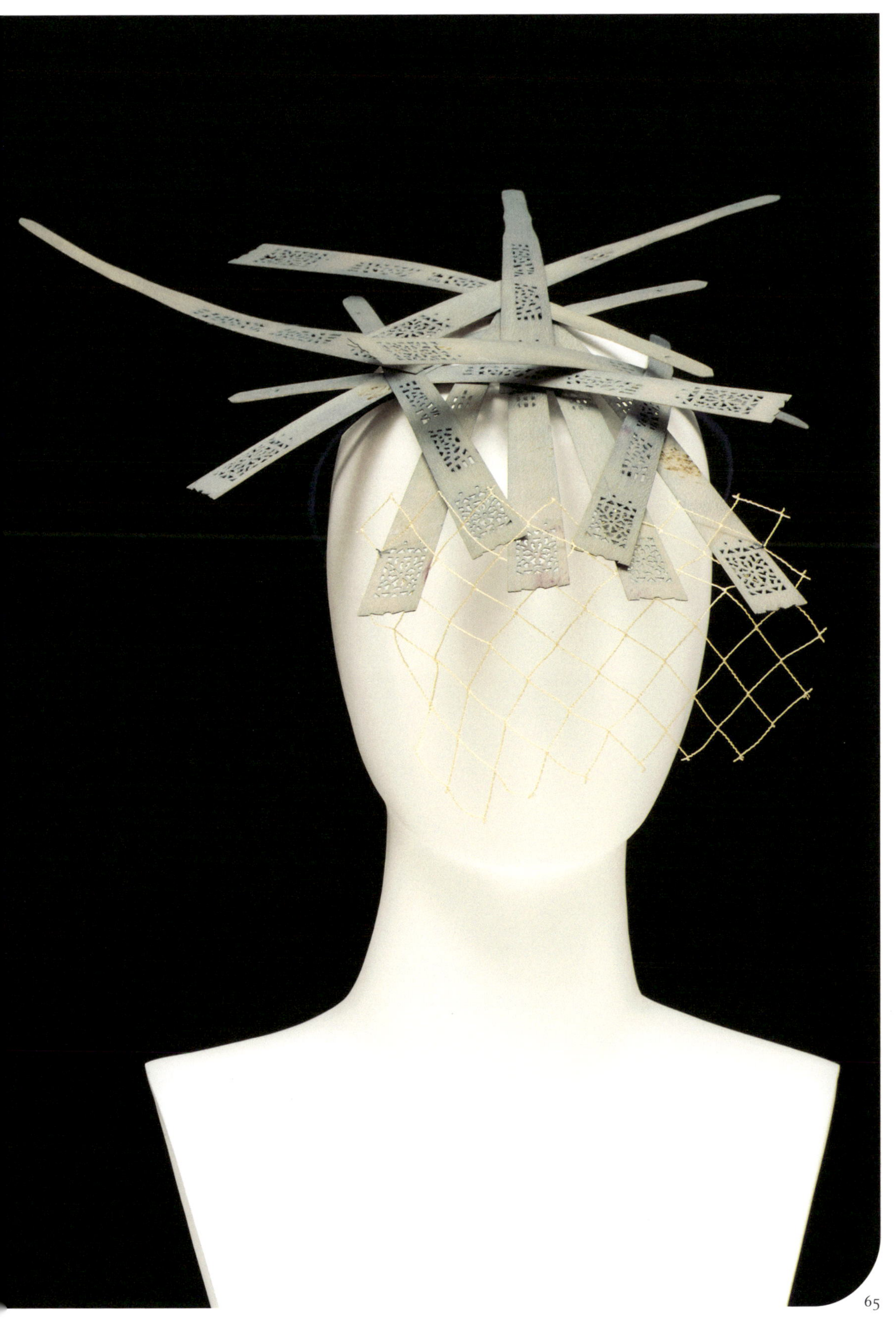

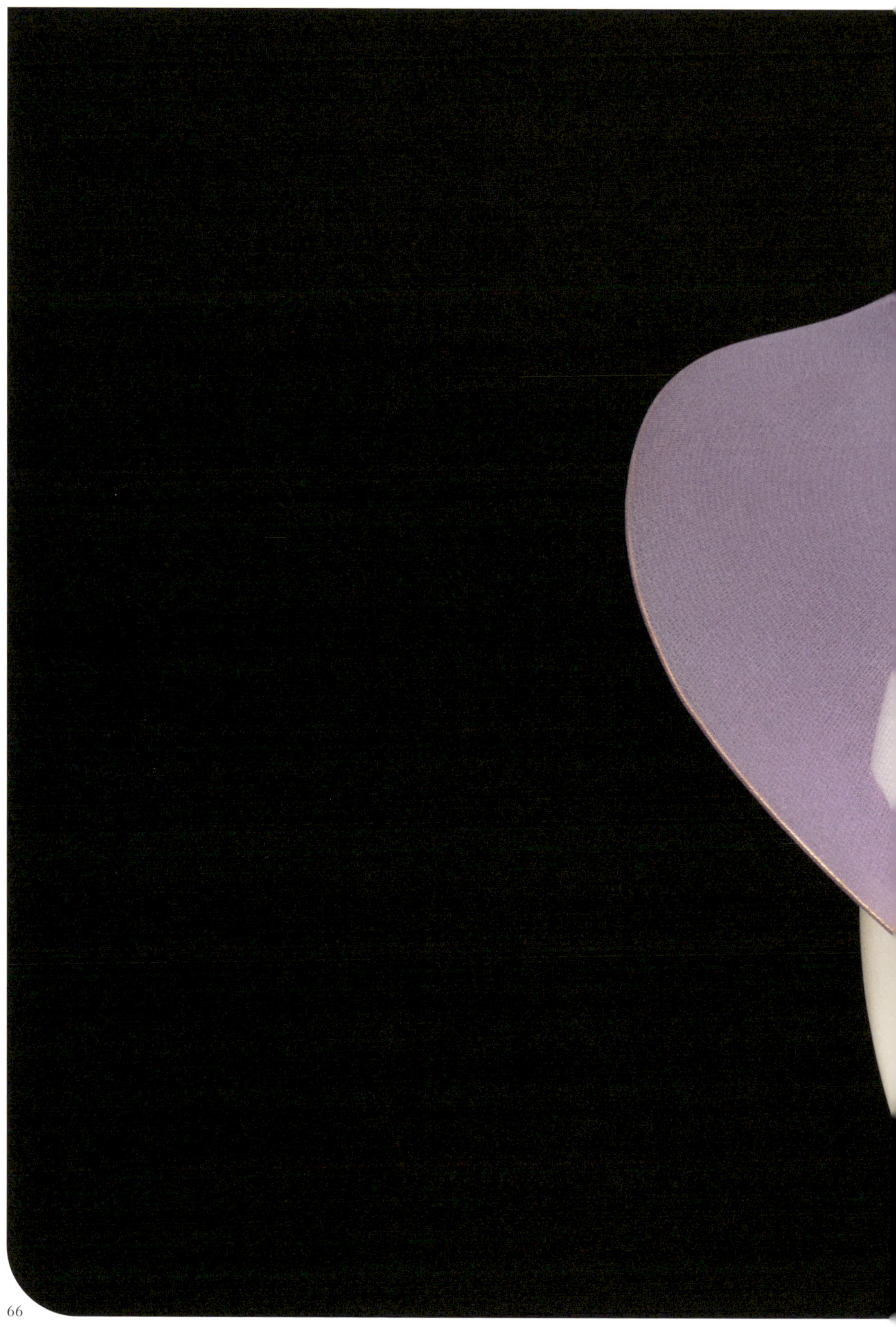

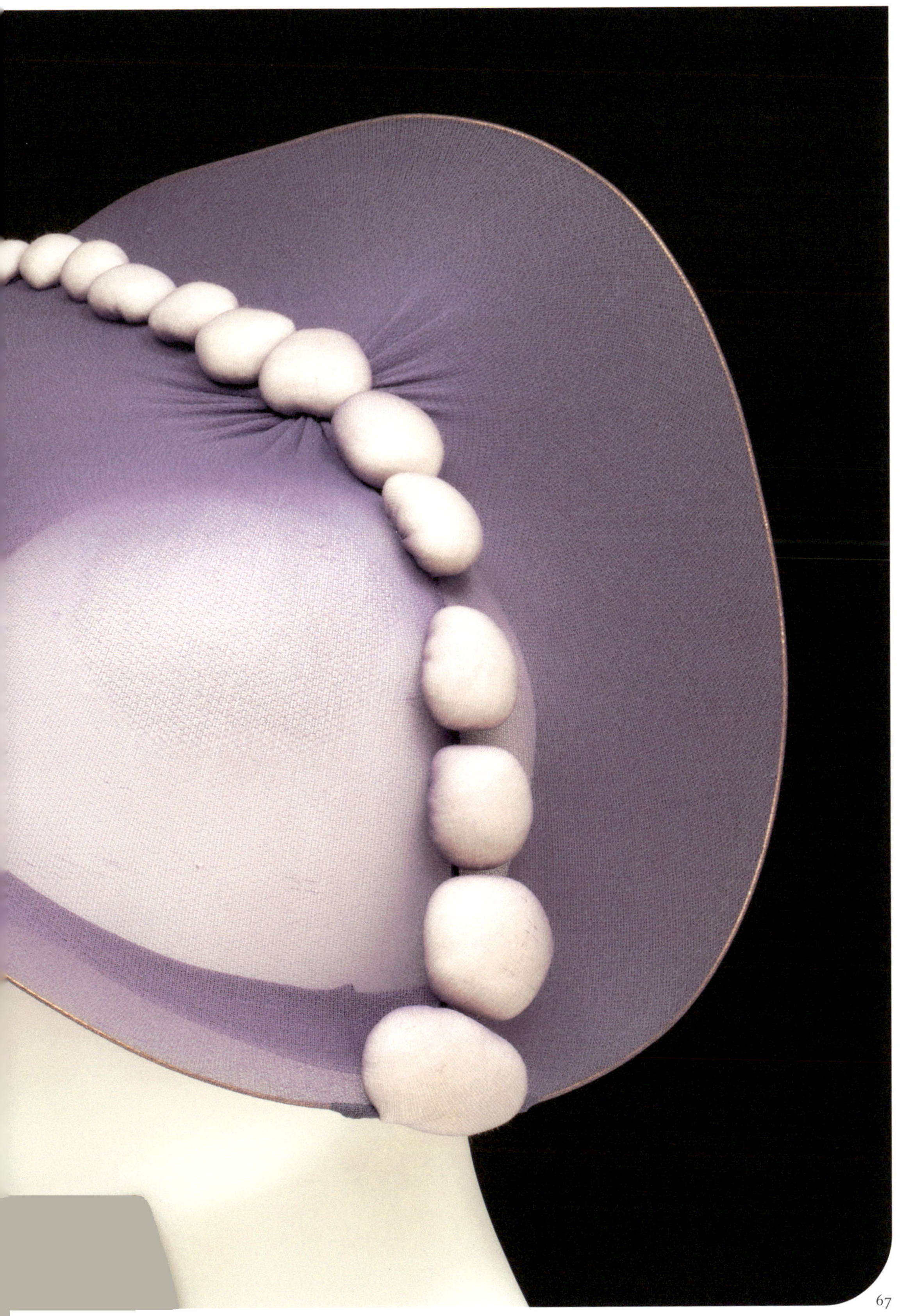

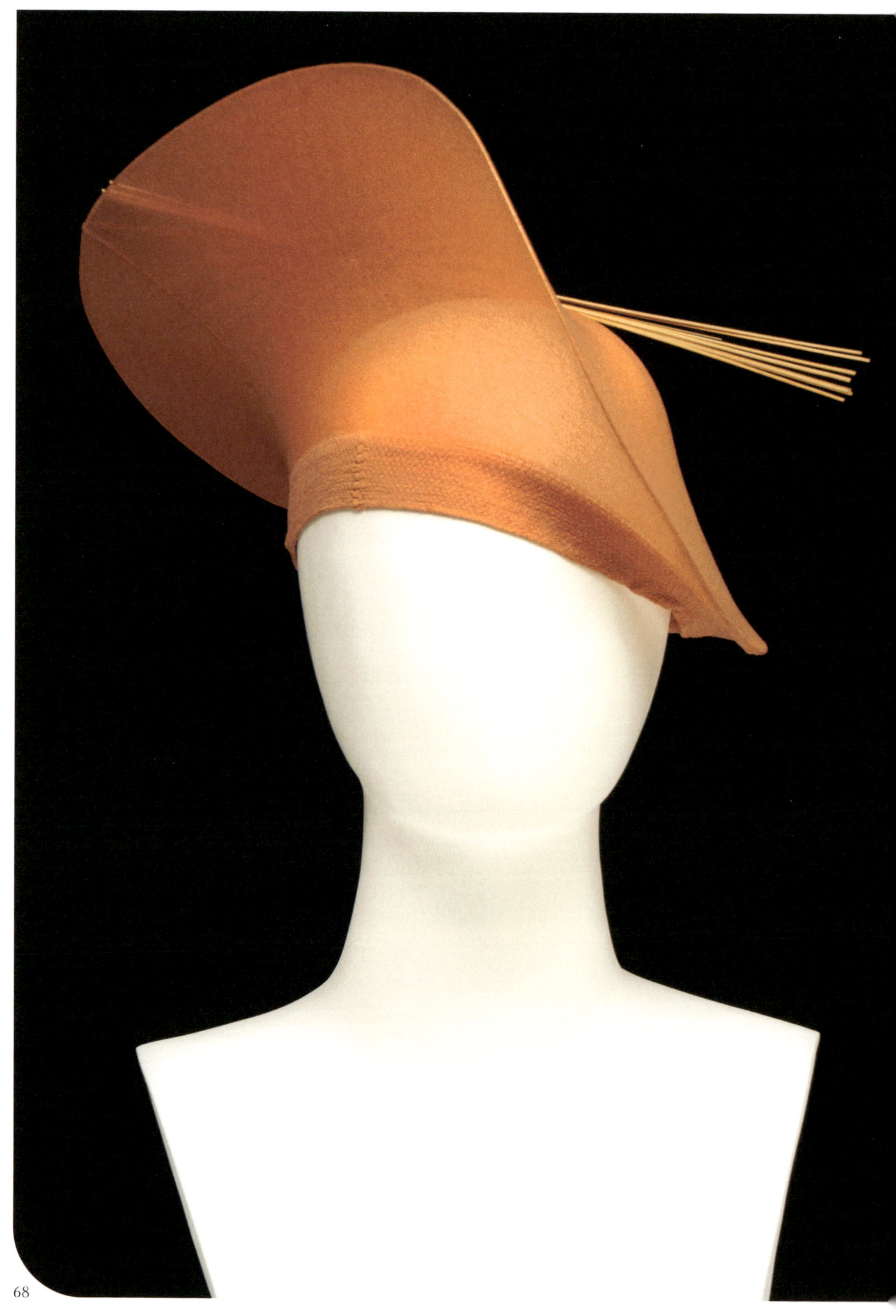

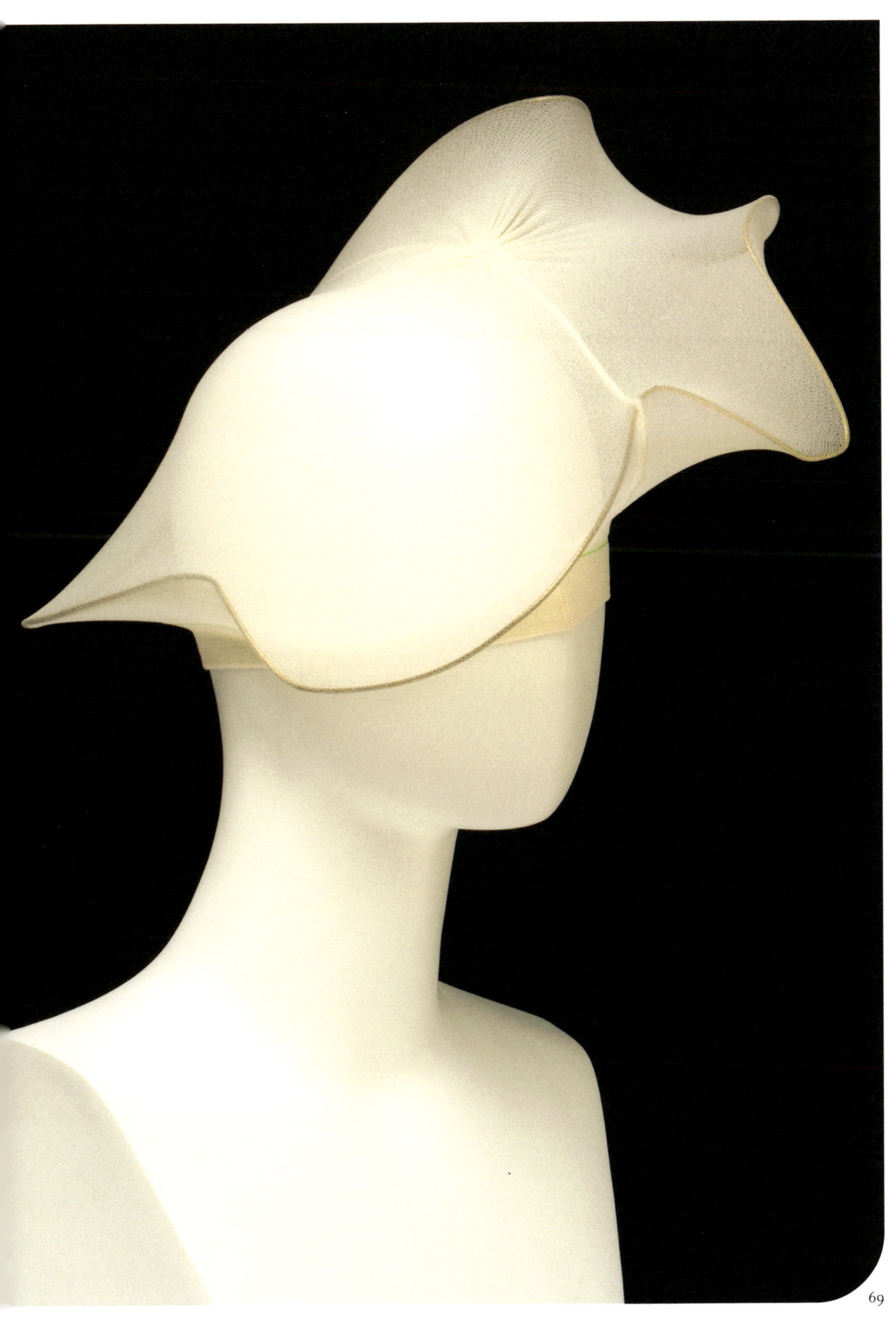

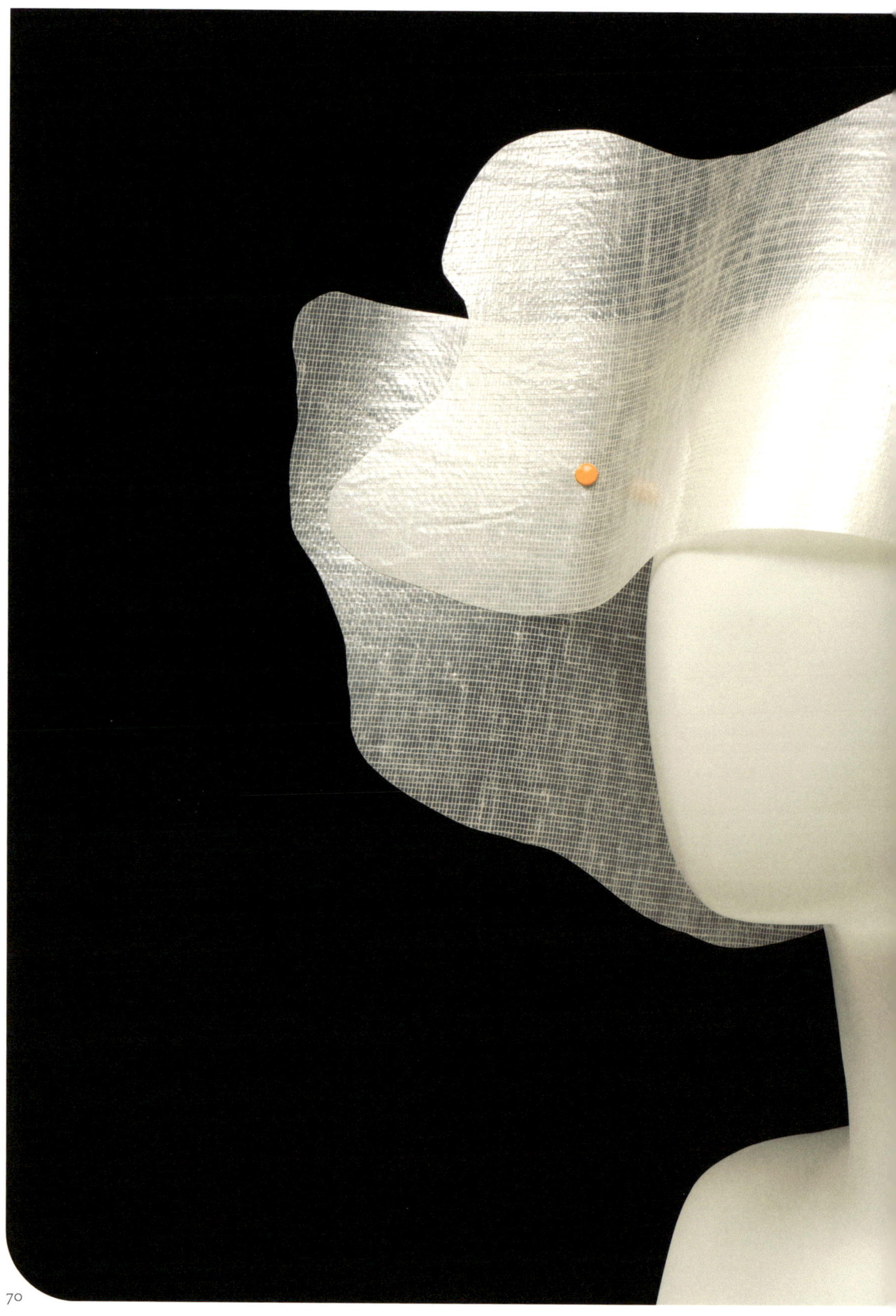

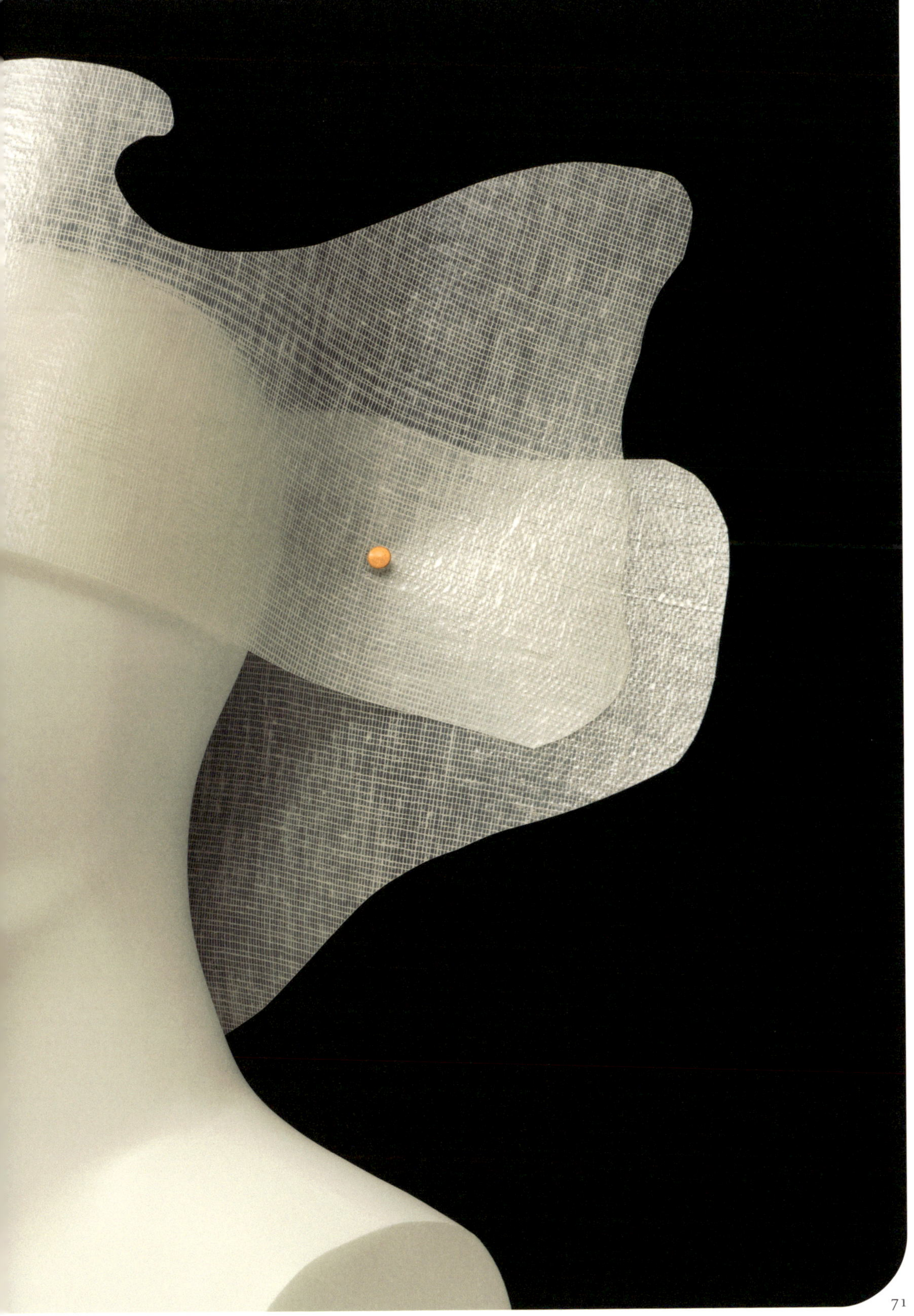

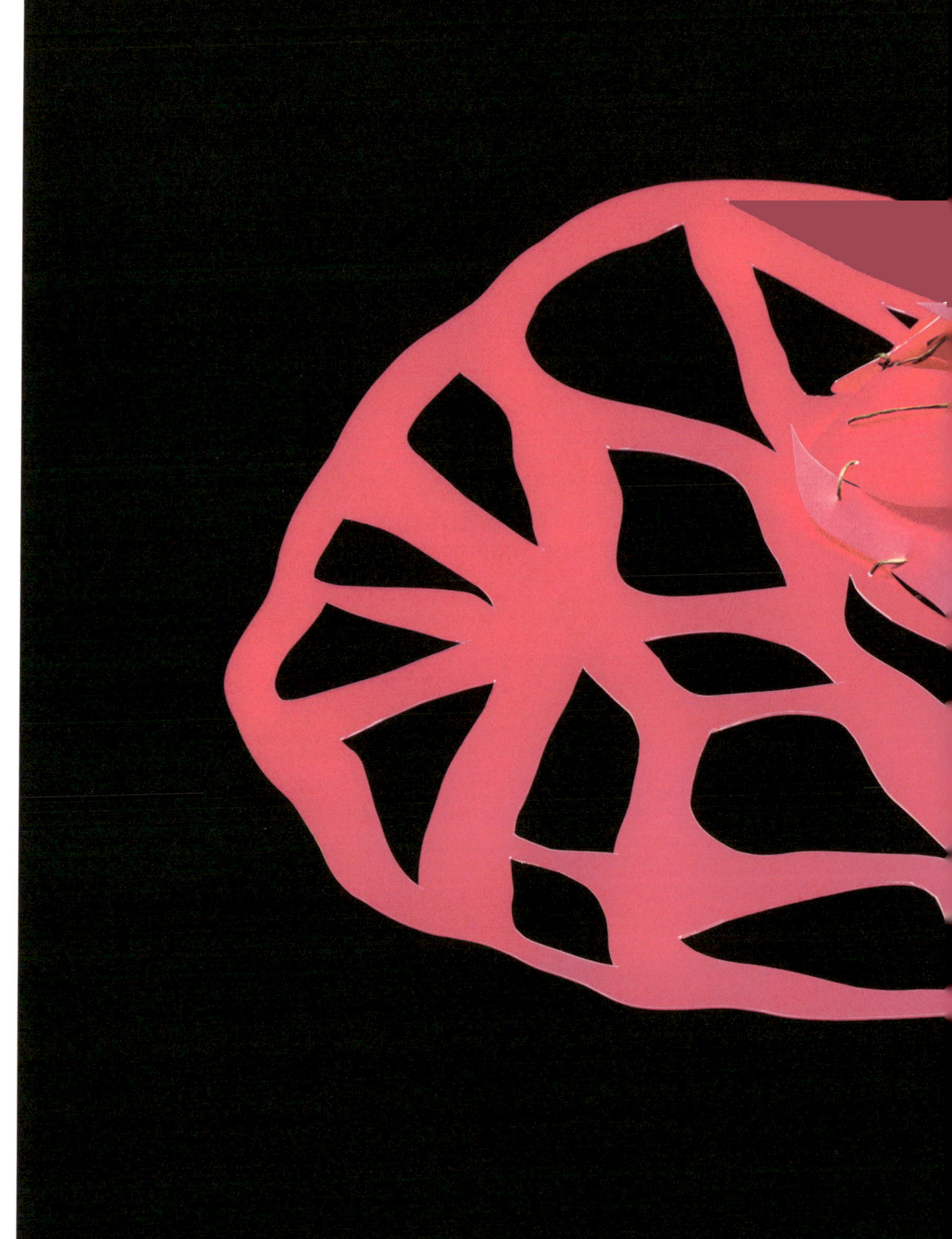

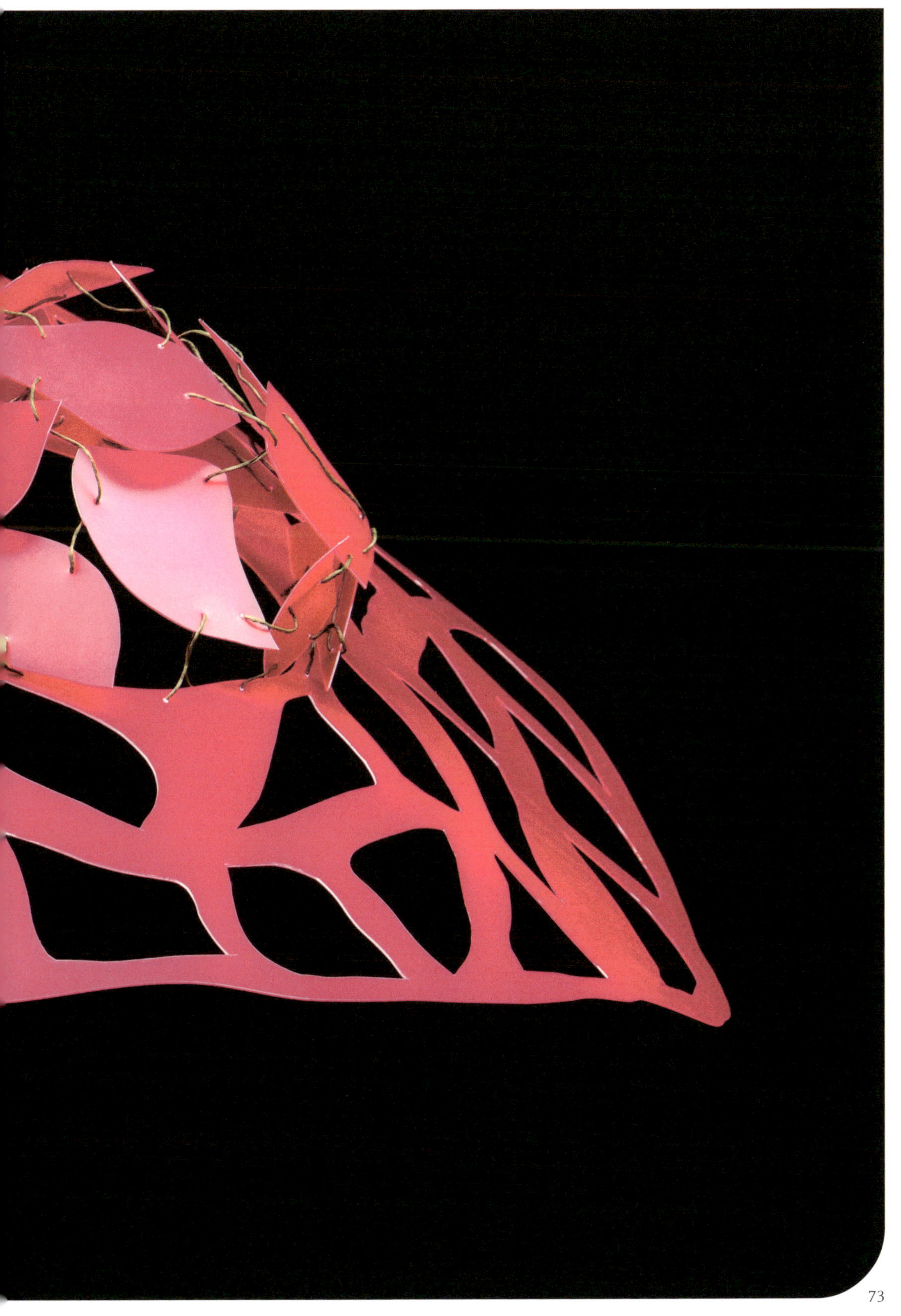

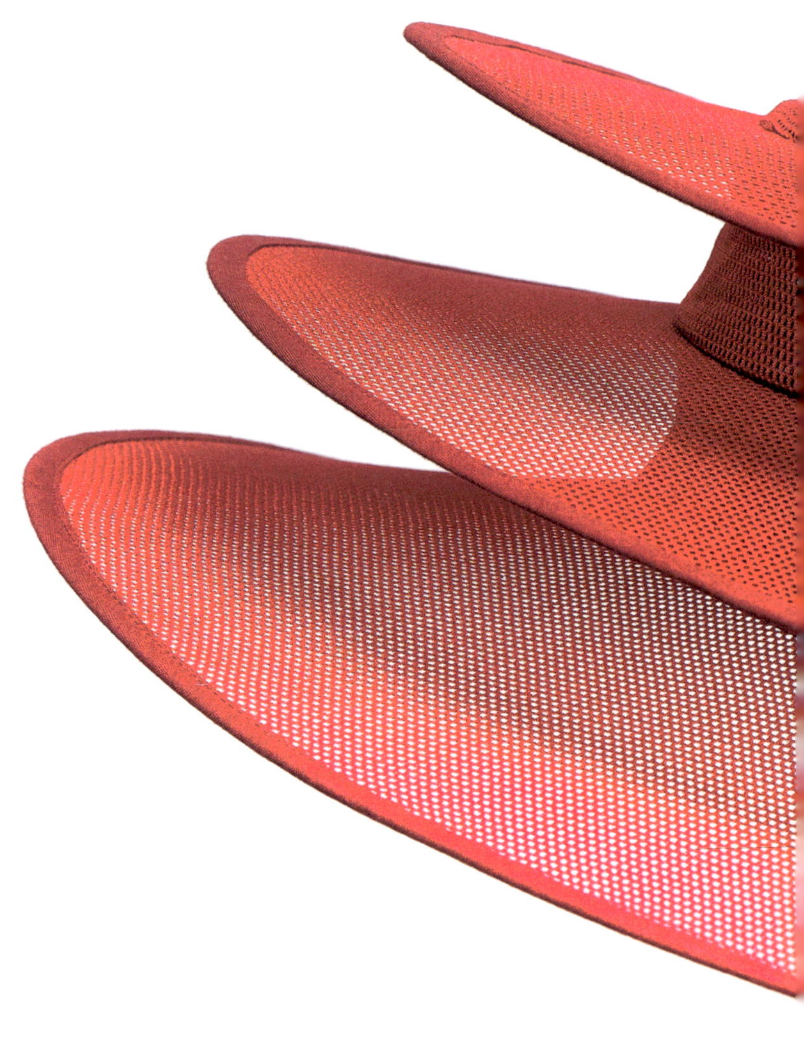

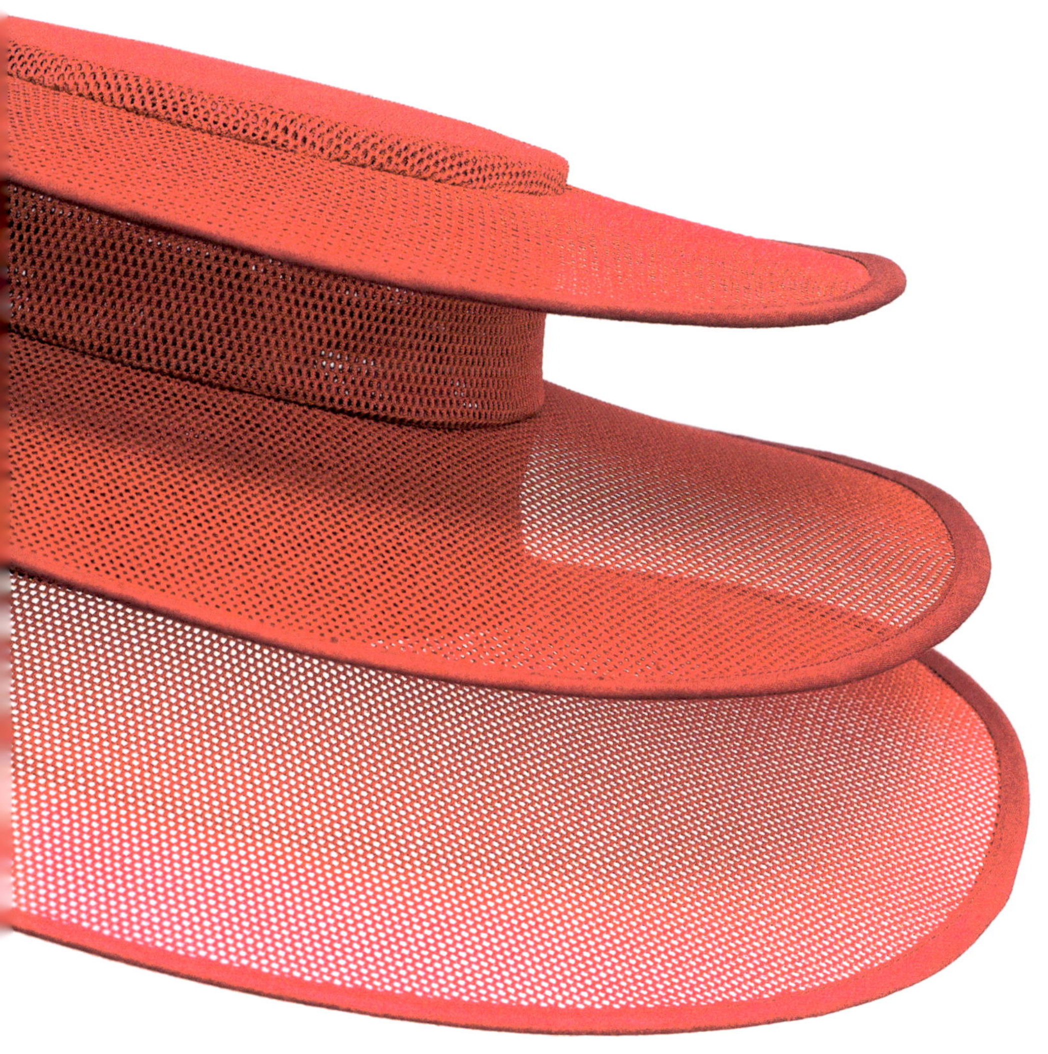

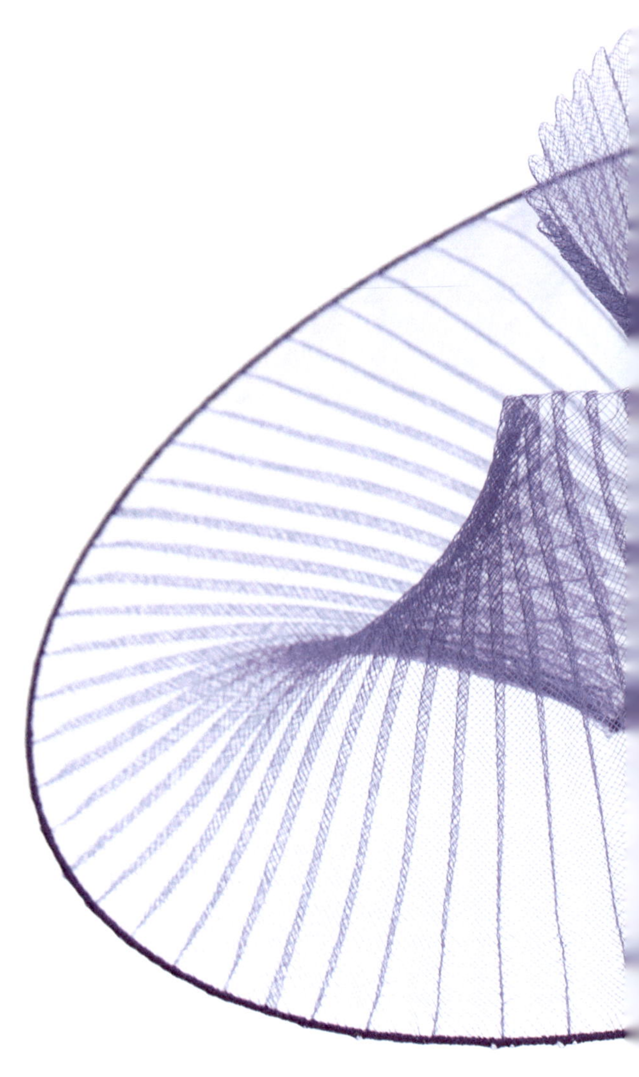

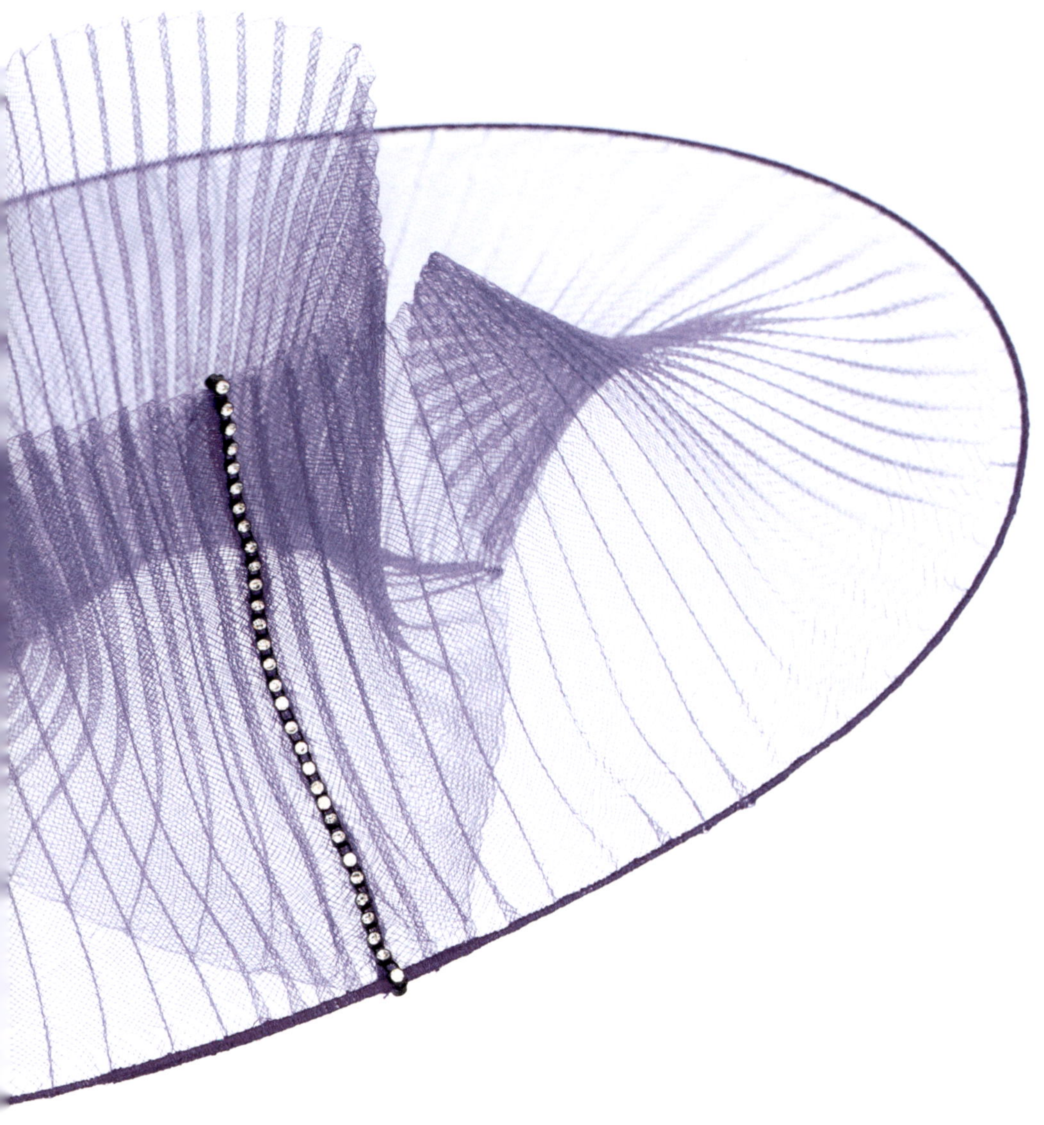

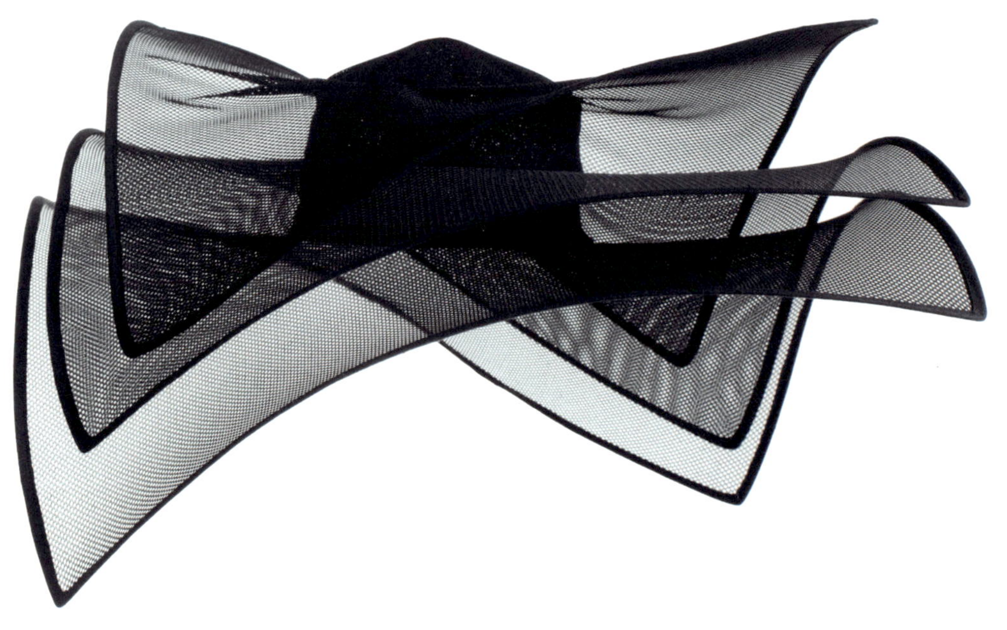

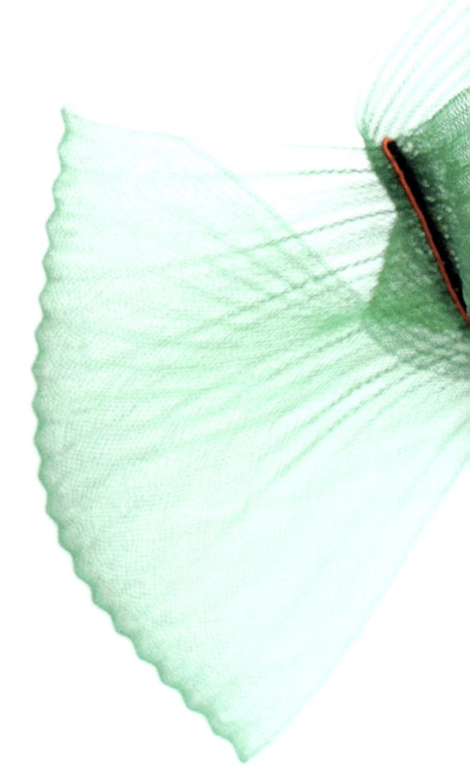

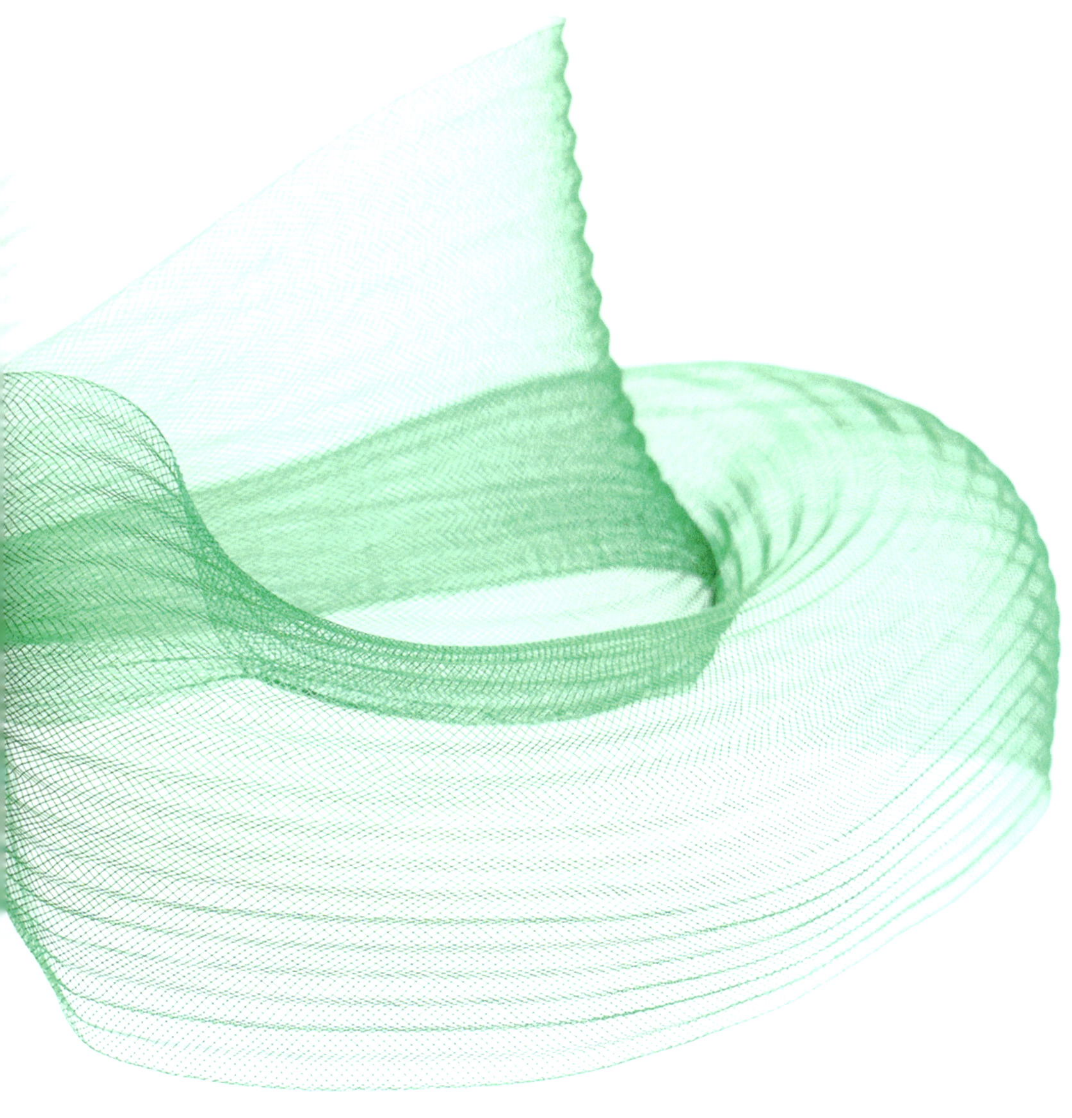

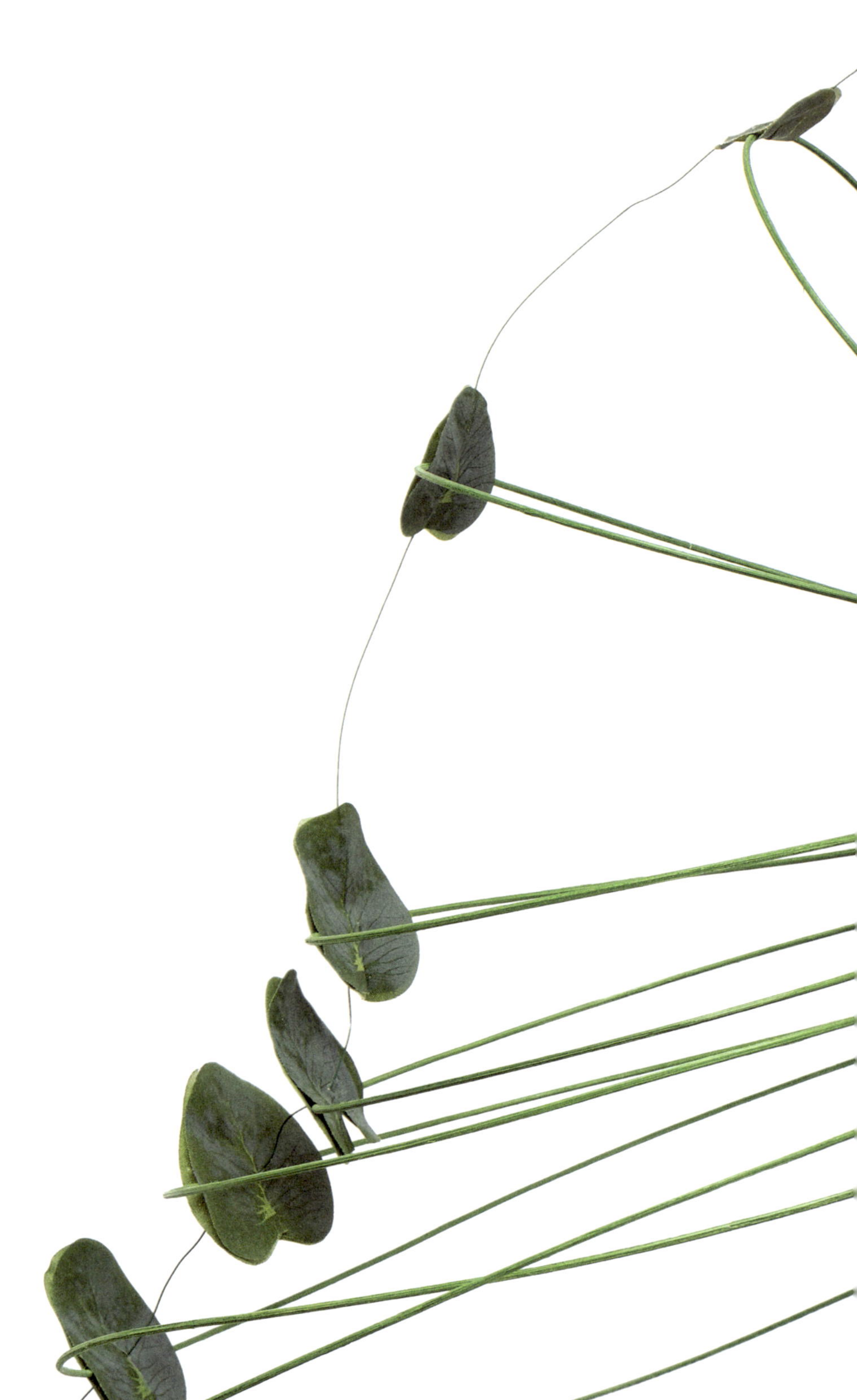

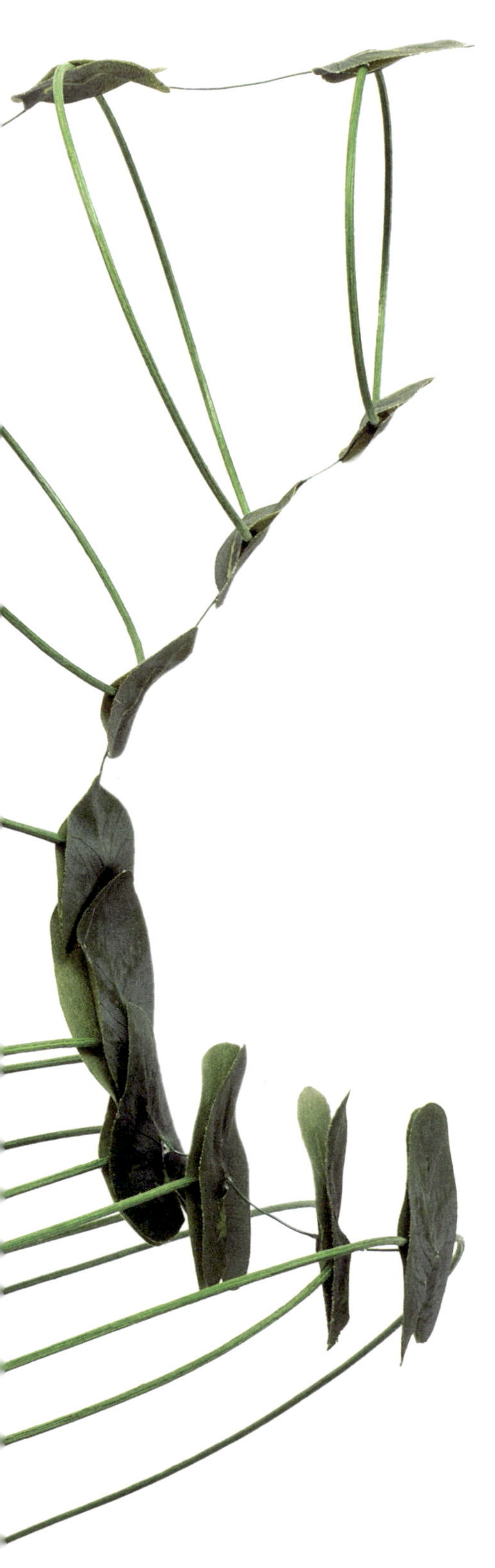

TOCADOS

FASCINATORS

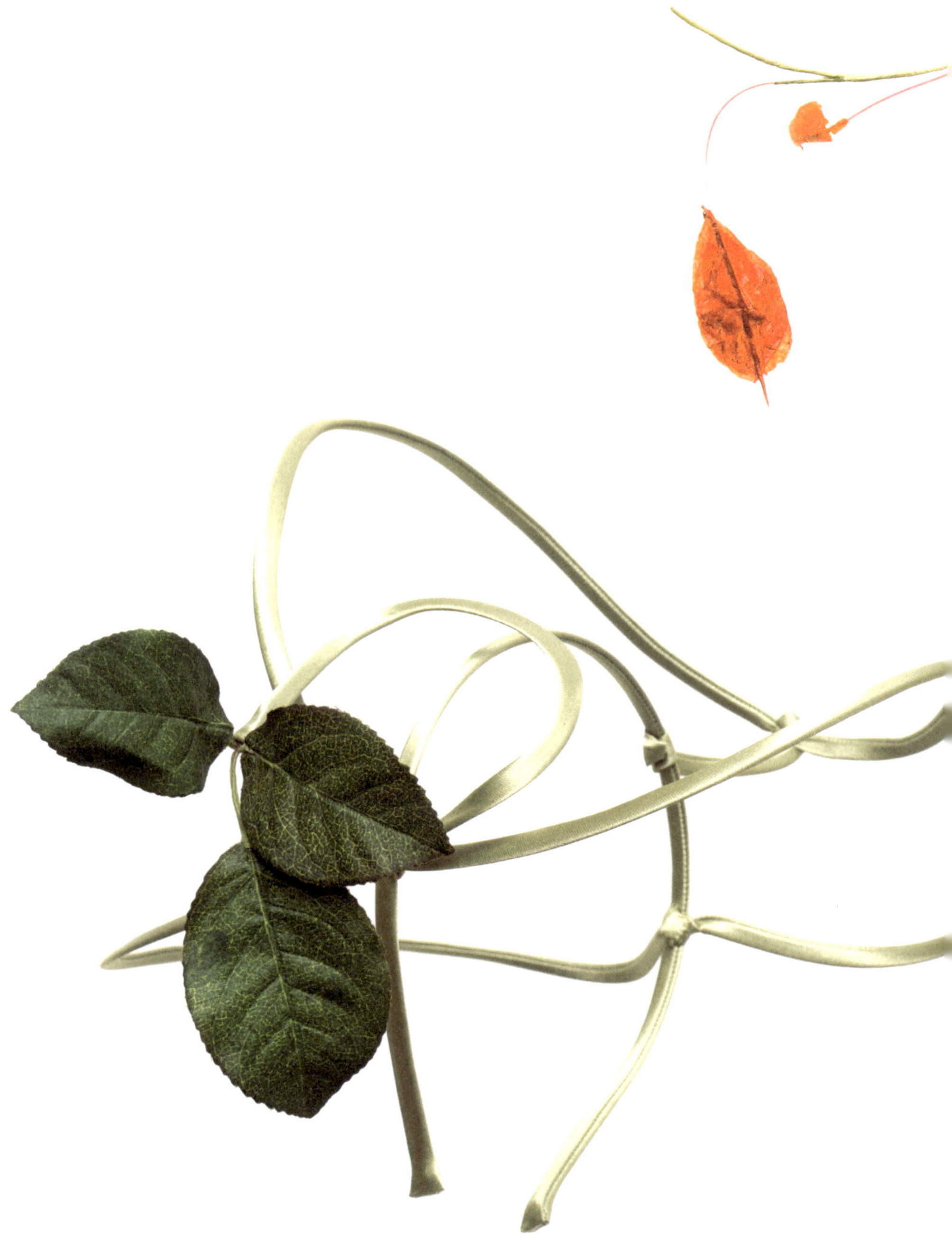

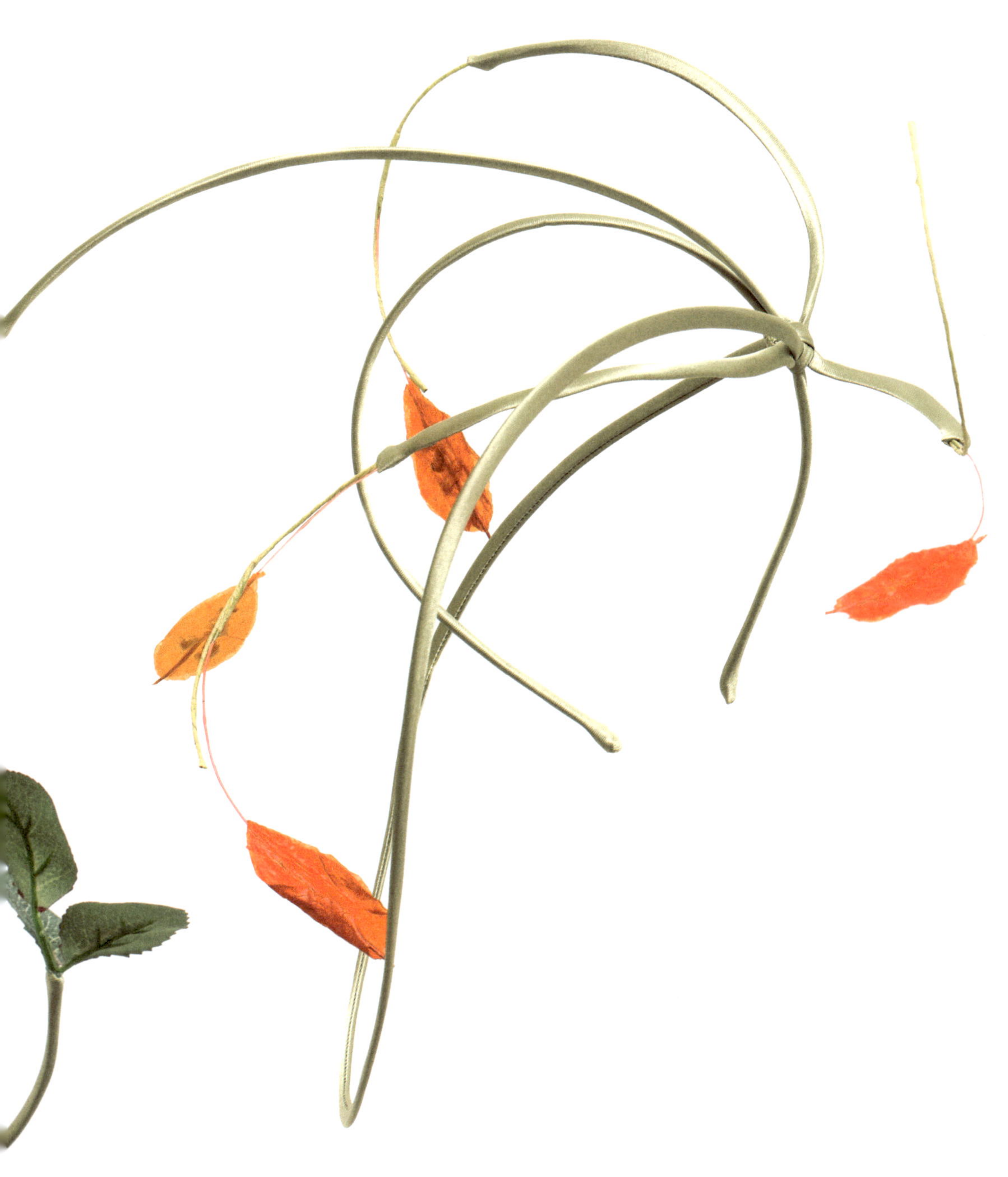

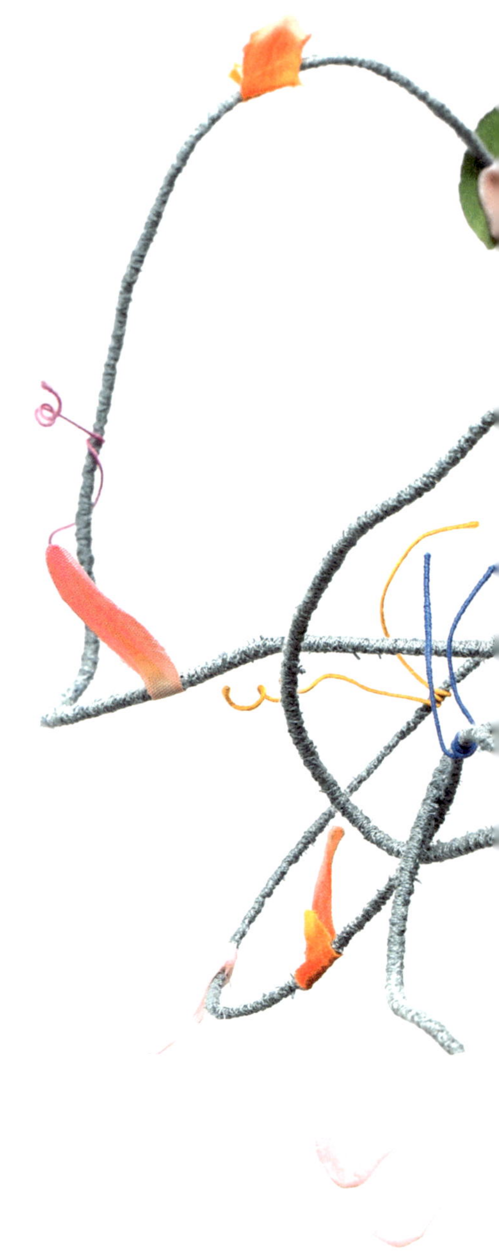

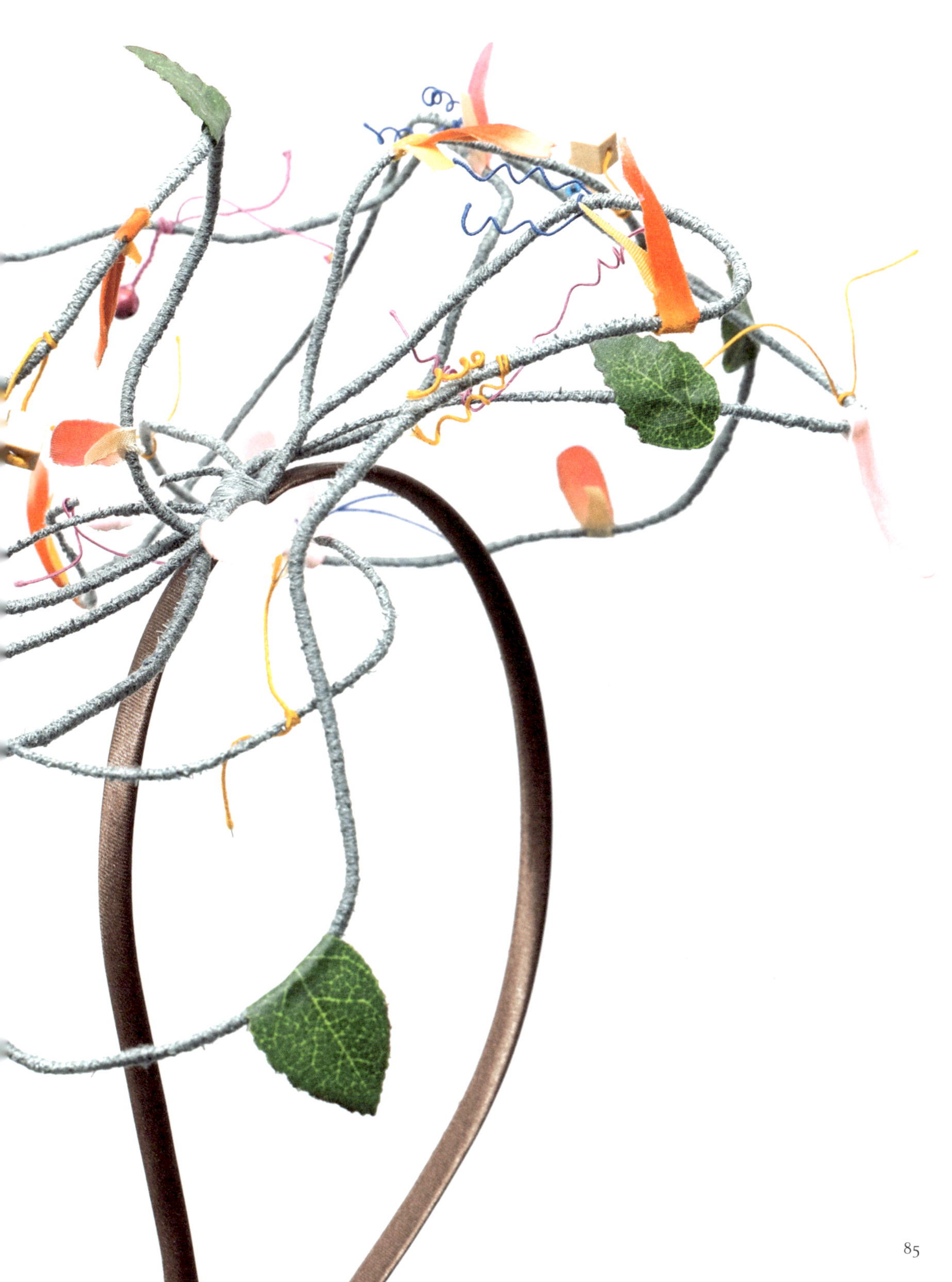

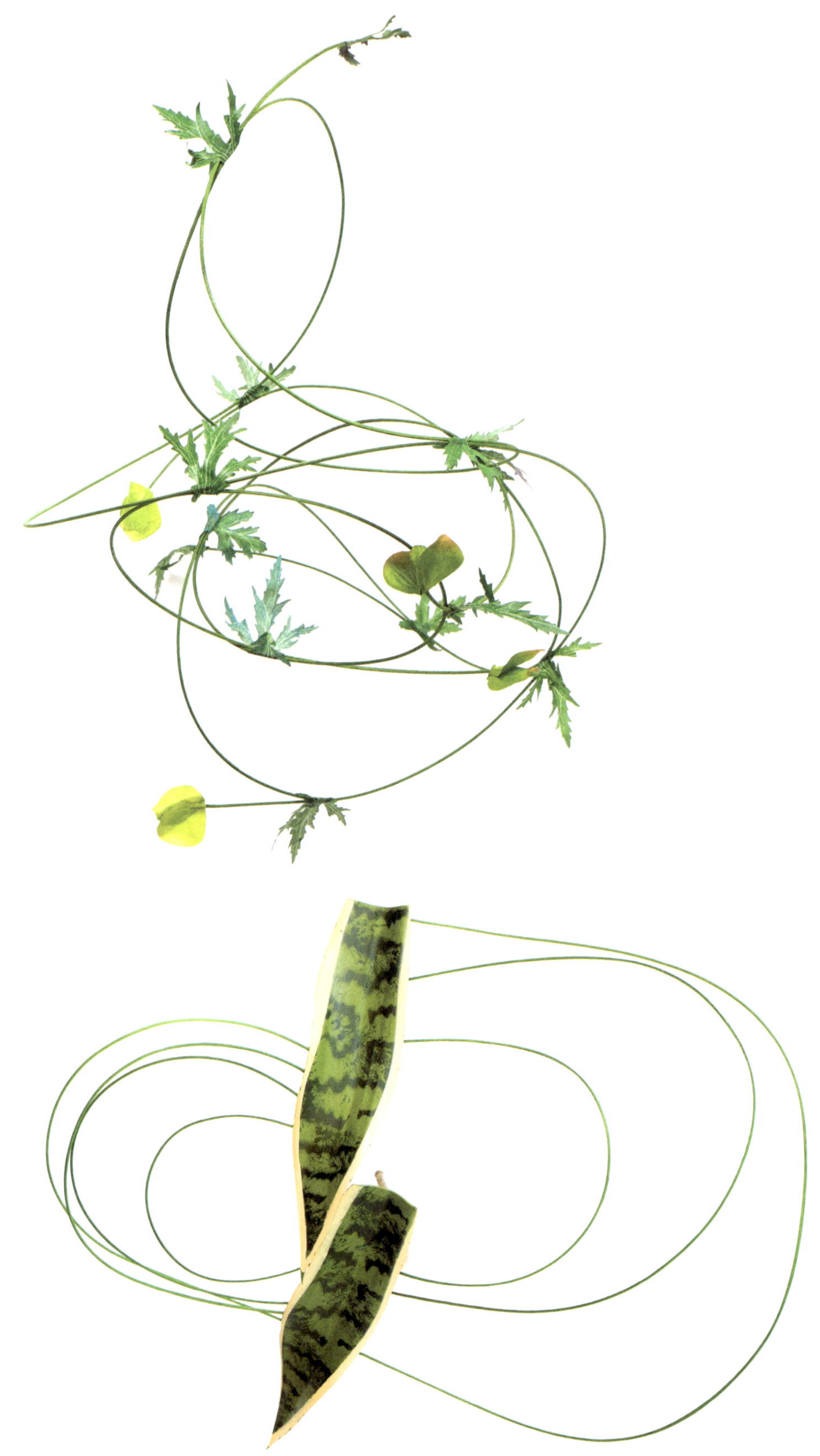

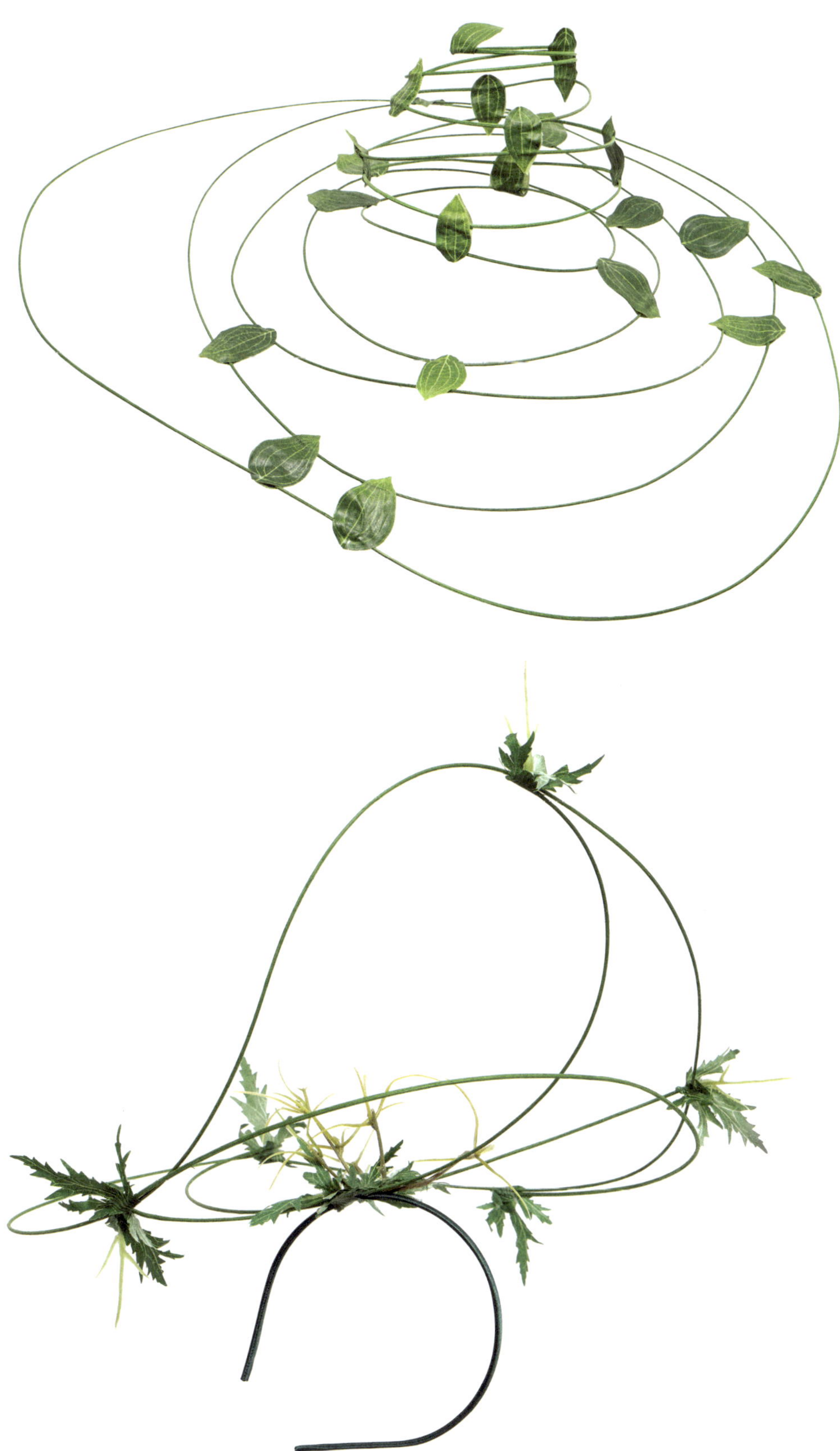

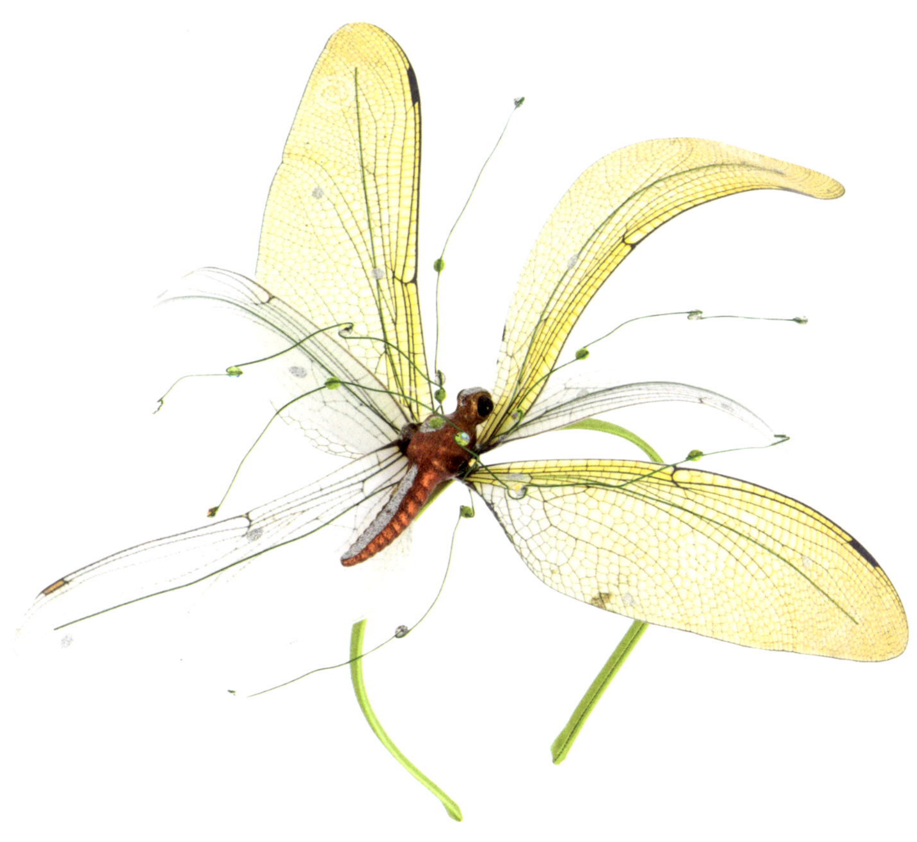

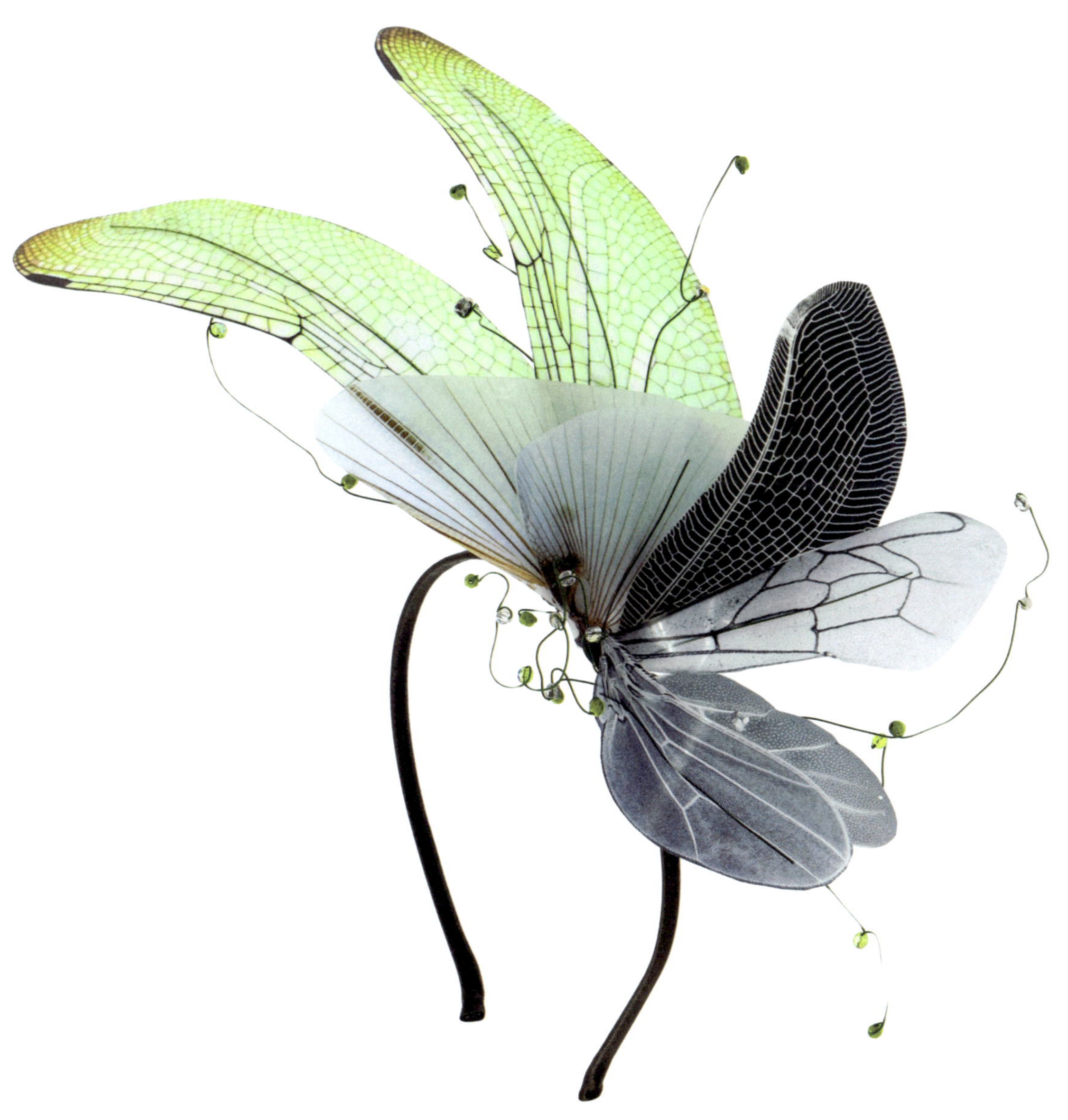

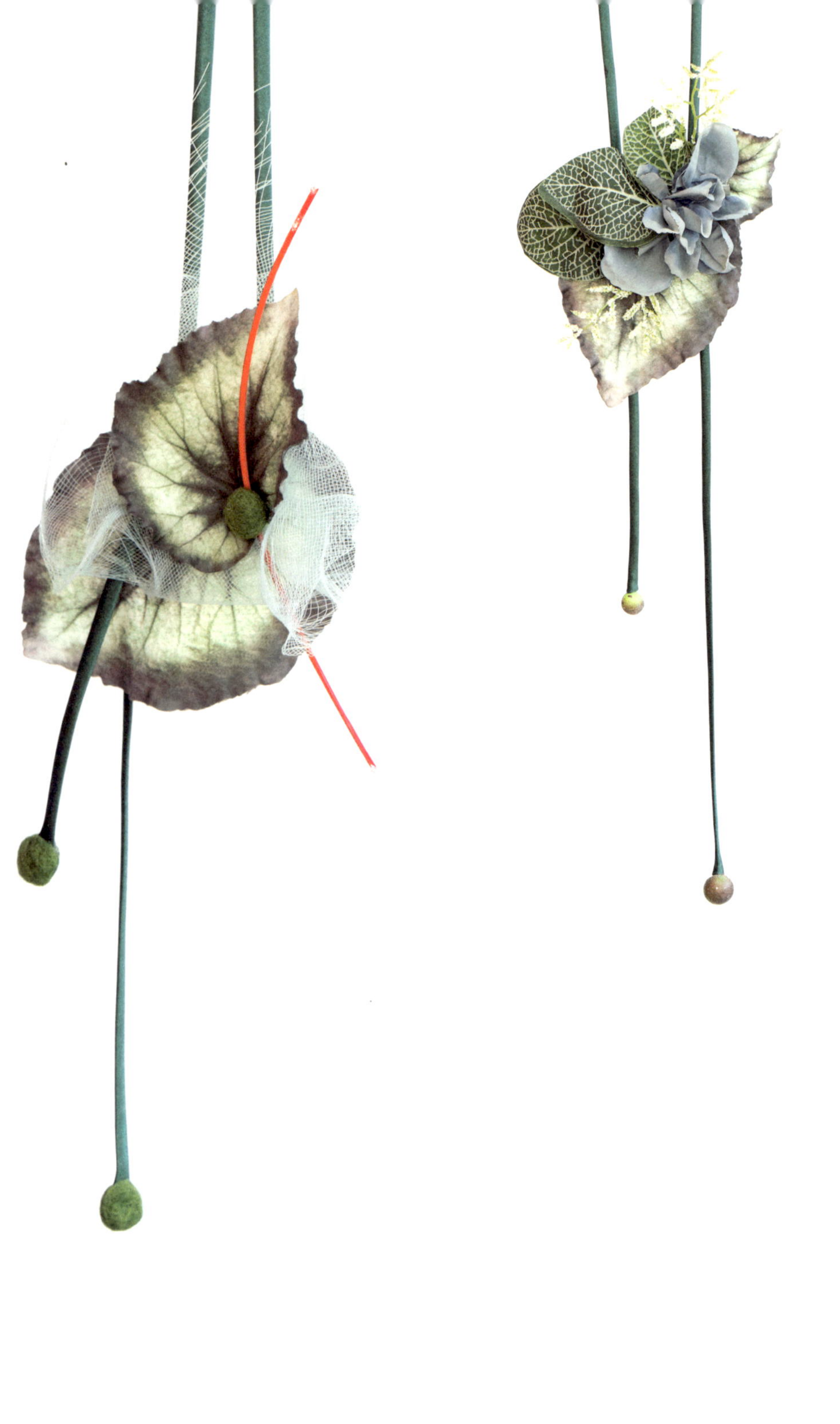

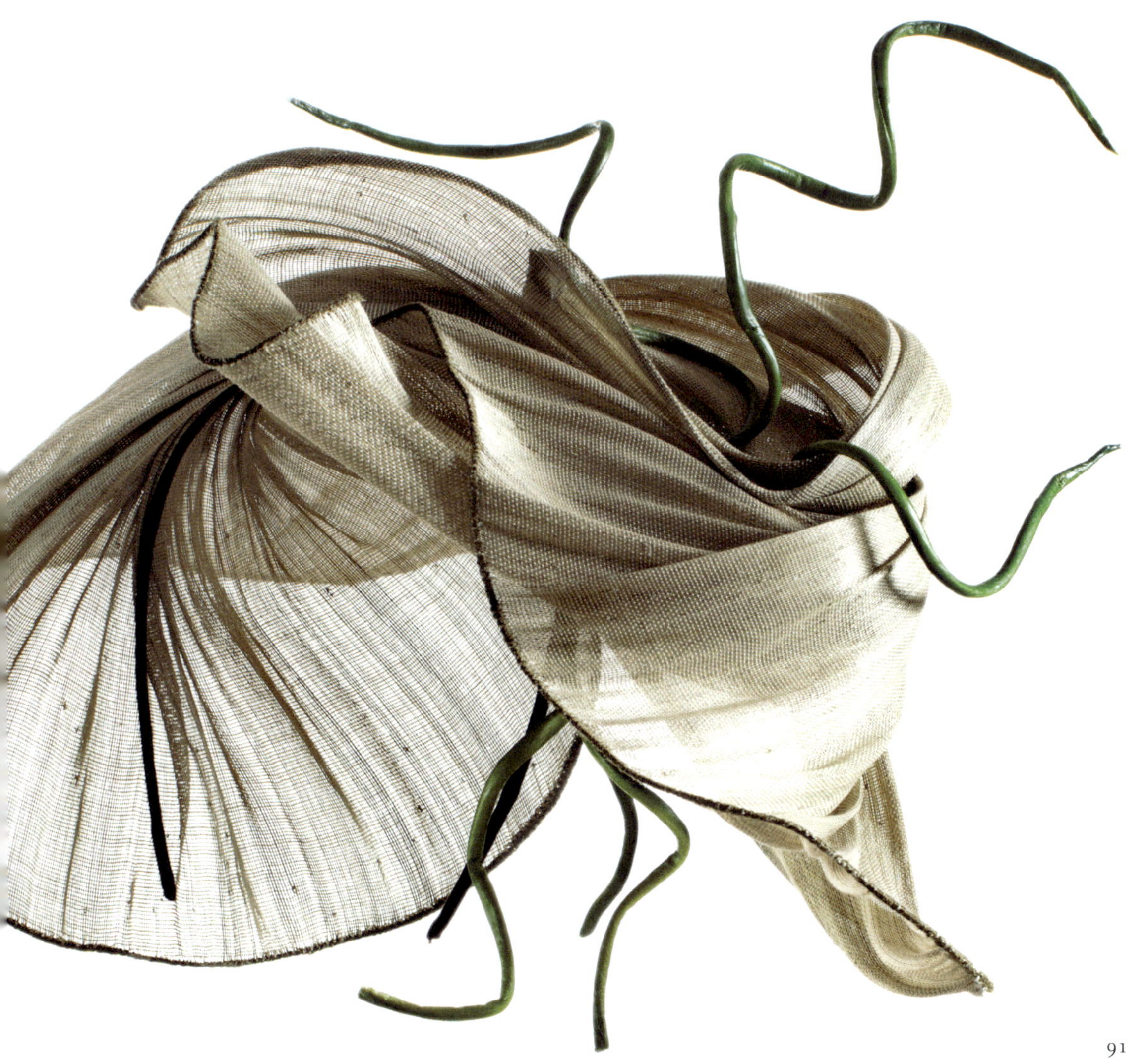

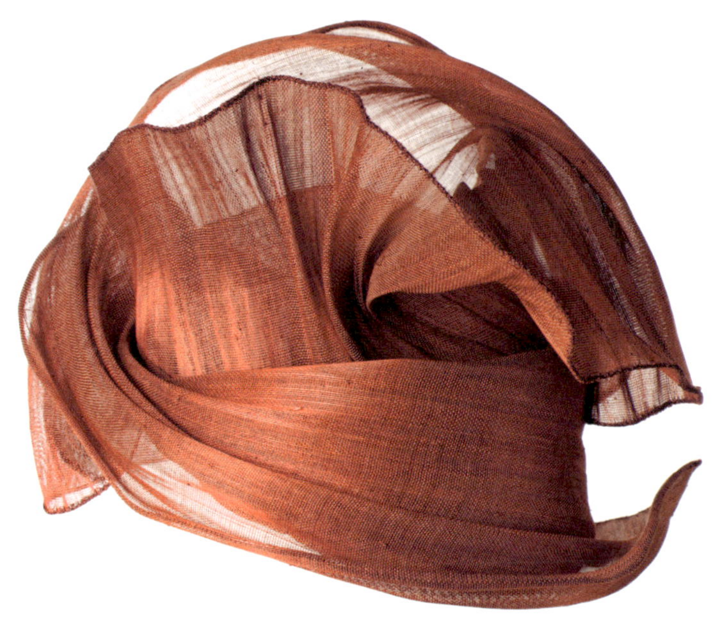

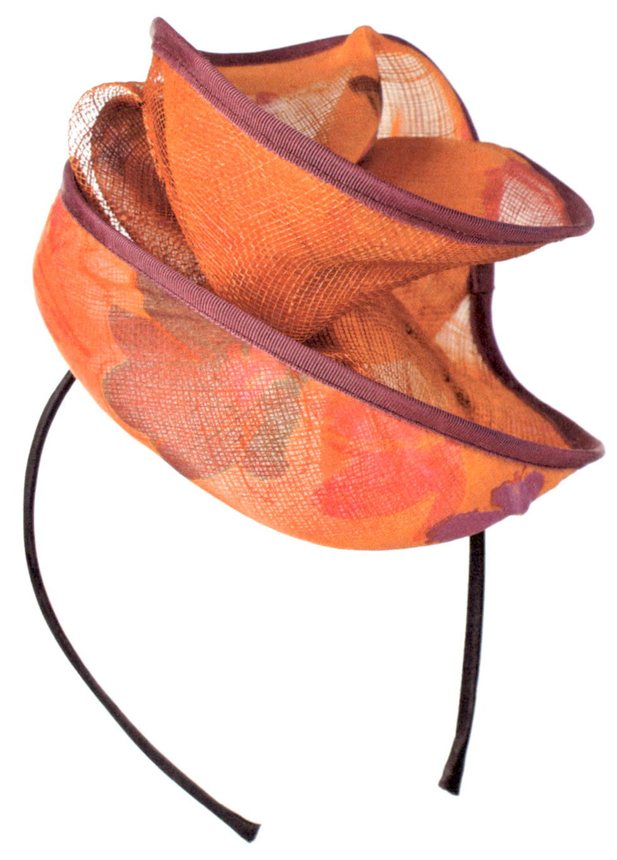

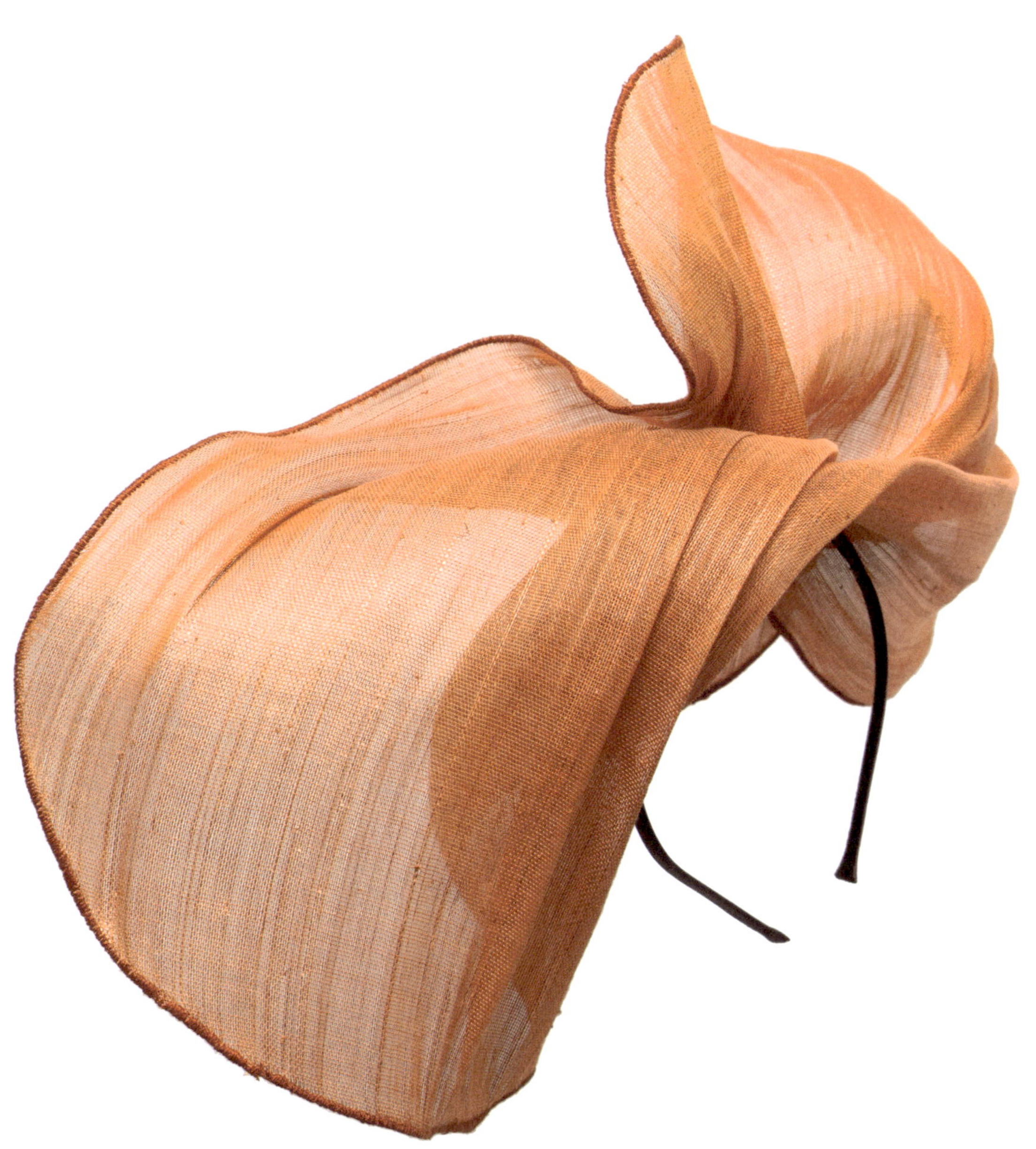

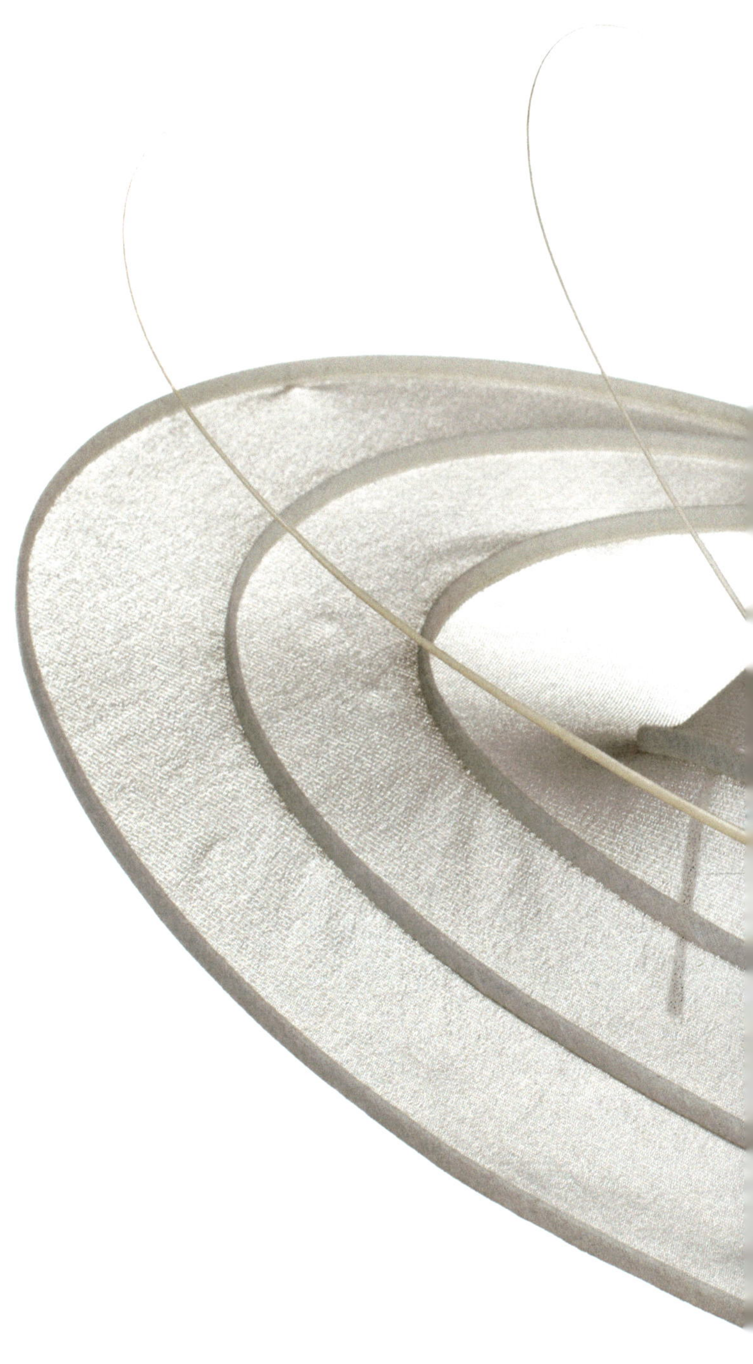

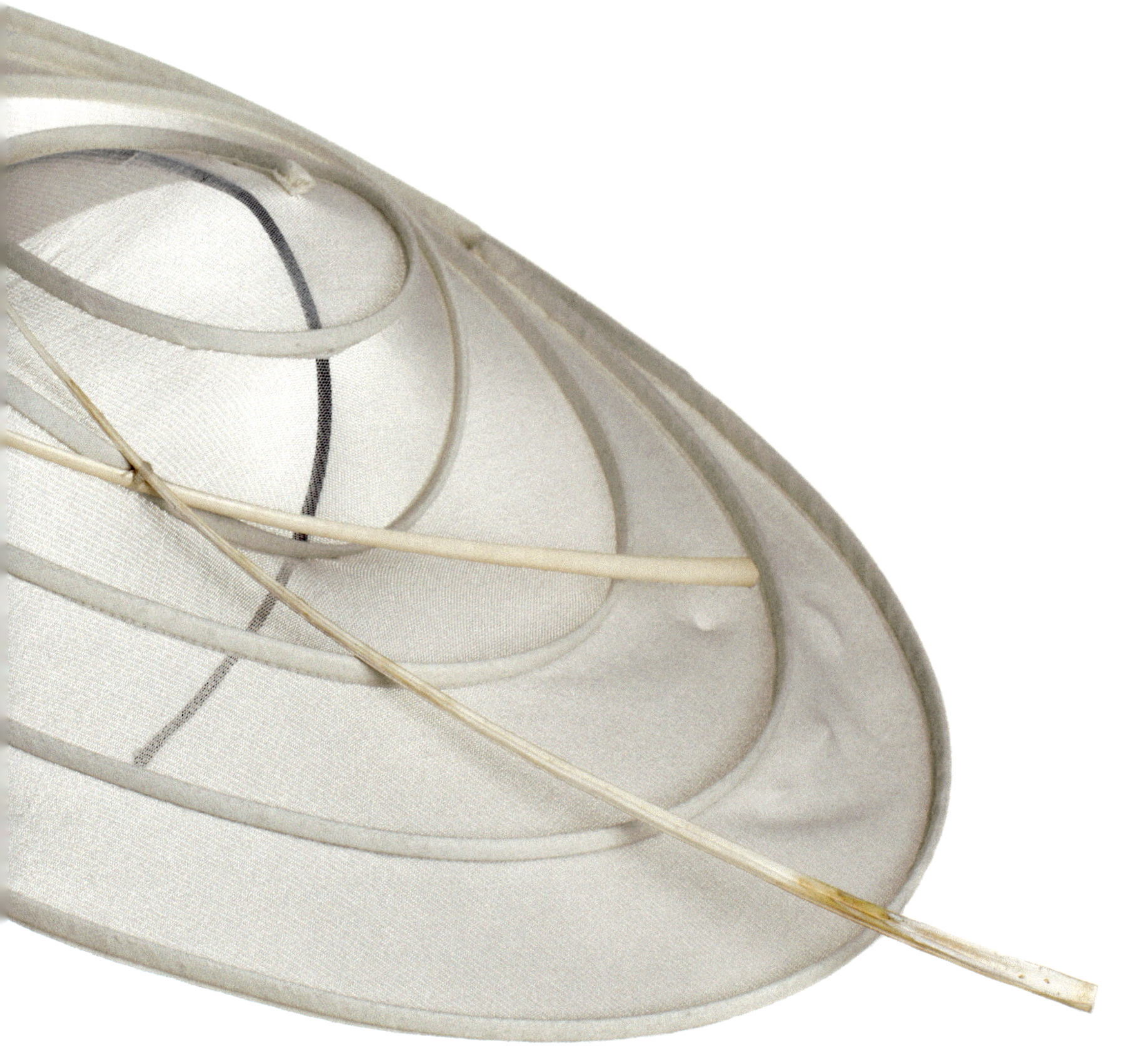

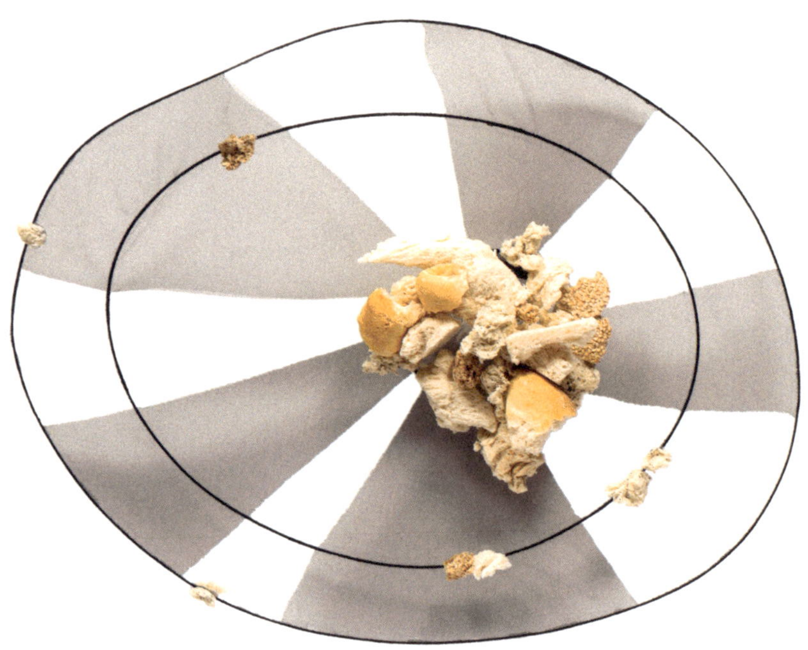

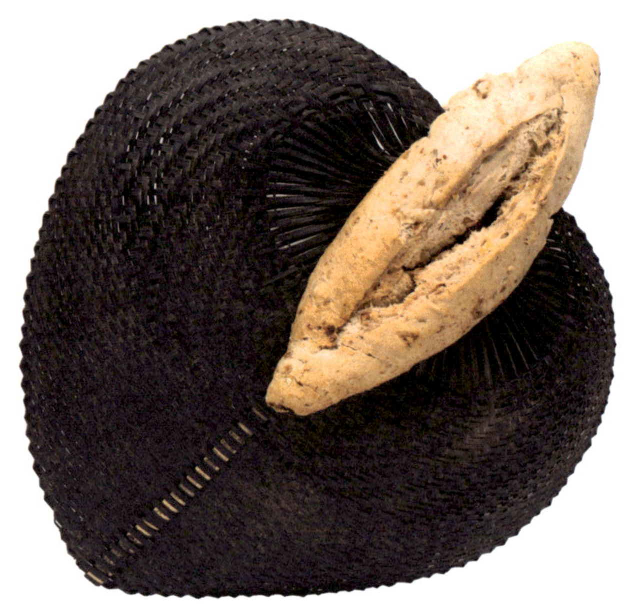

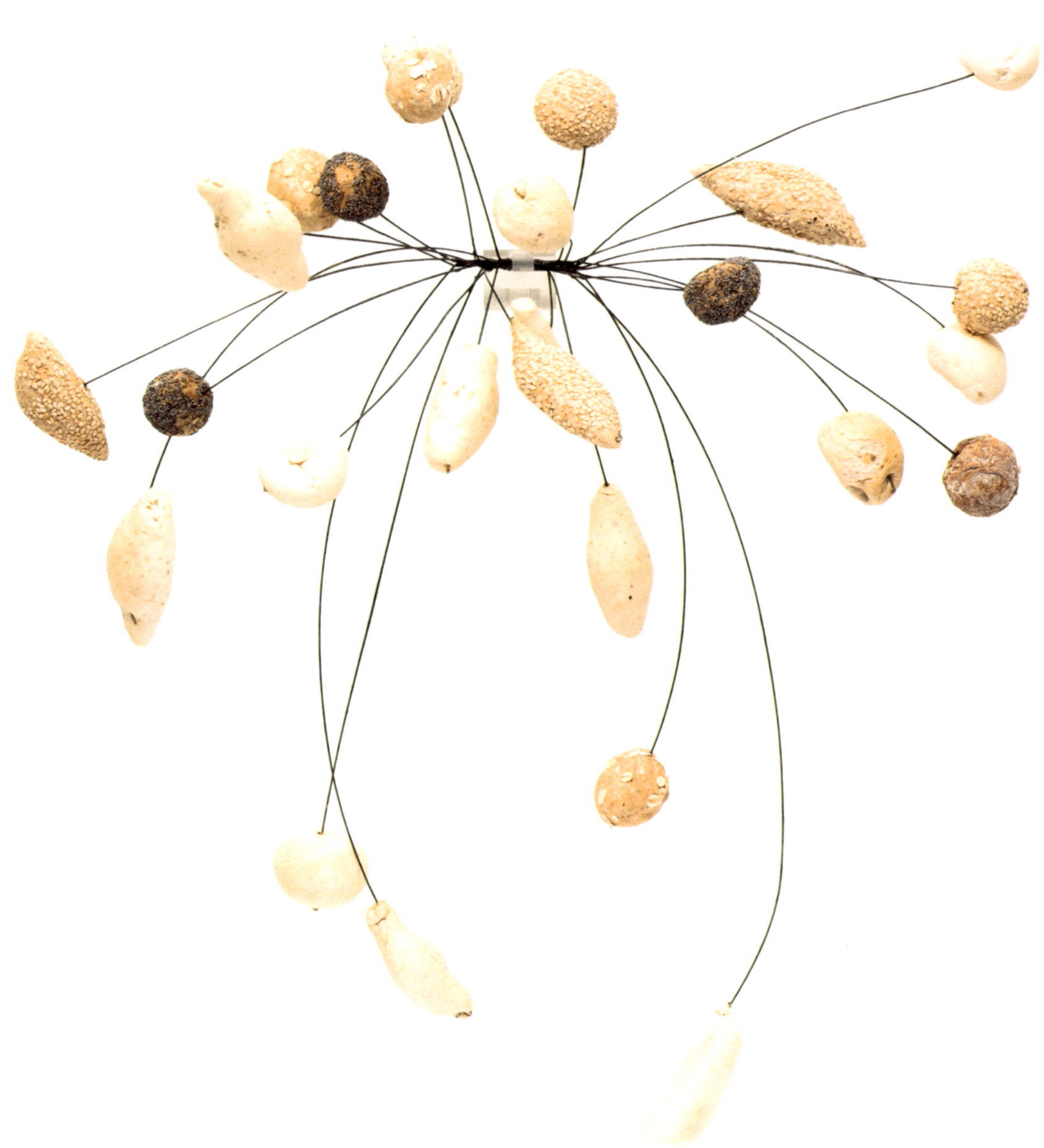

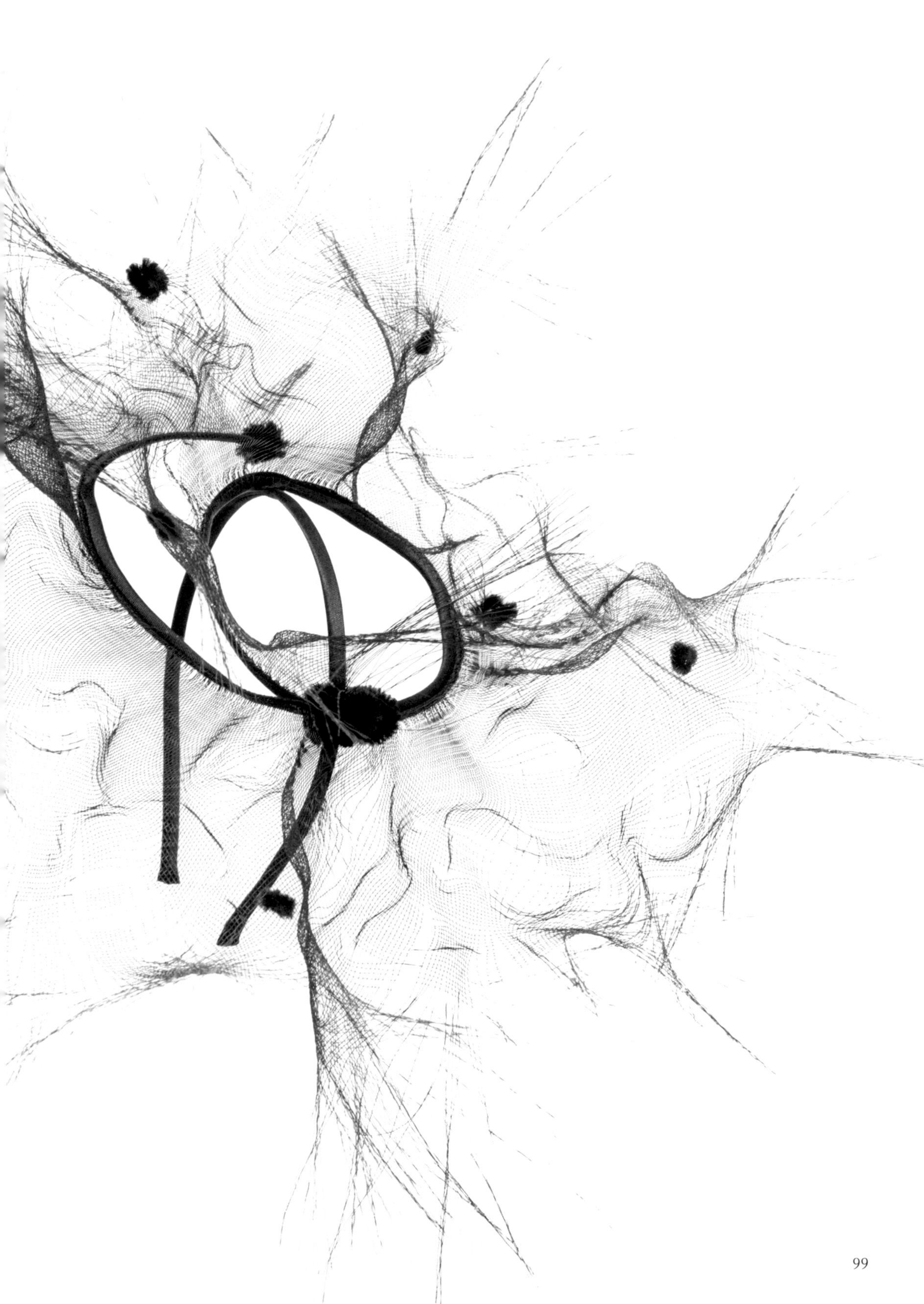

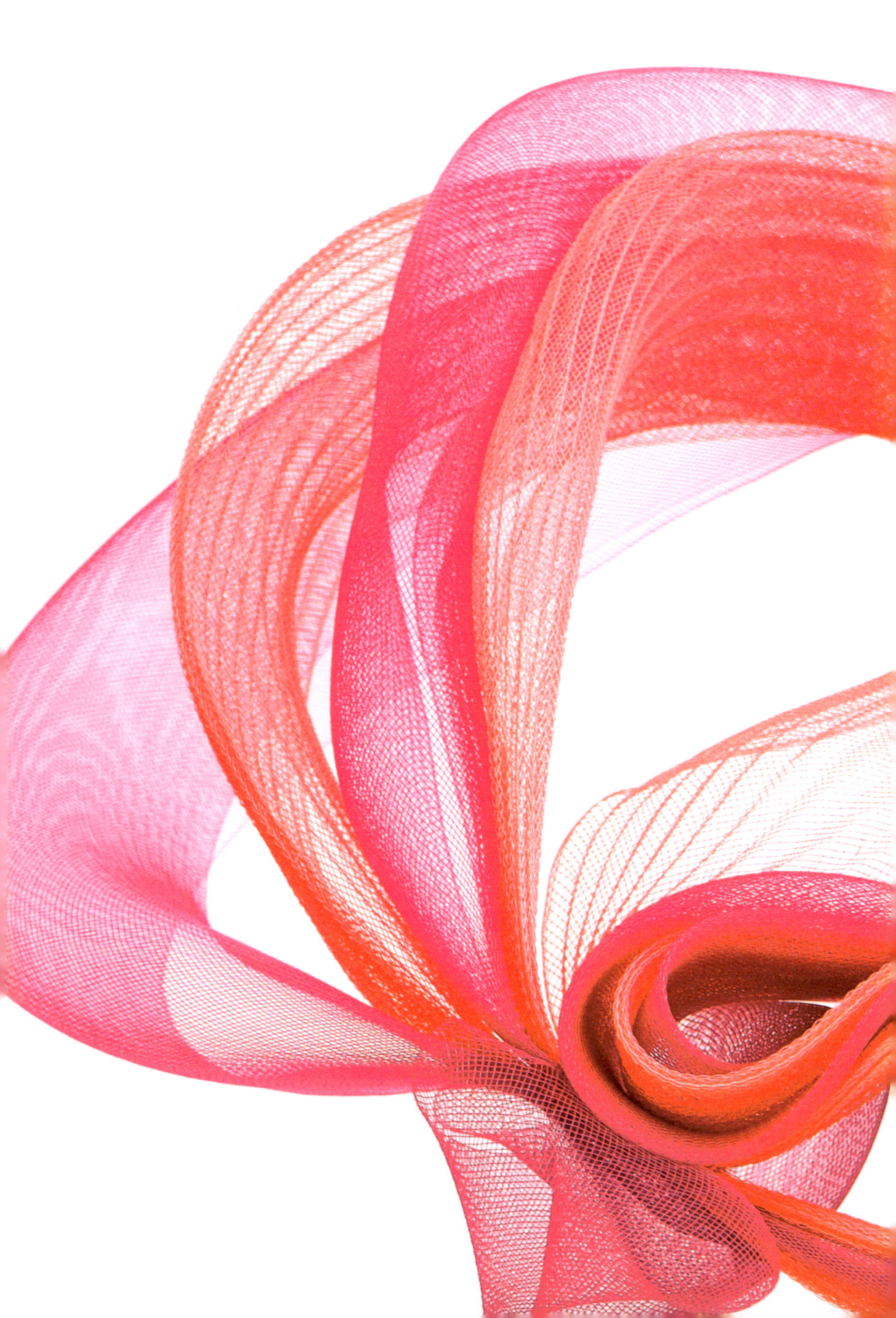

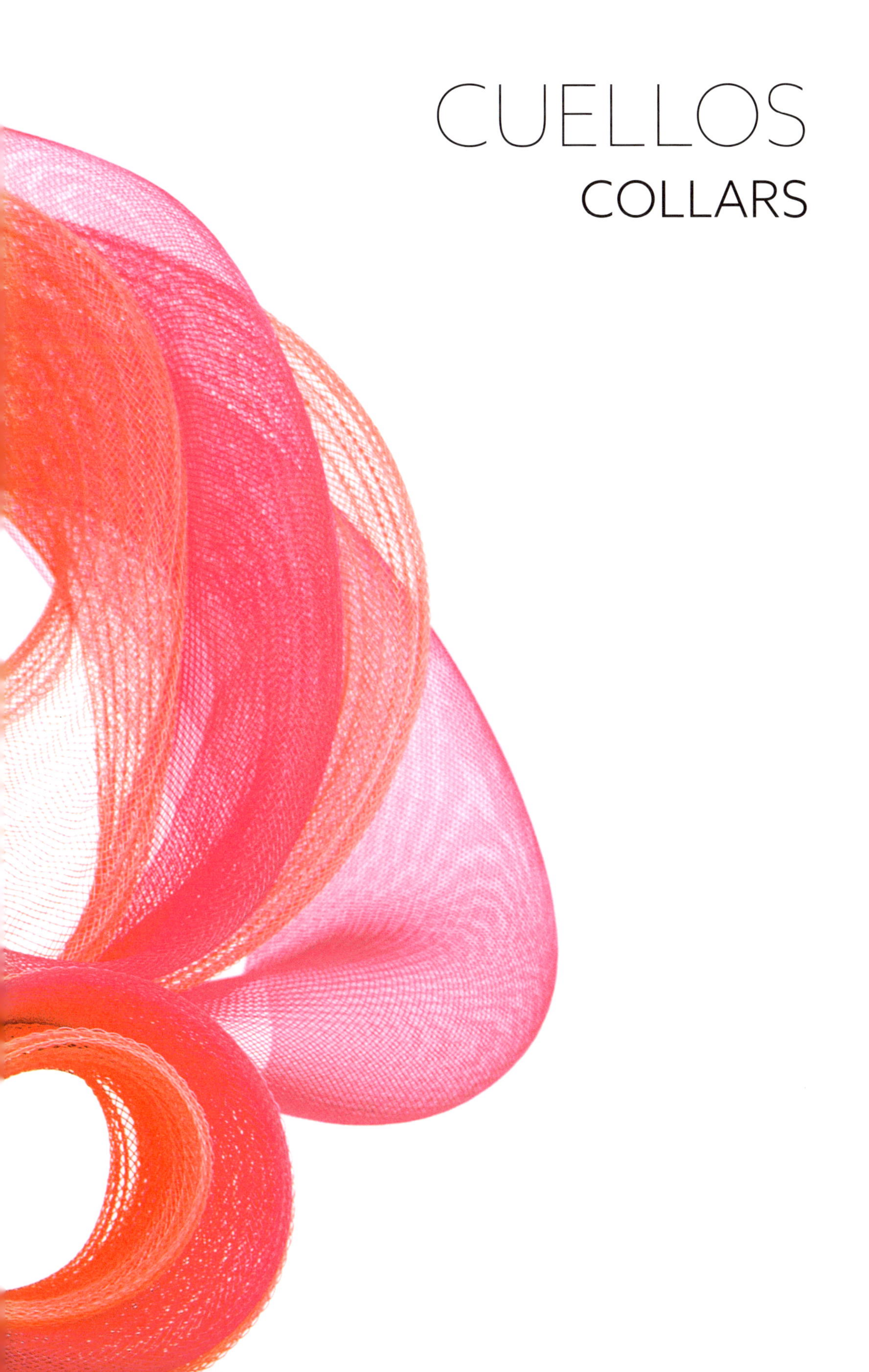

CUELLOS
COLLARS

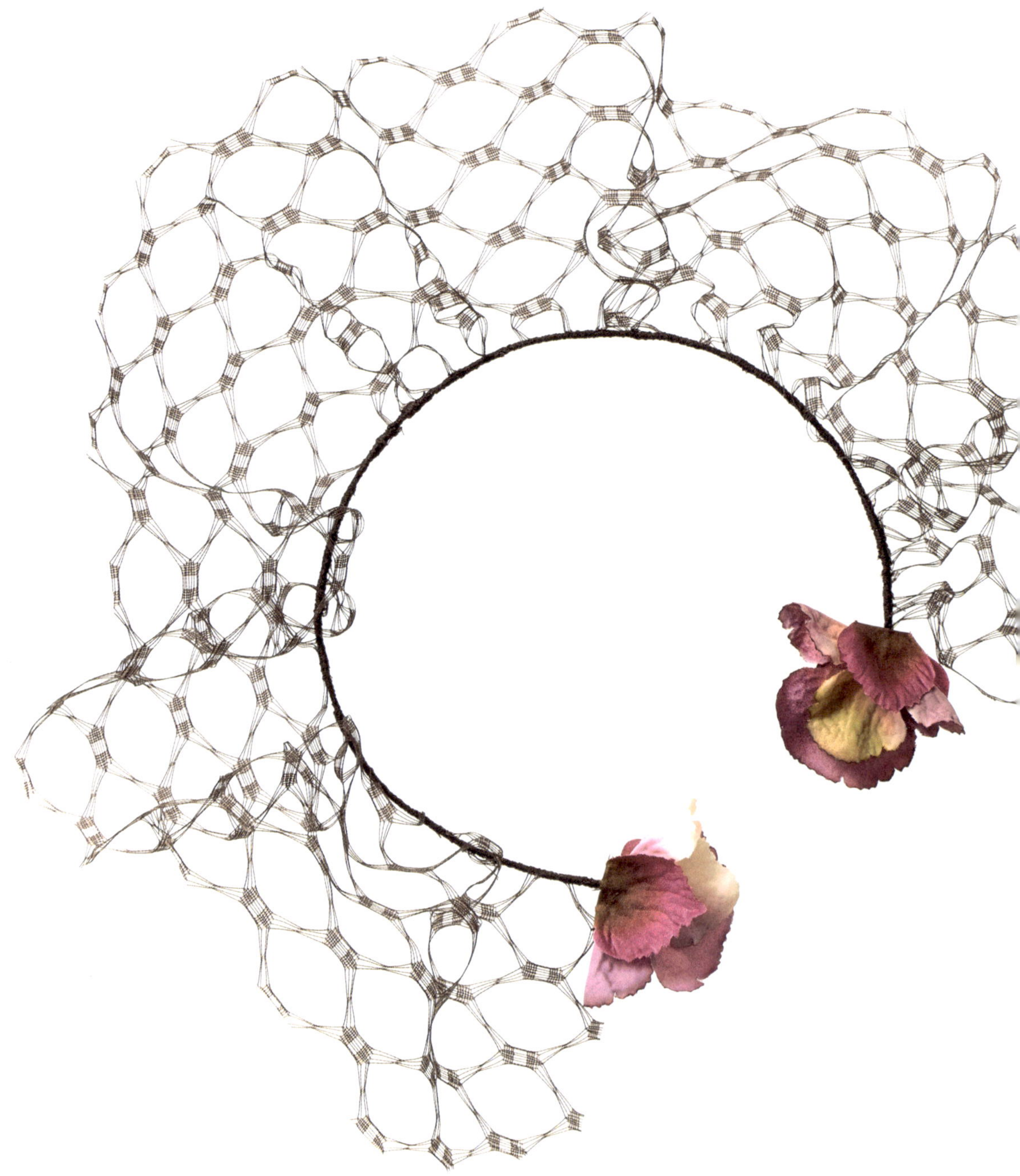

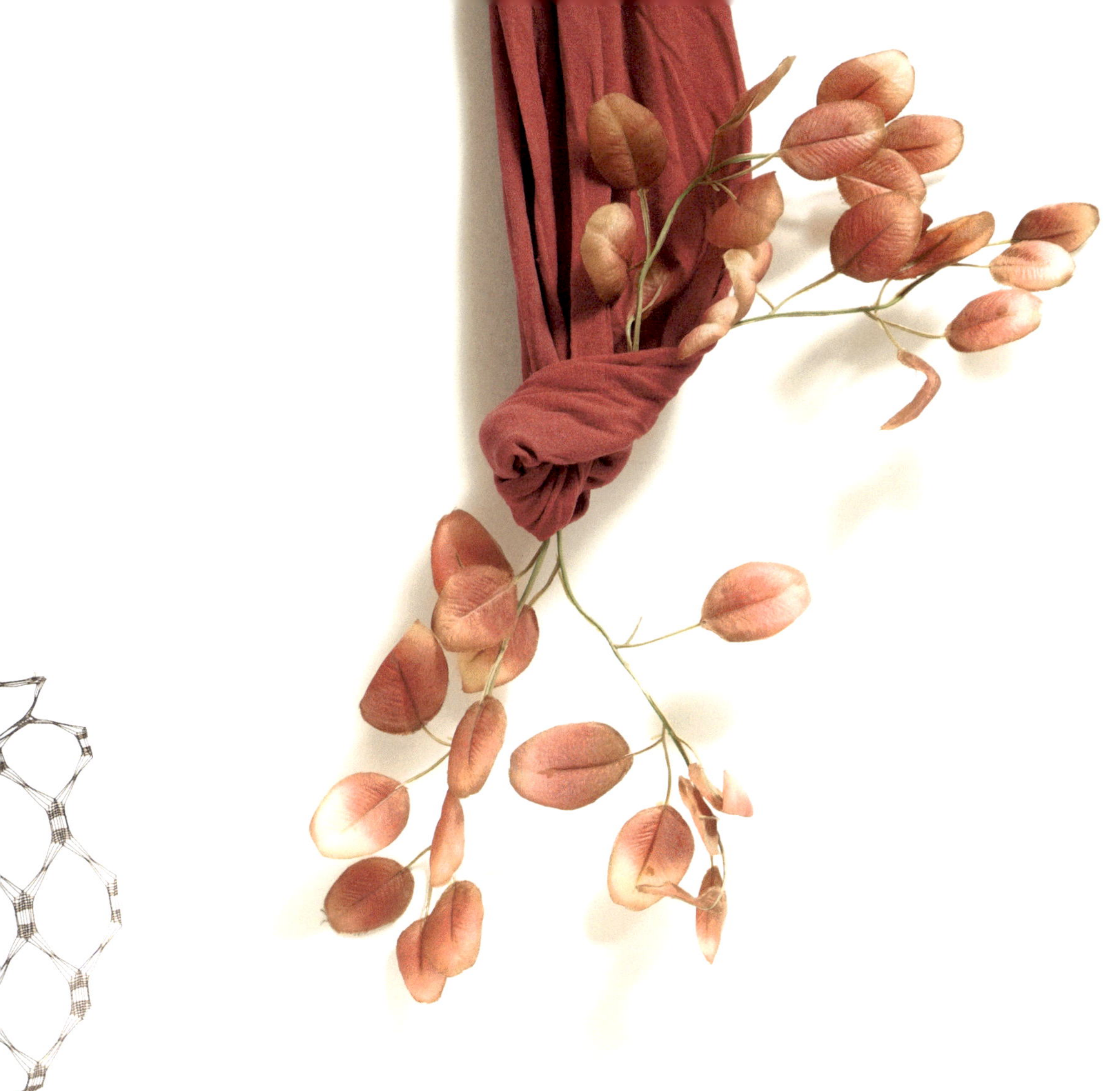

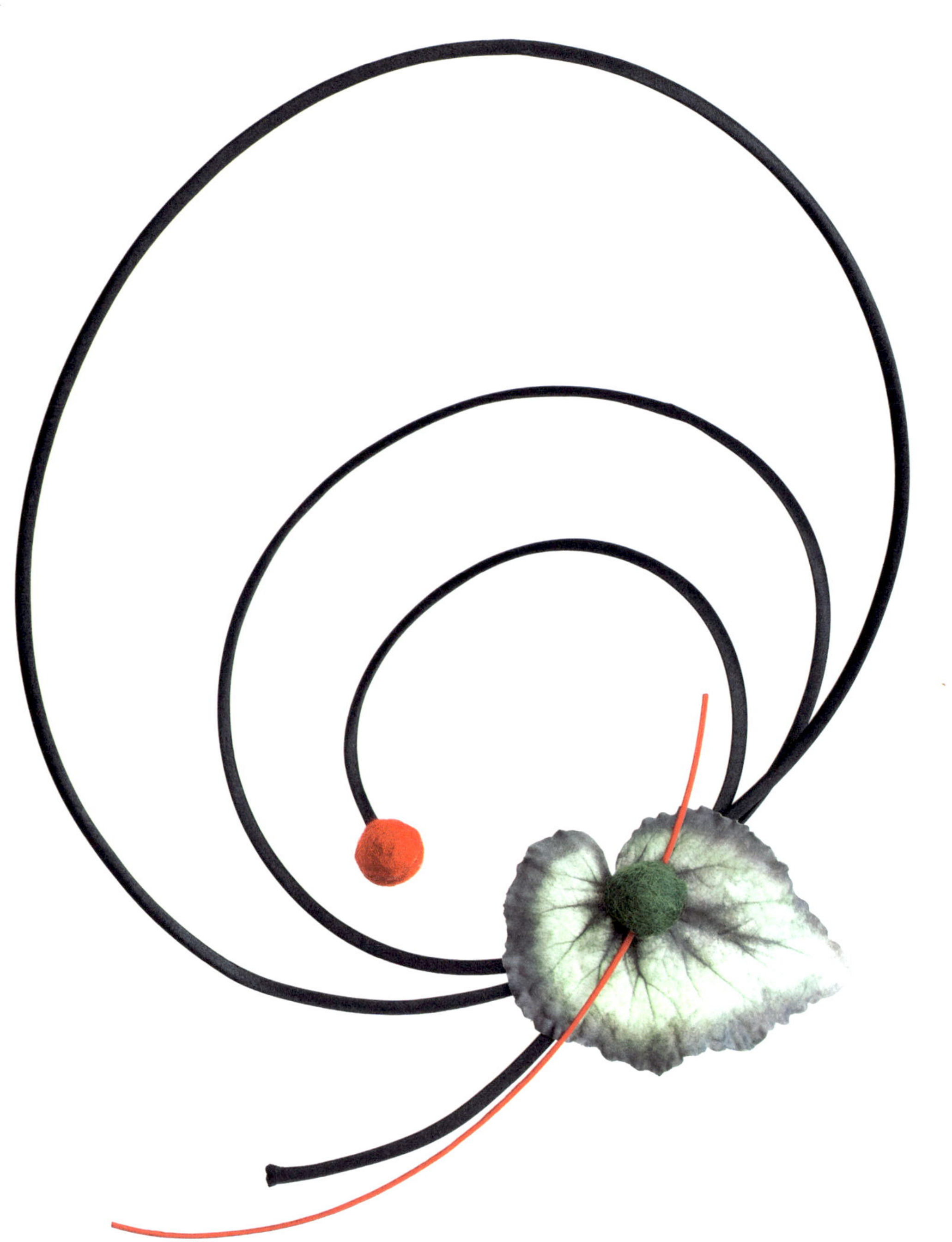

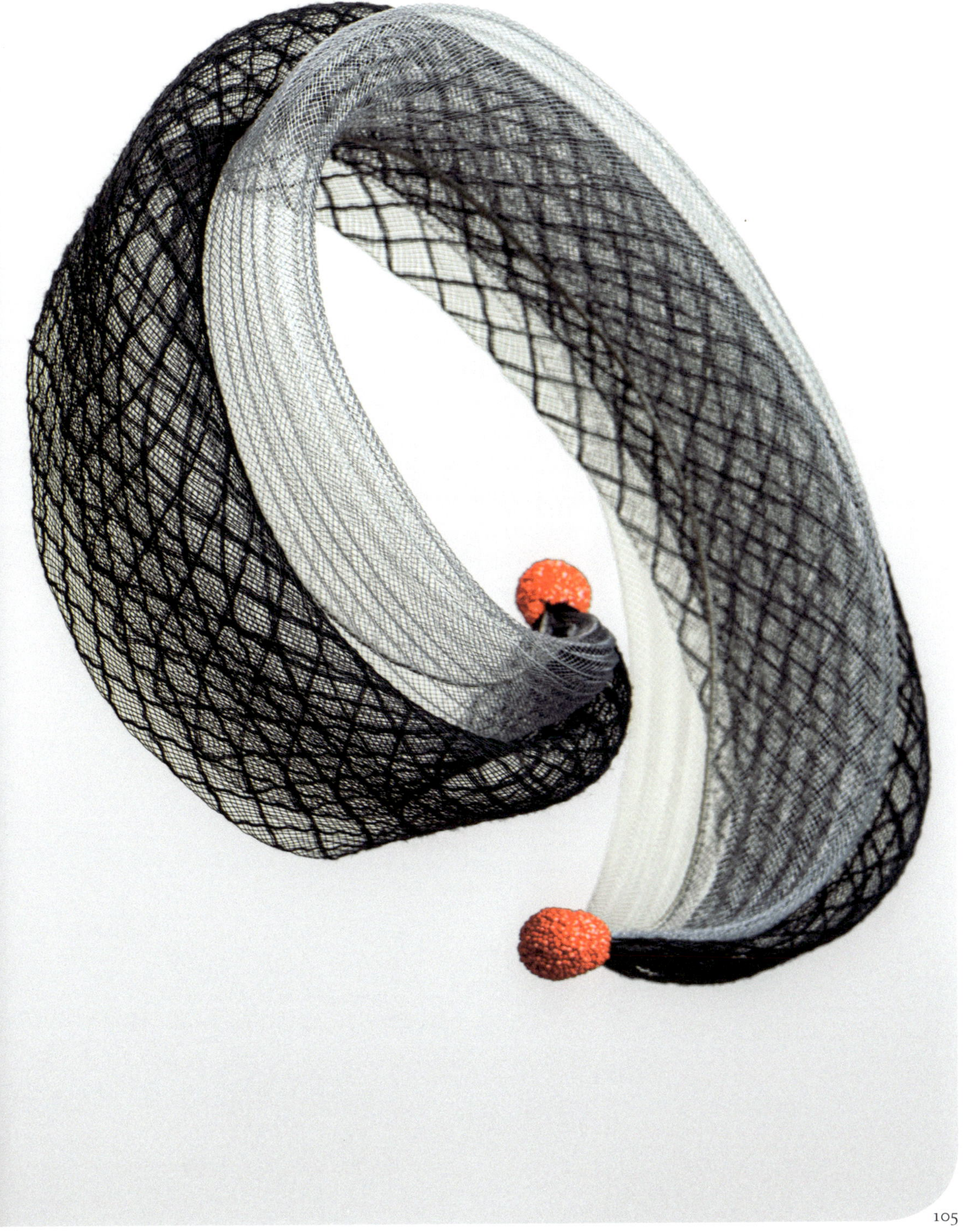

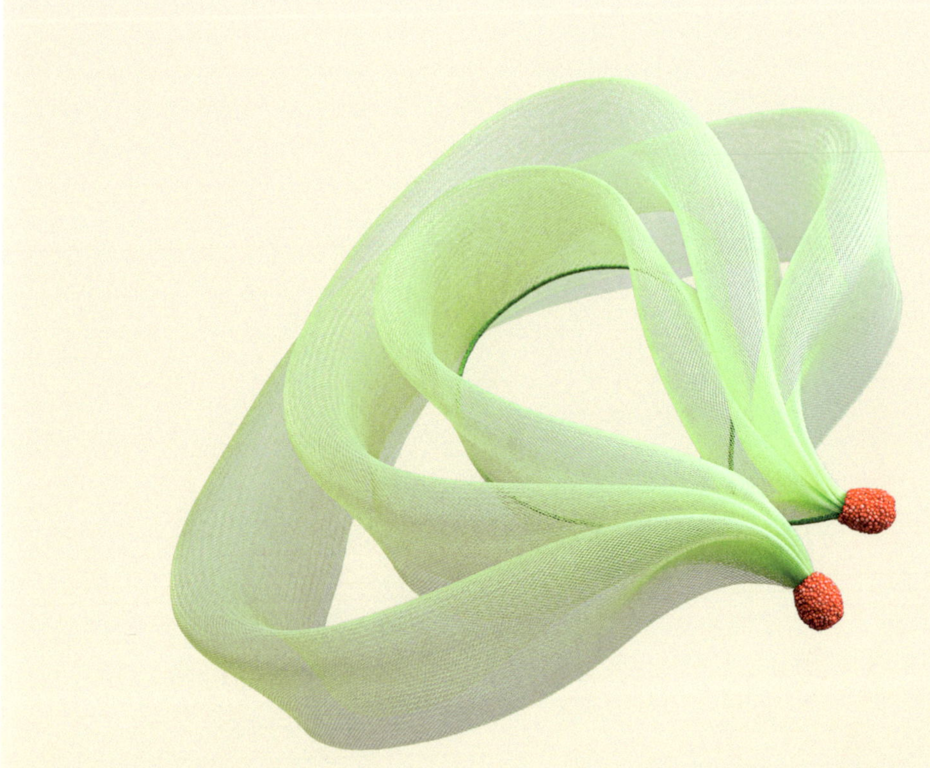

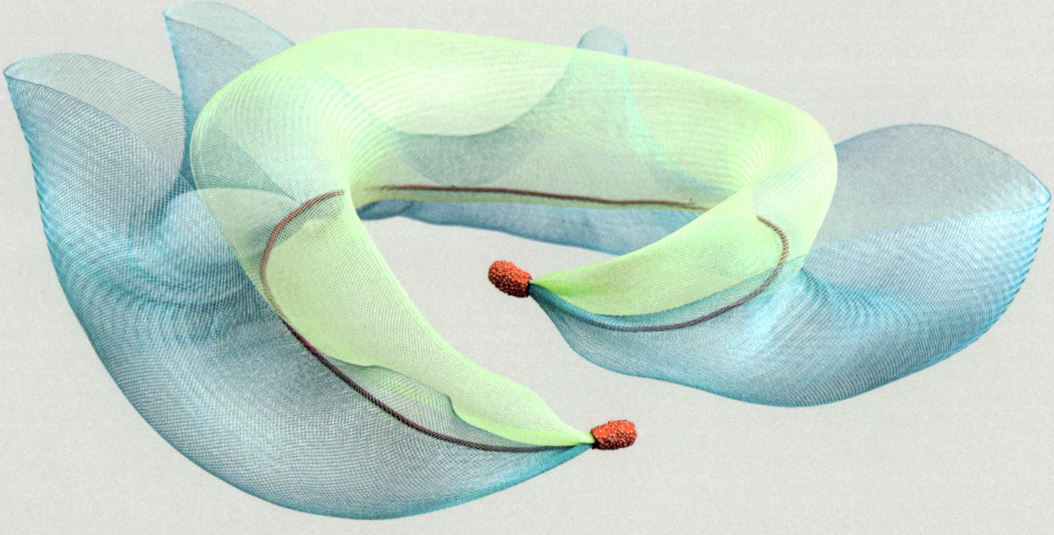

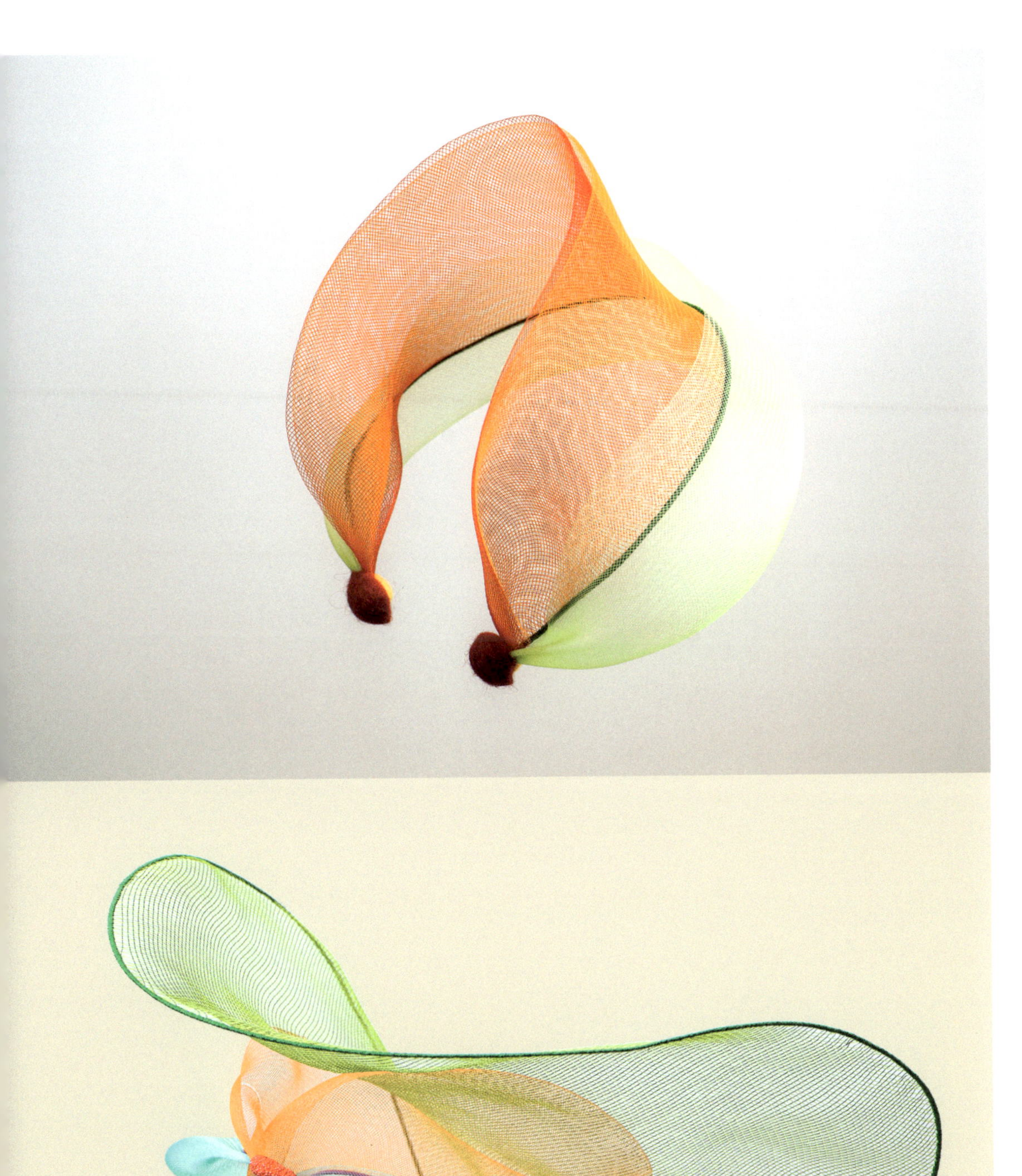

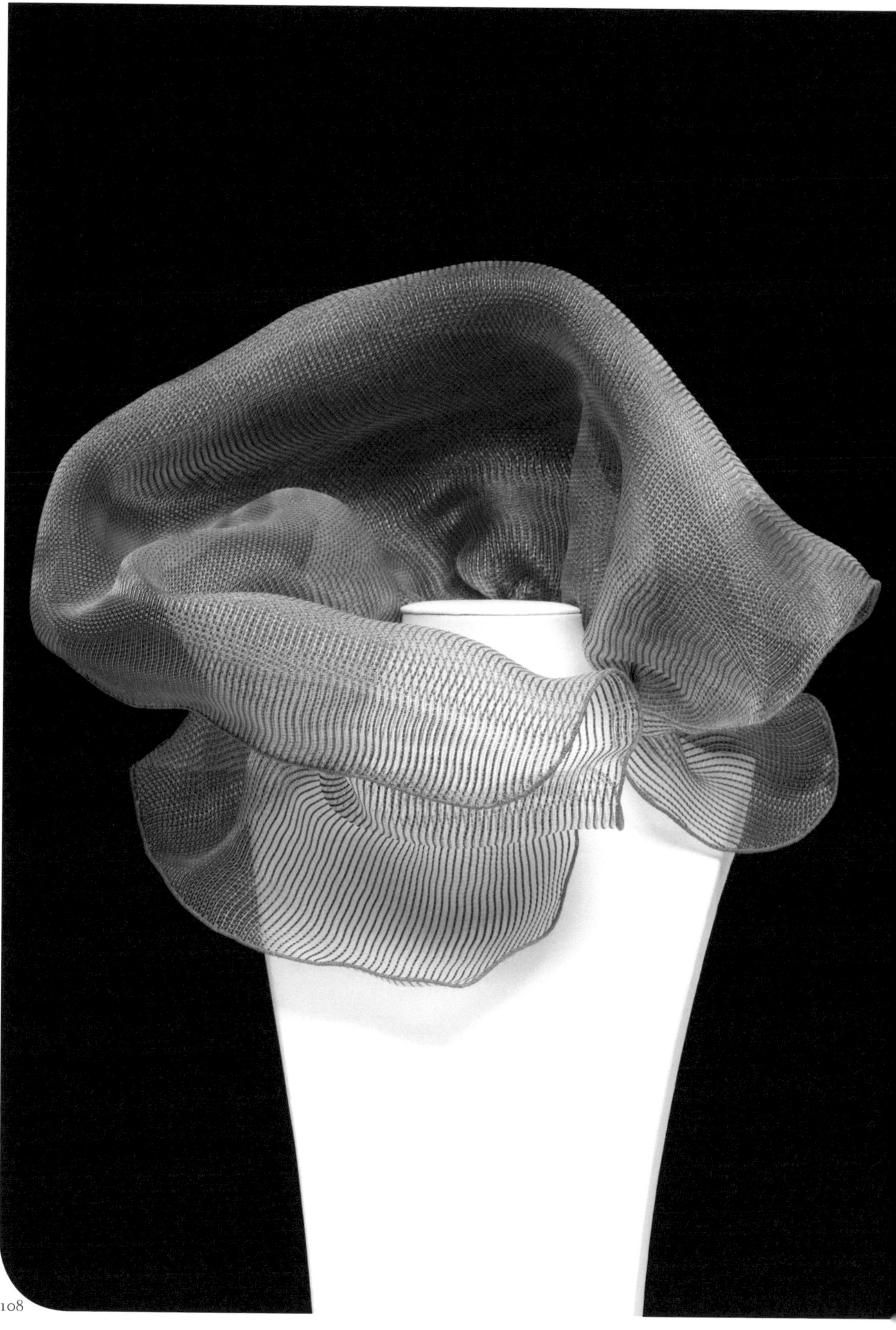

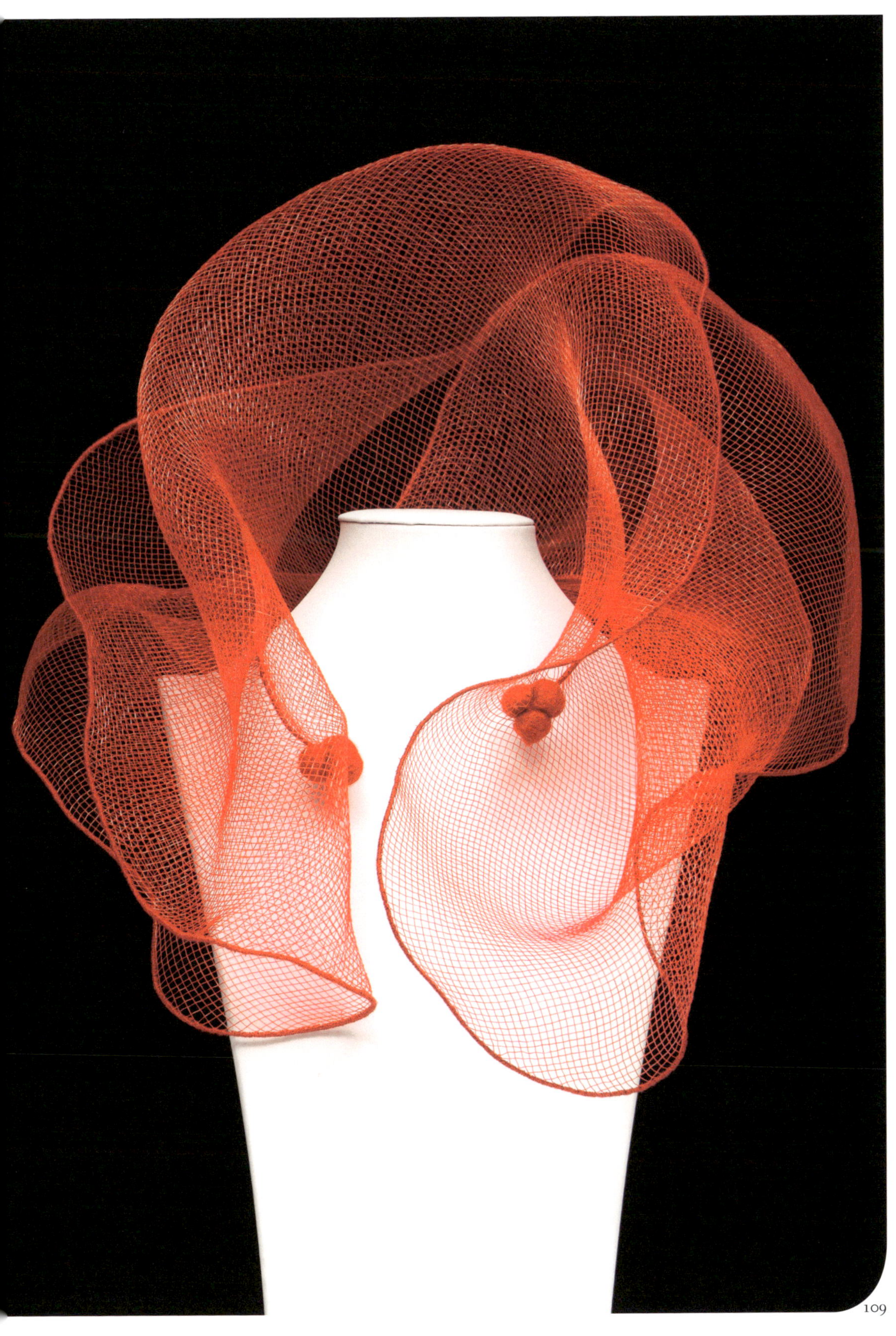

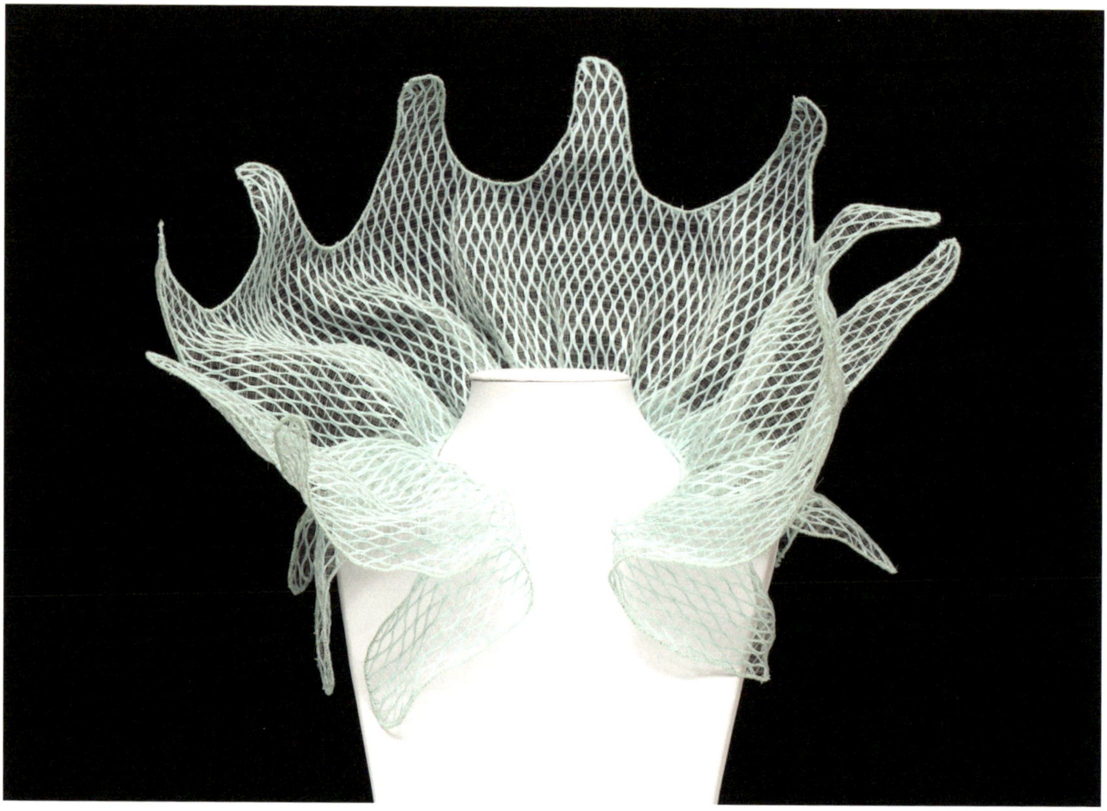

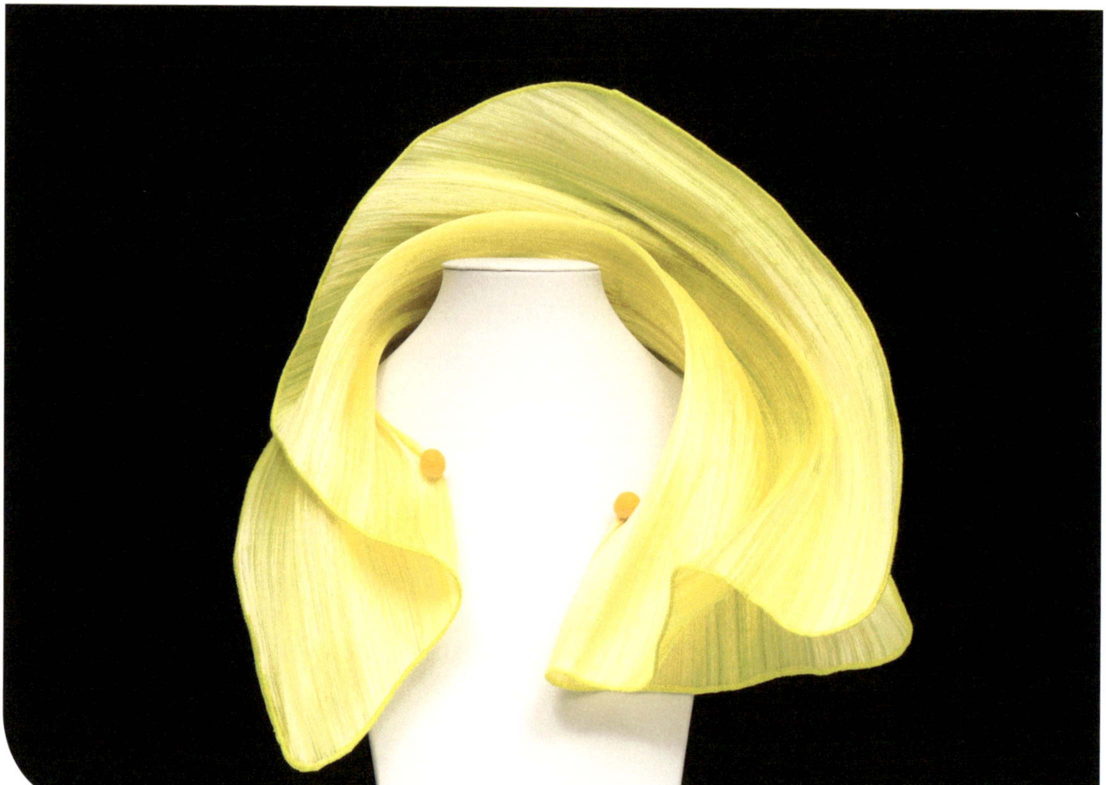

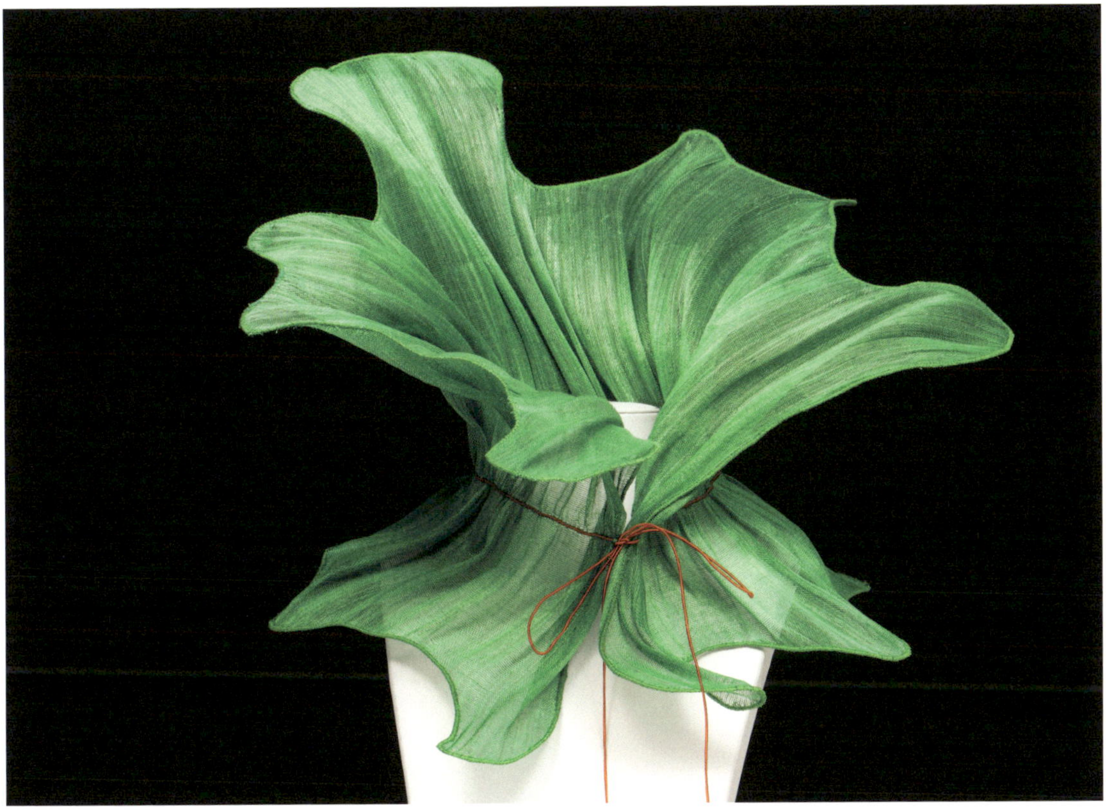

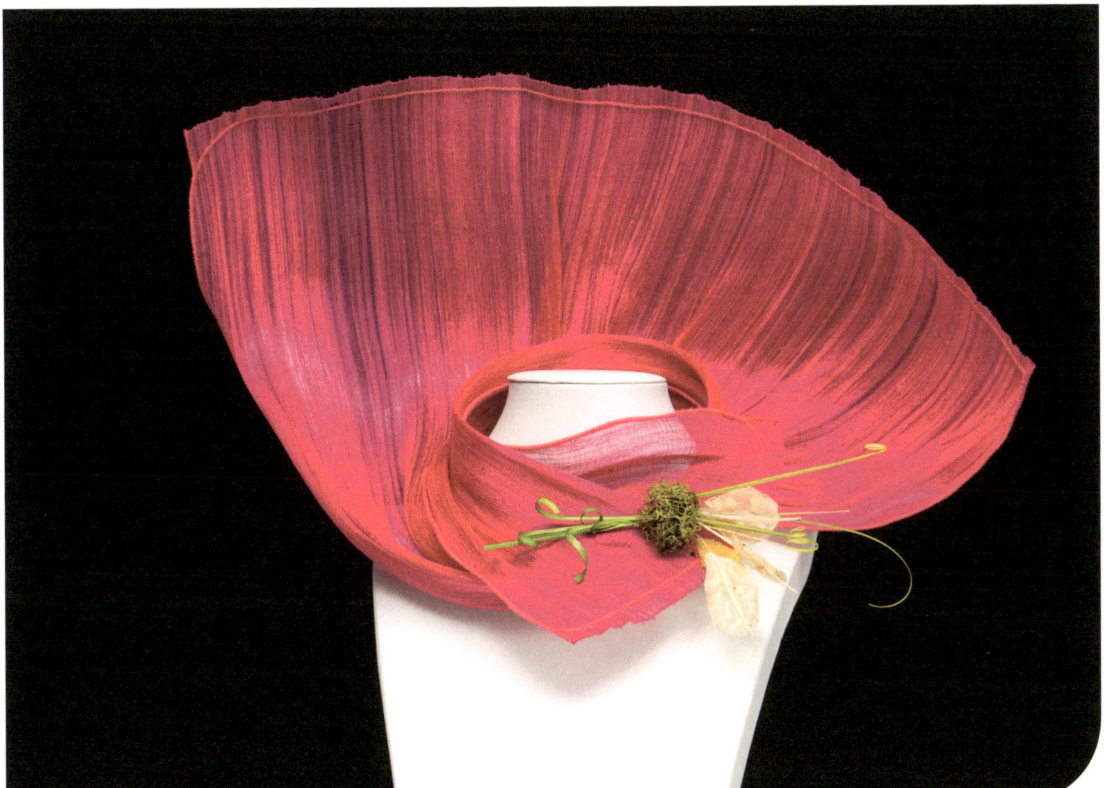

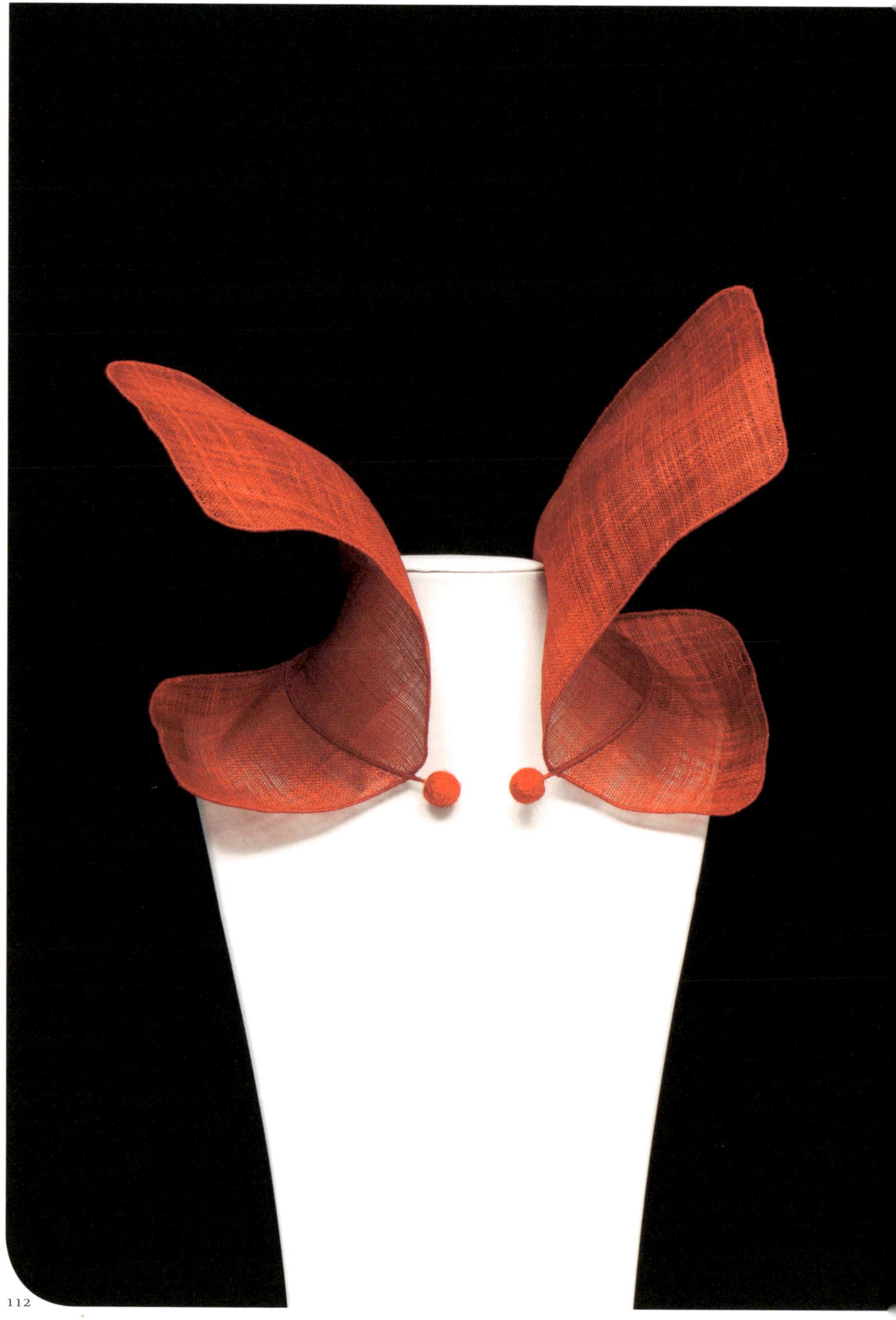

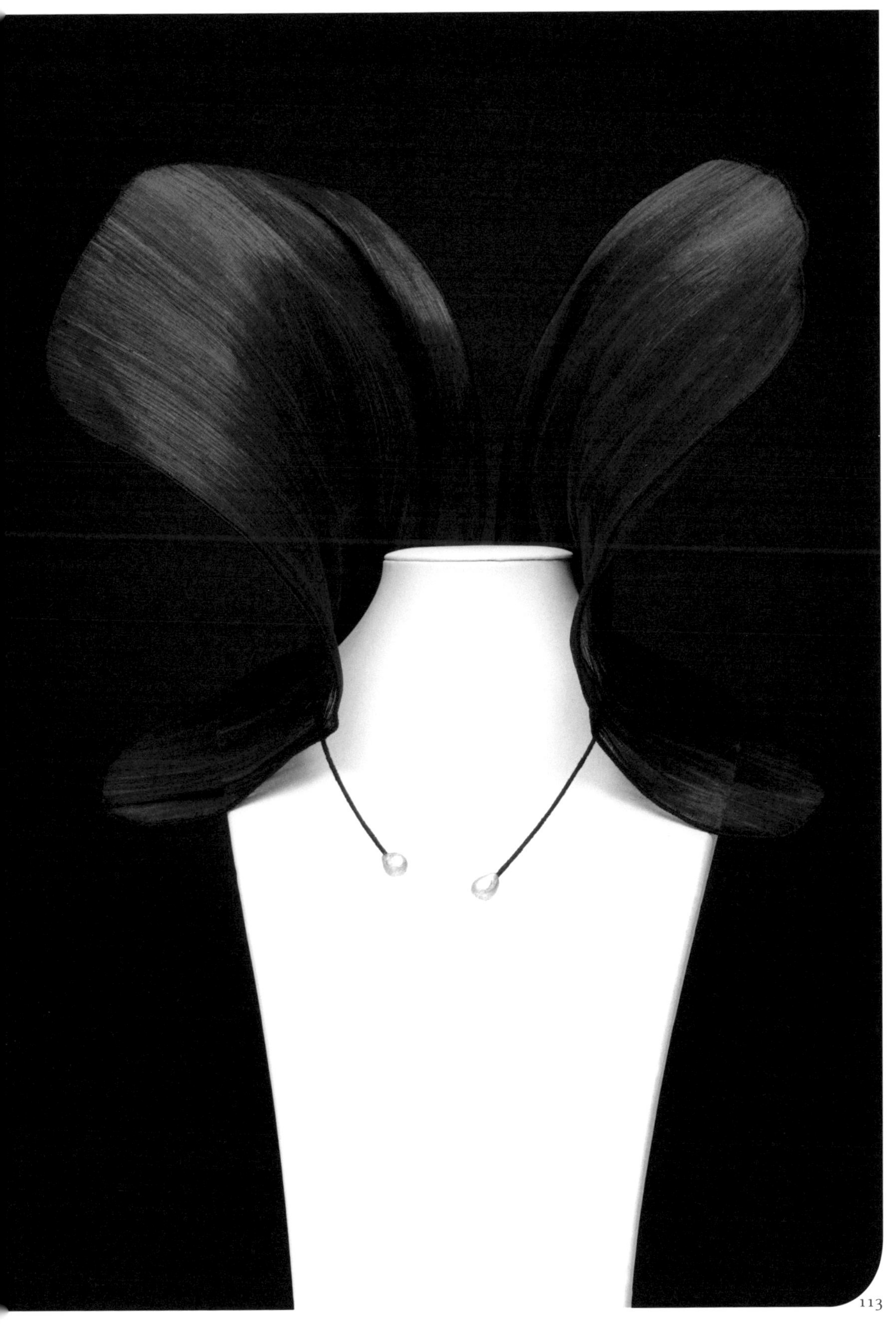

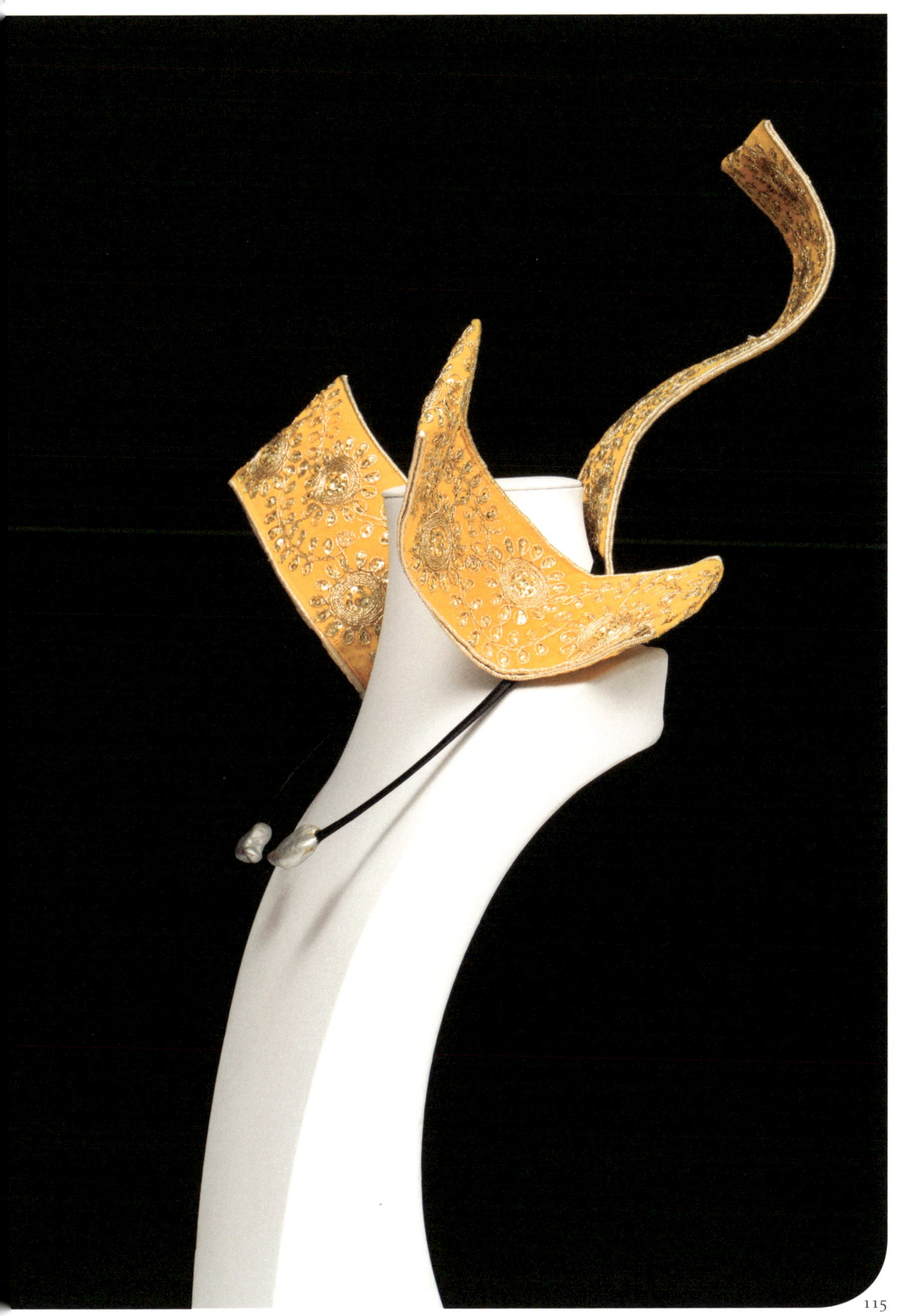

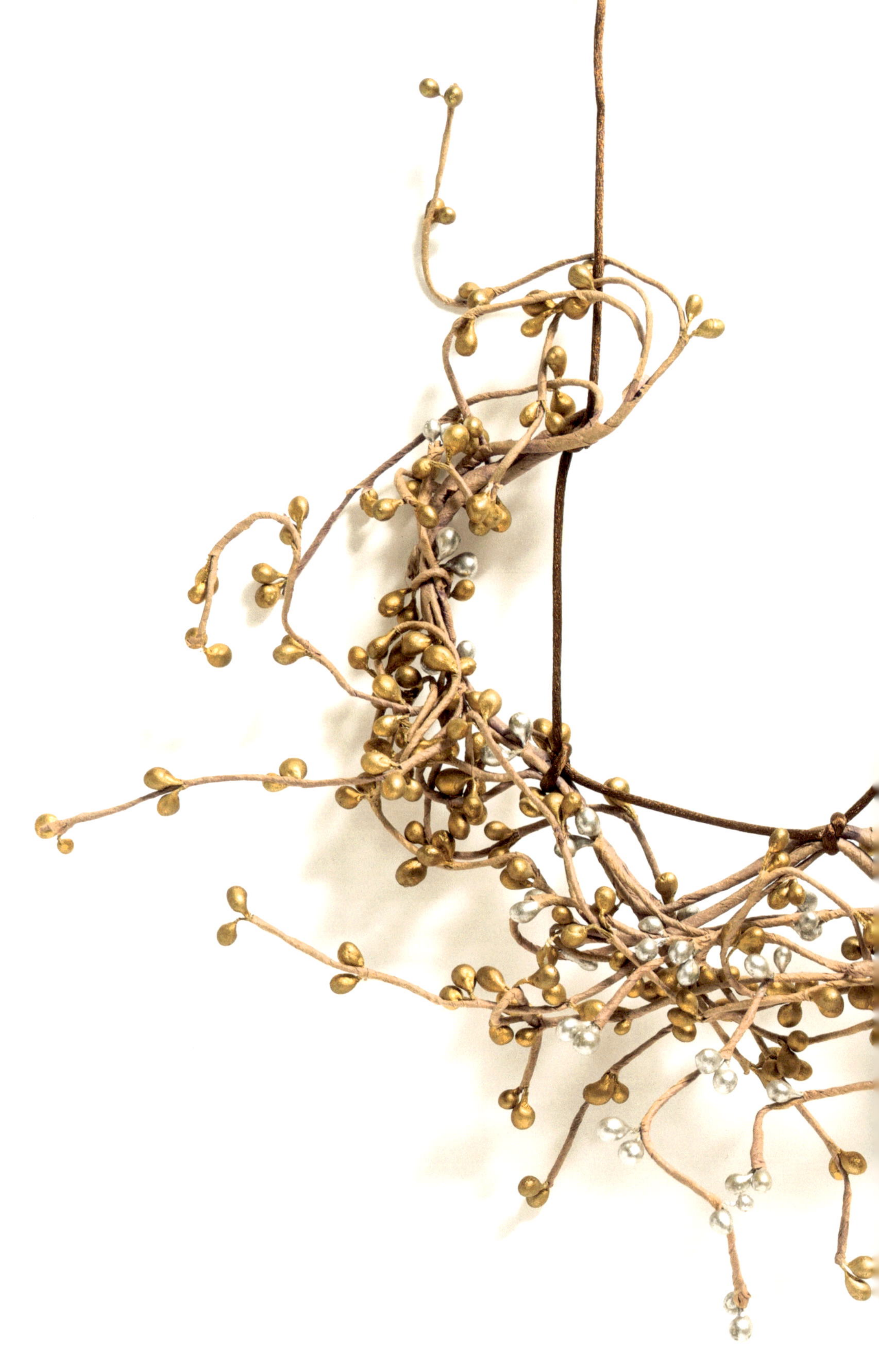

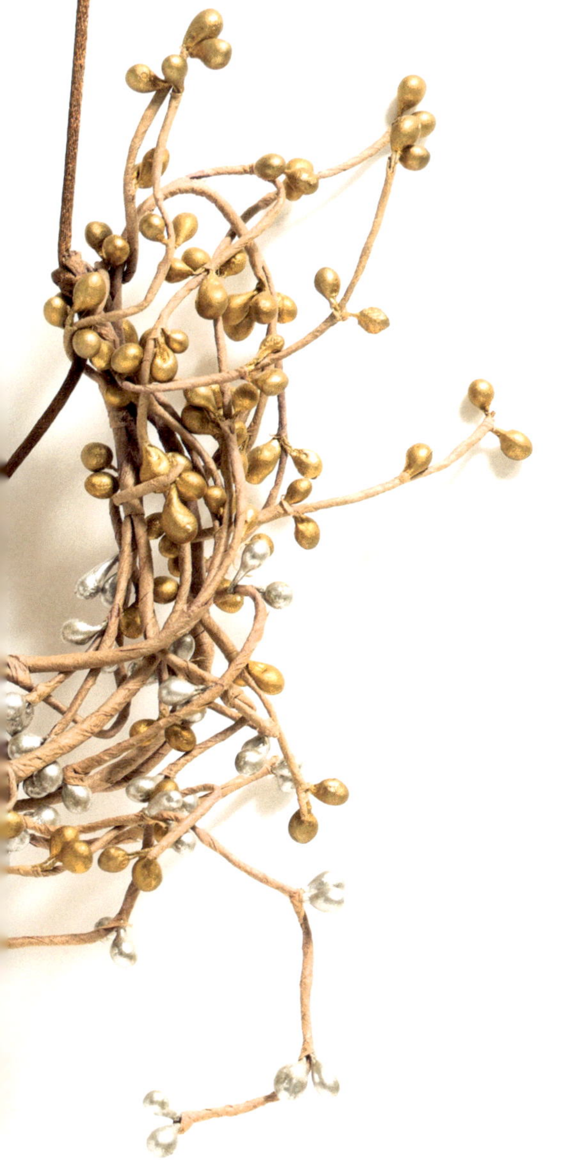

COLLARES
PULSERAS

NECKLACES
BRACELETS

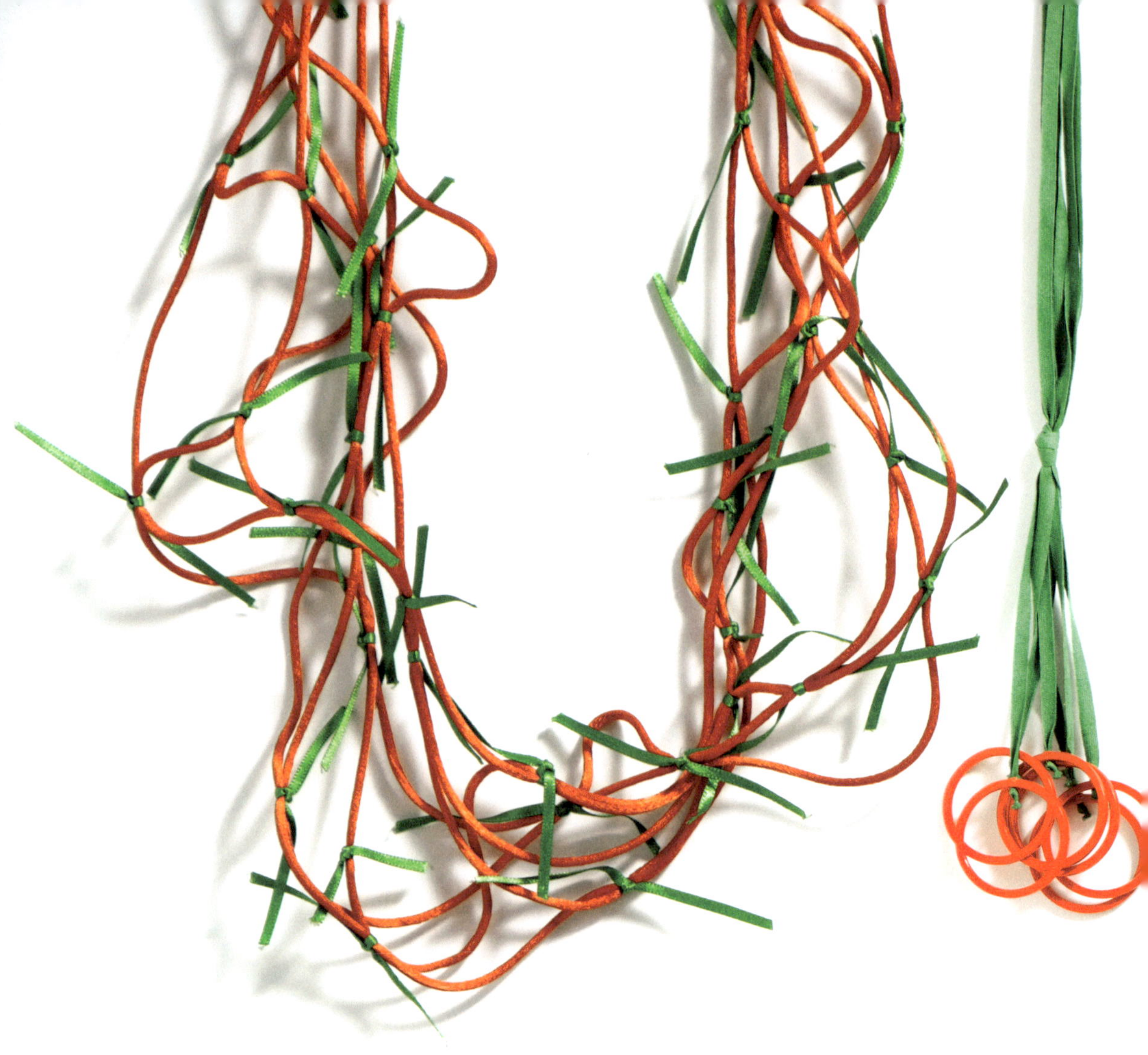

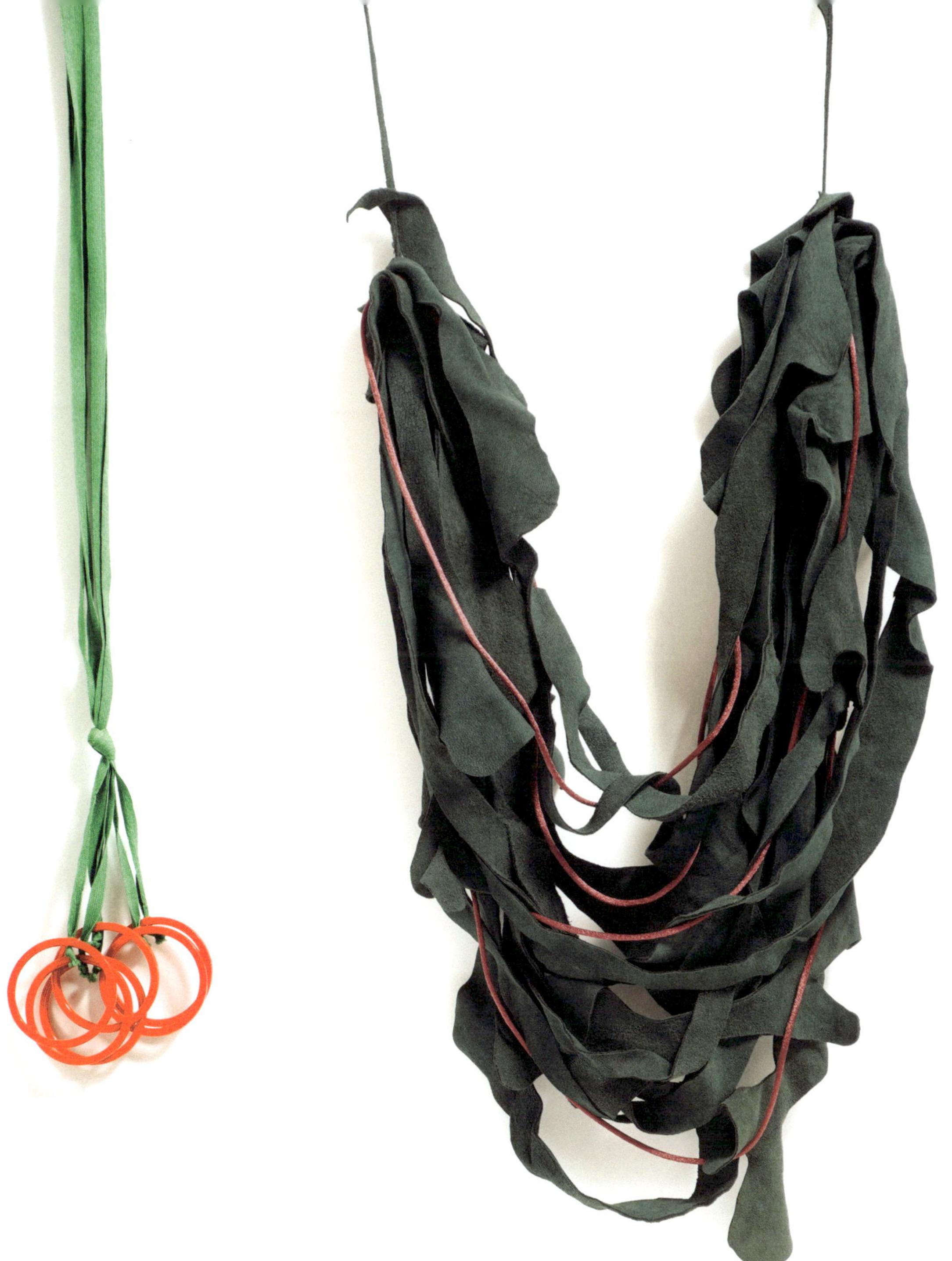

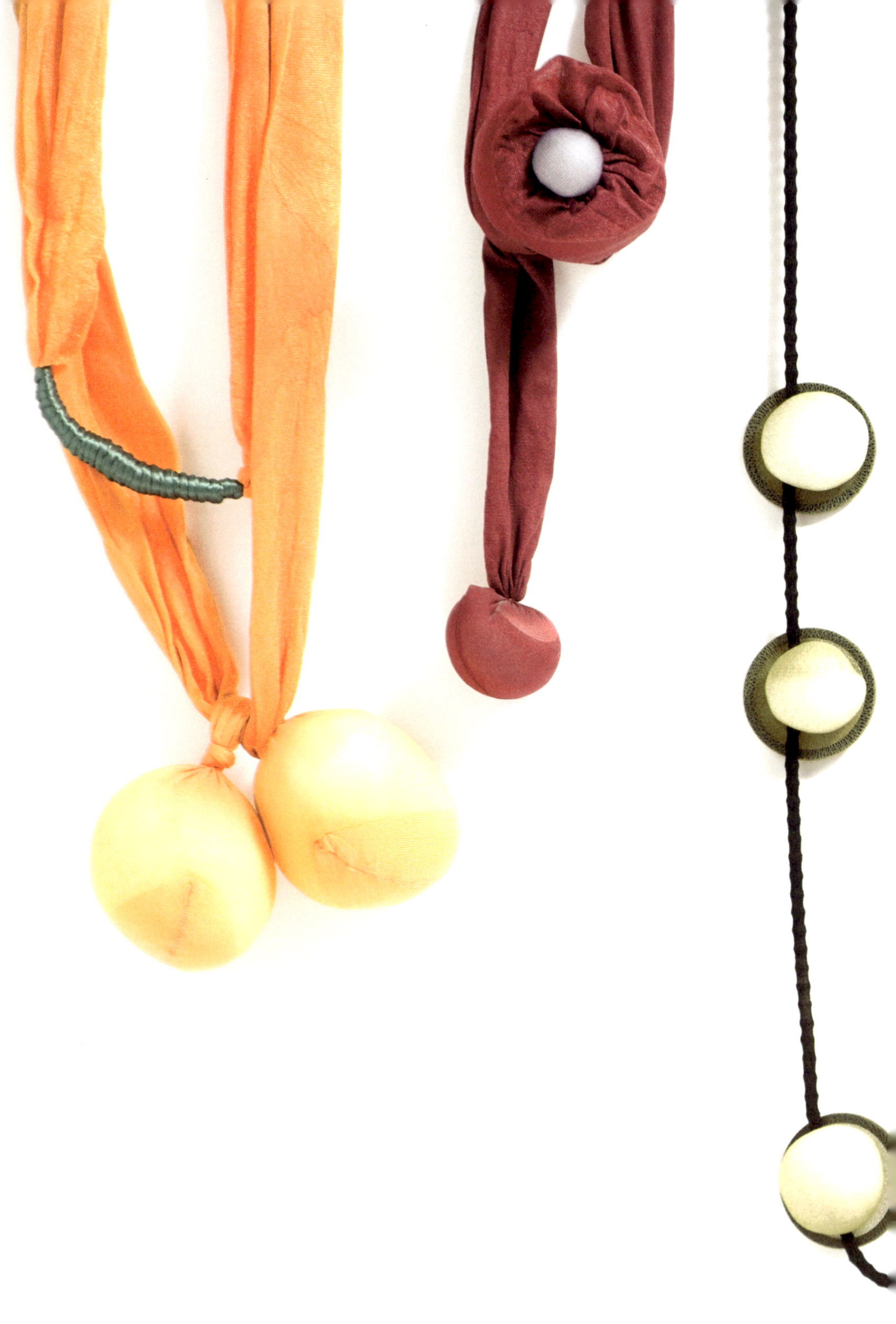

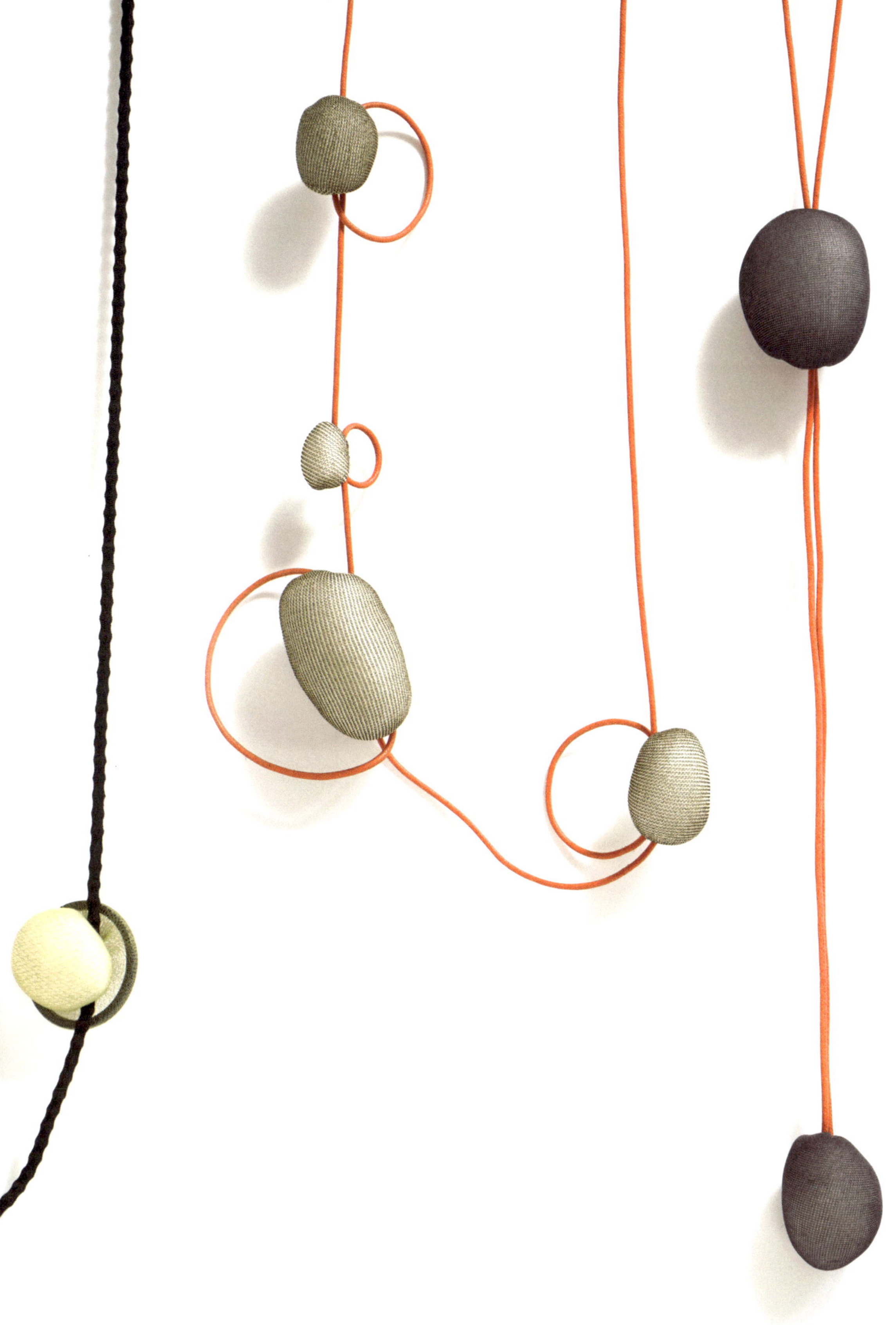

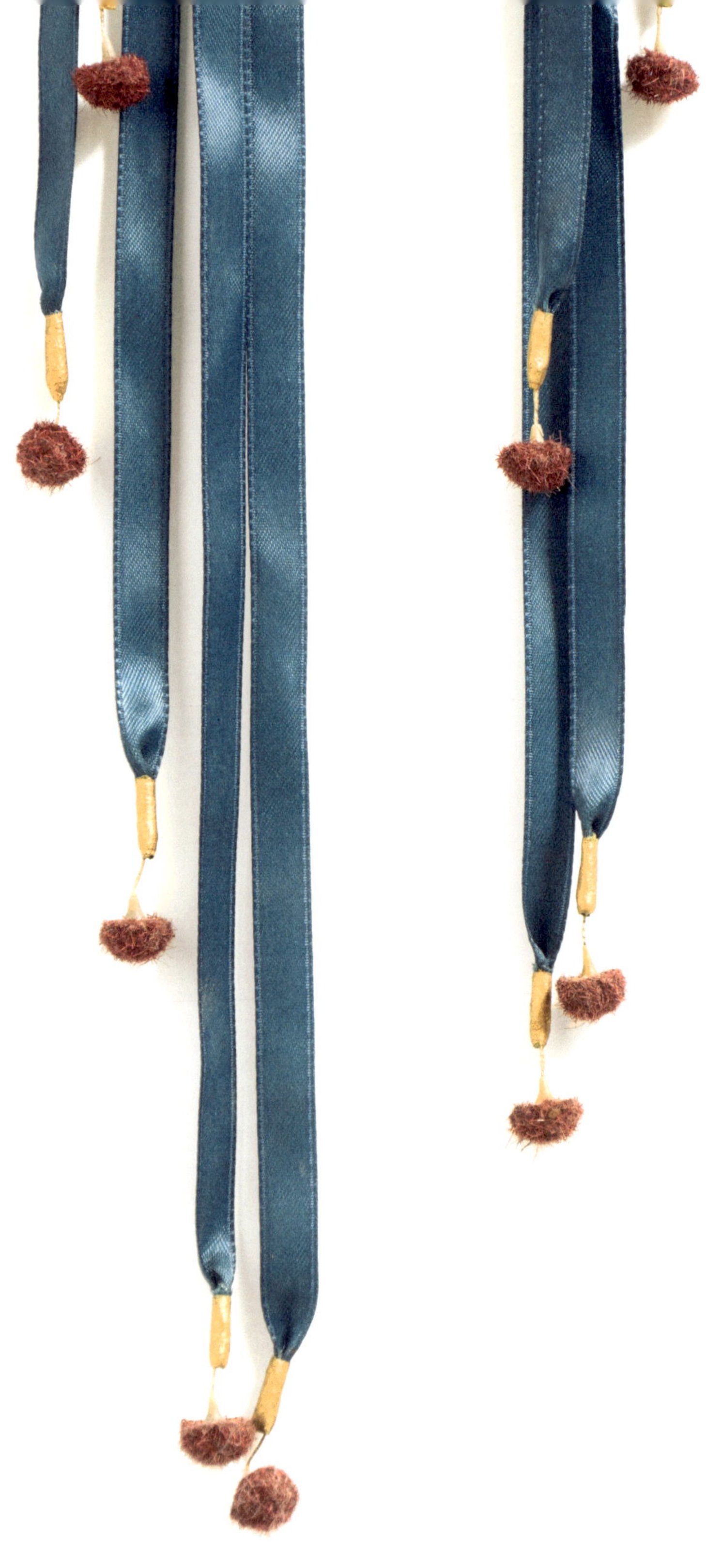

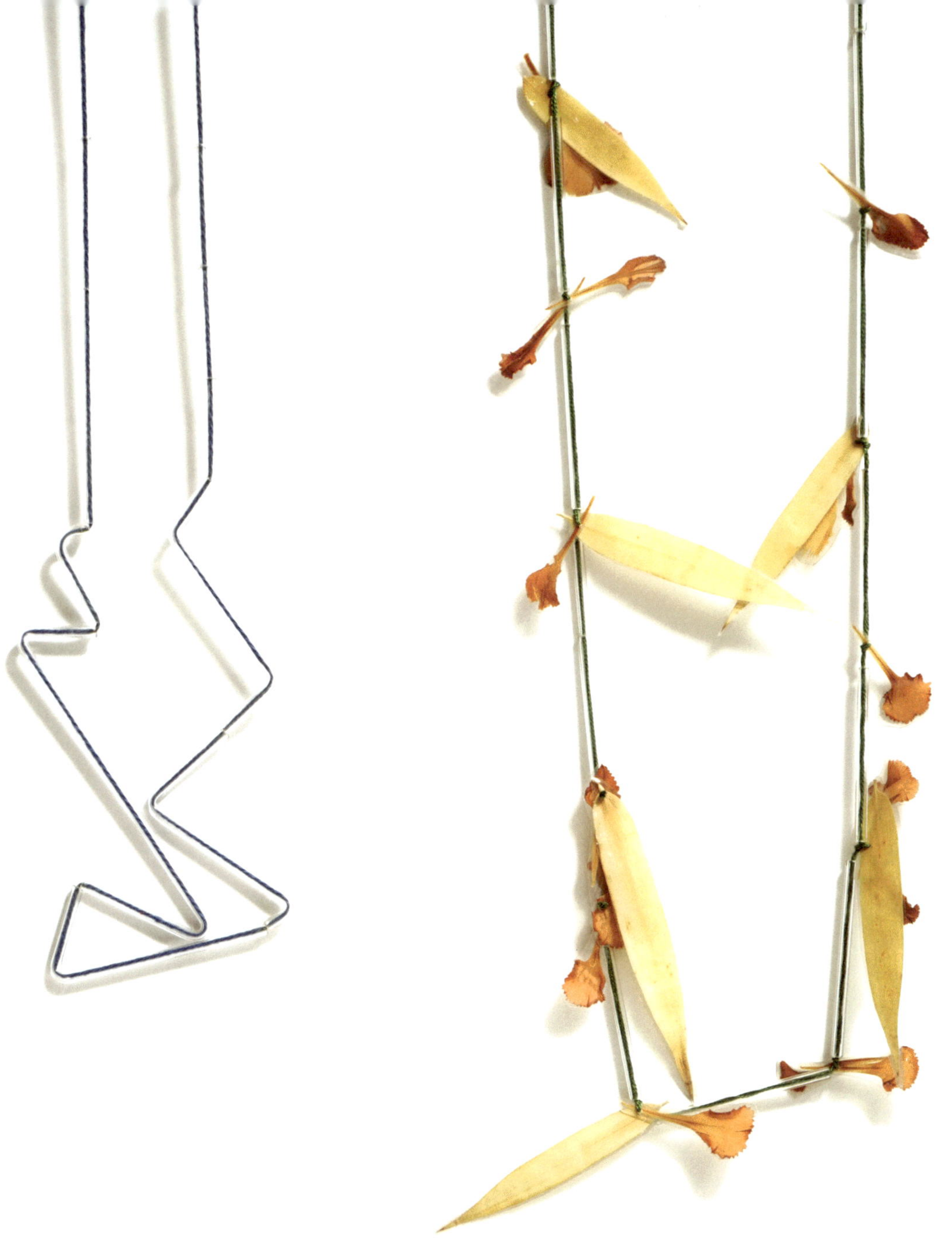

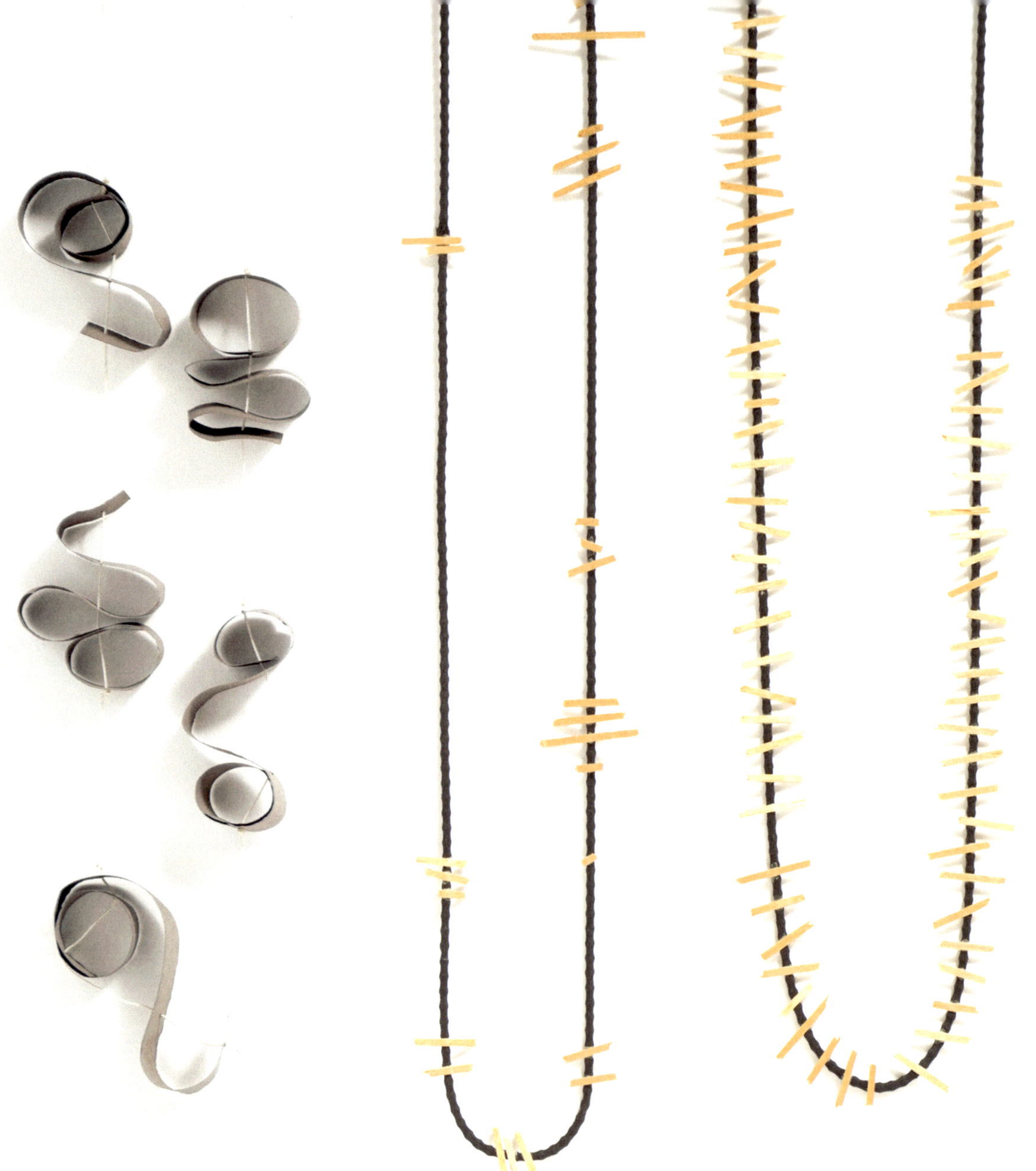

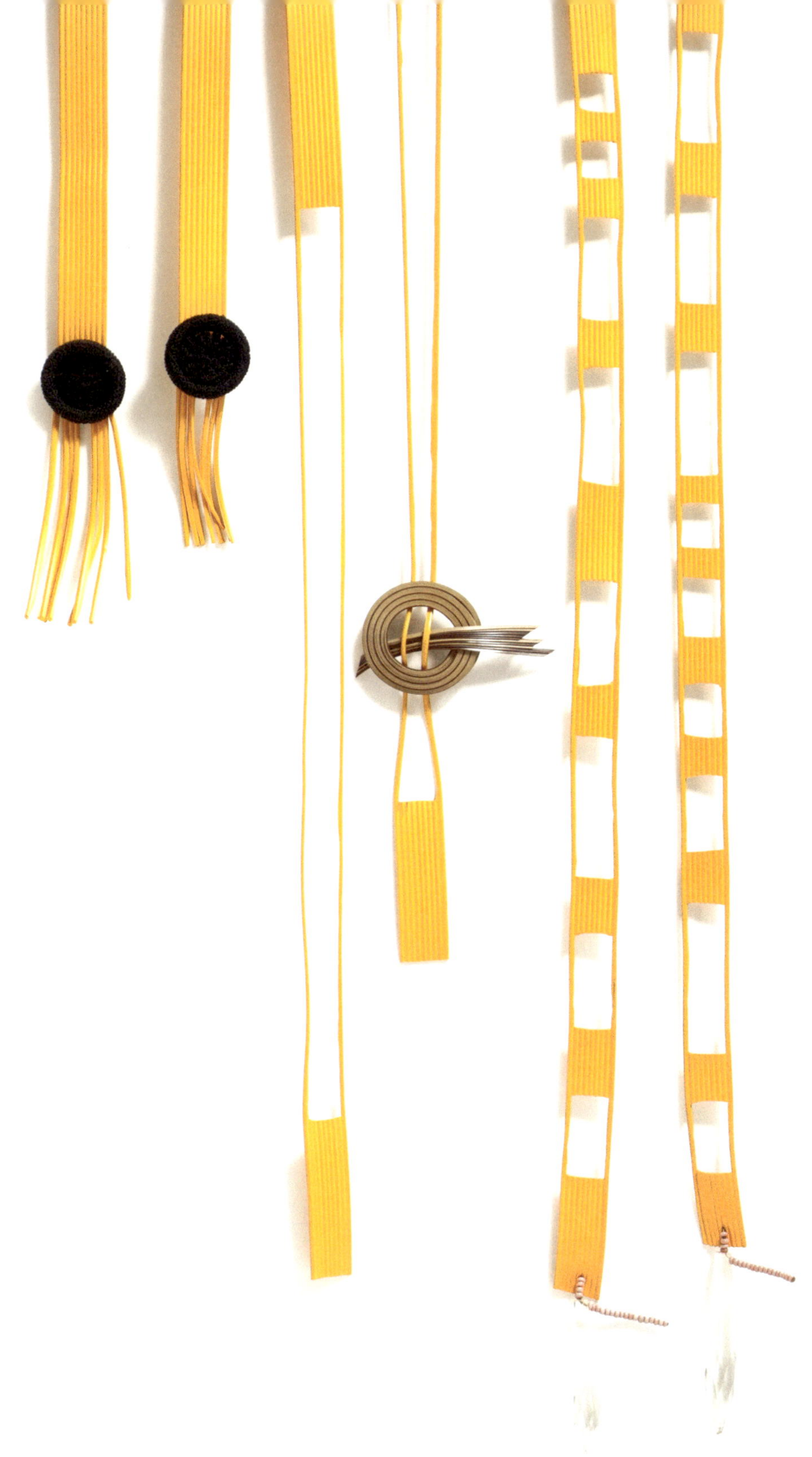

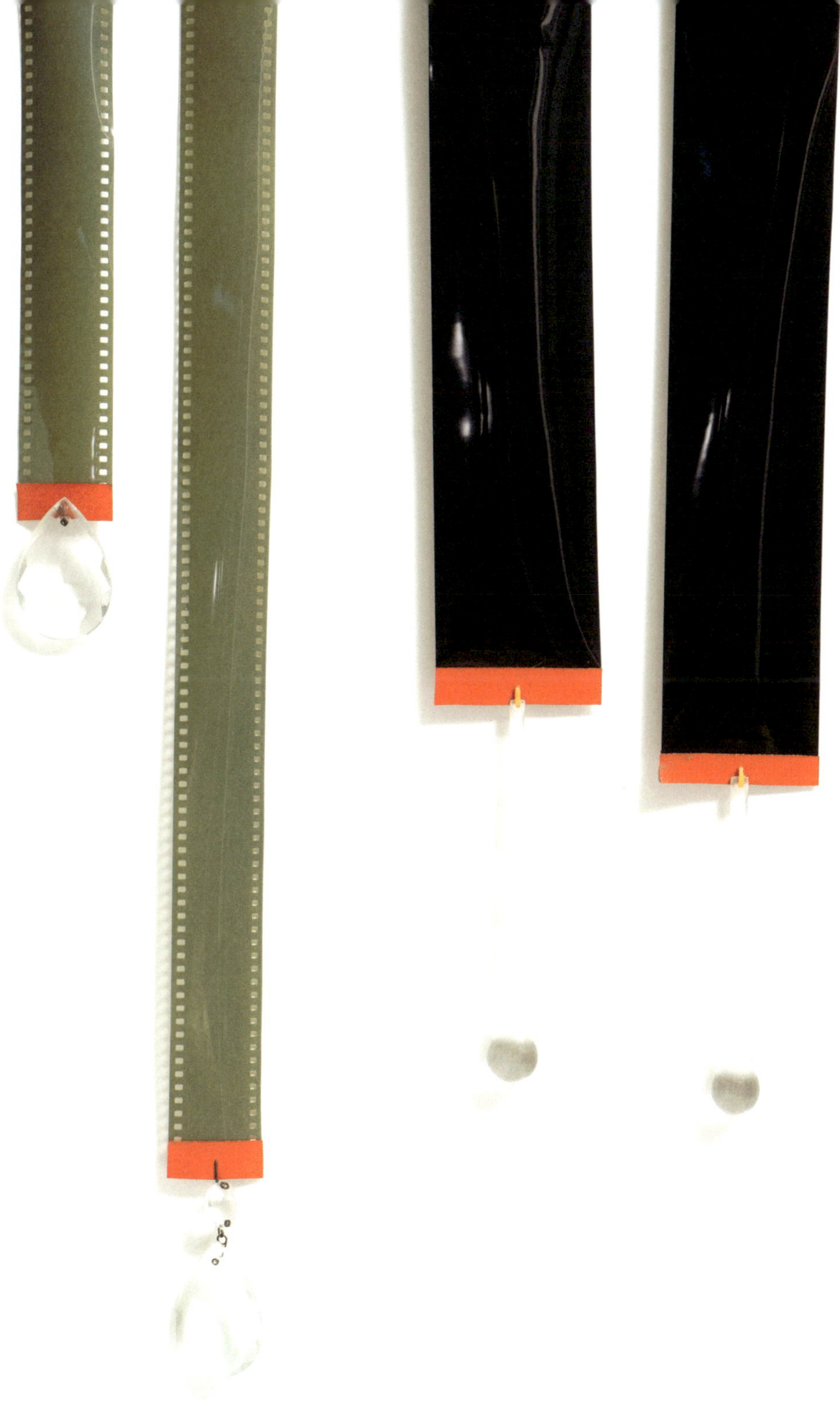

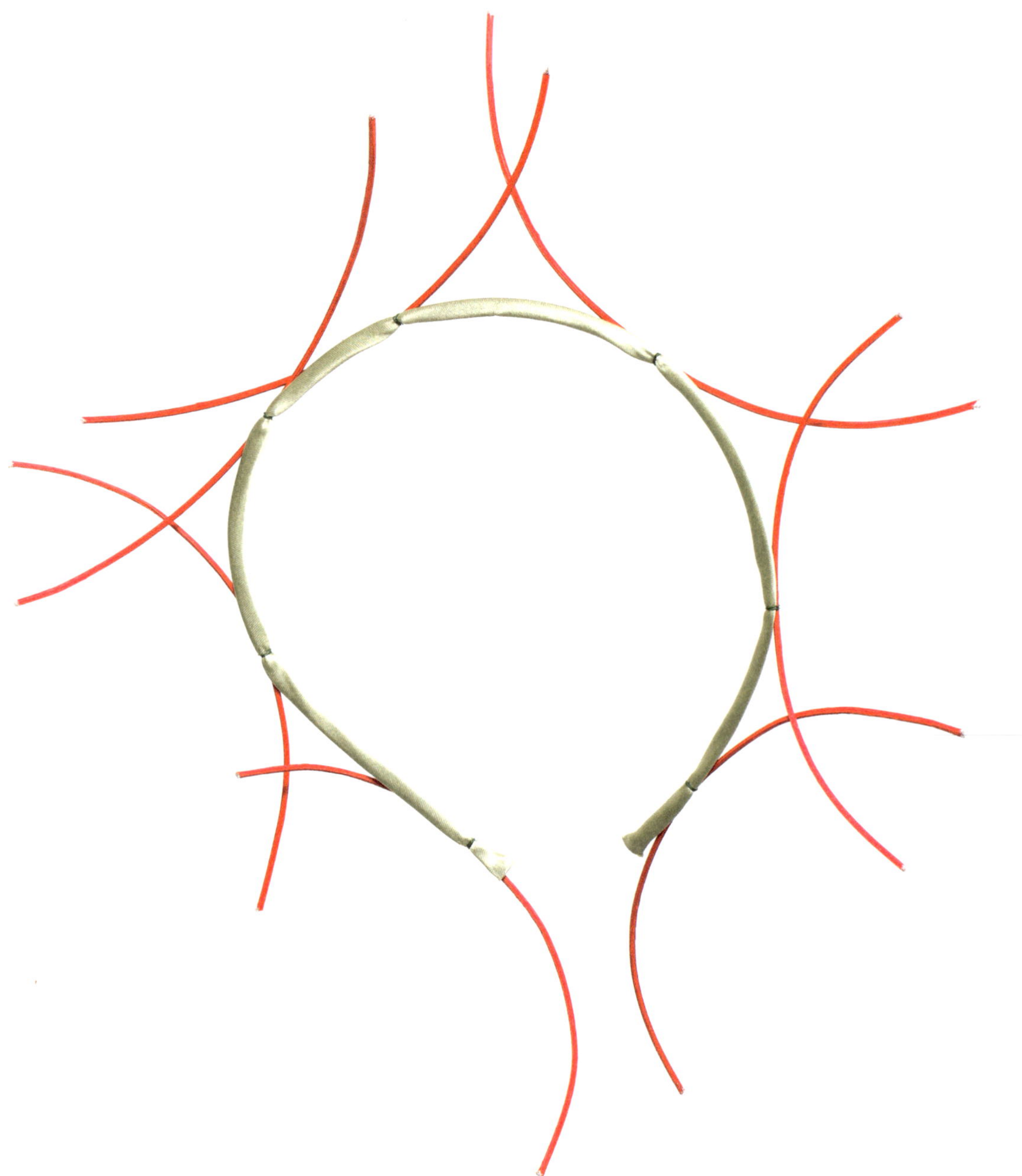

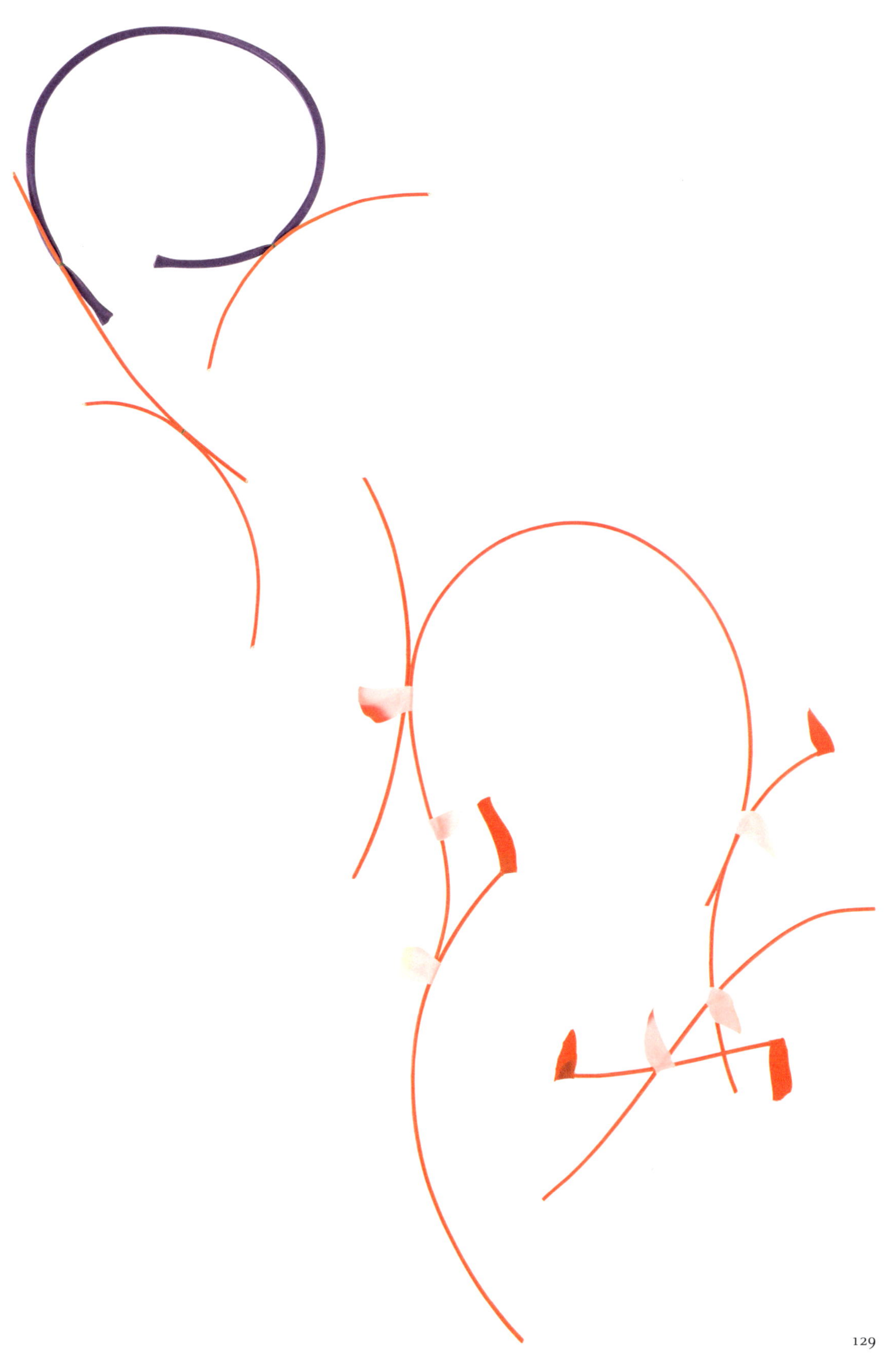

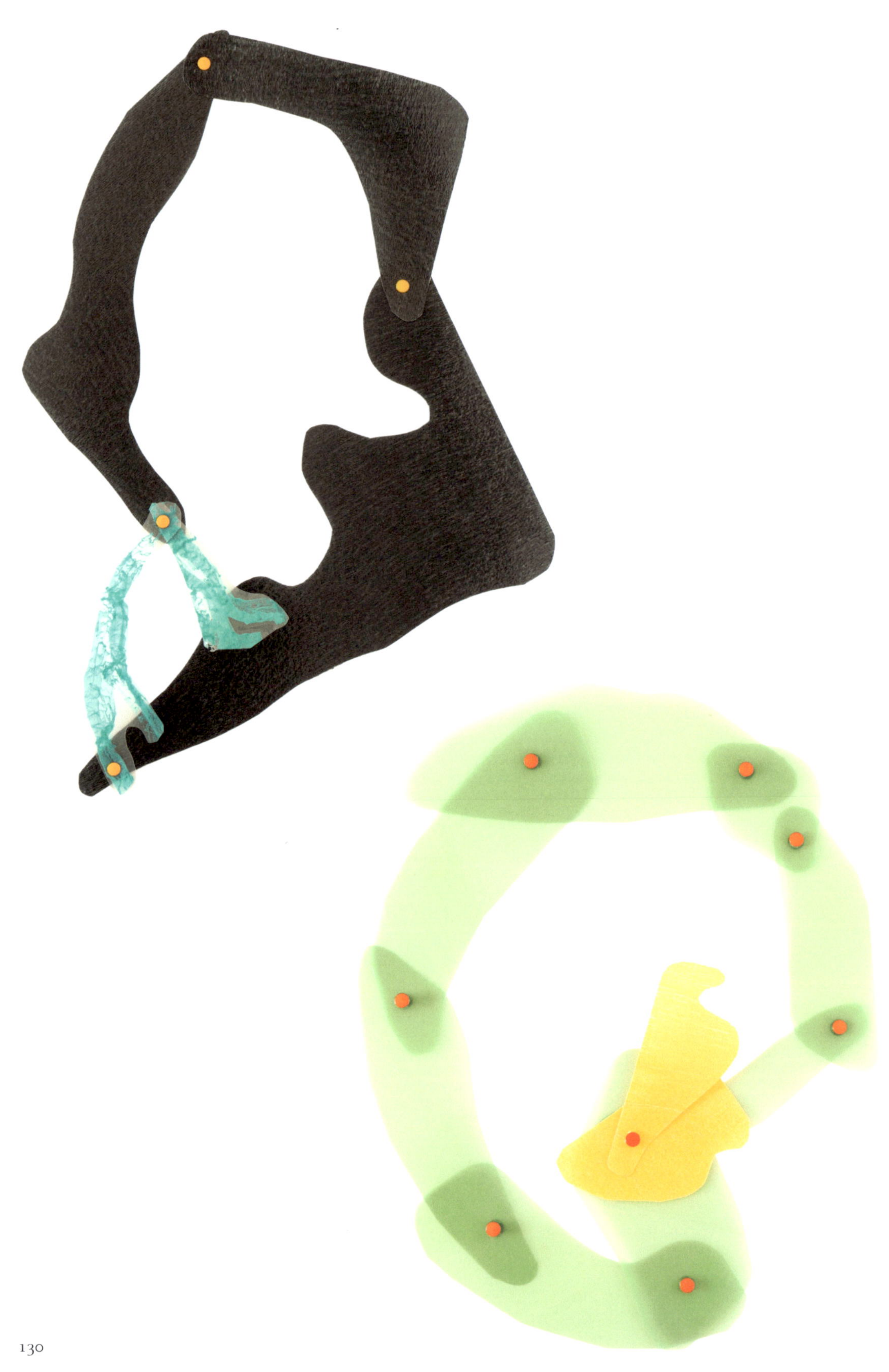

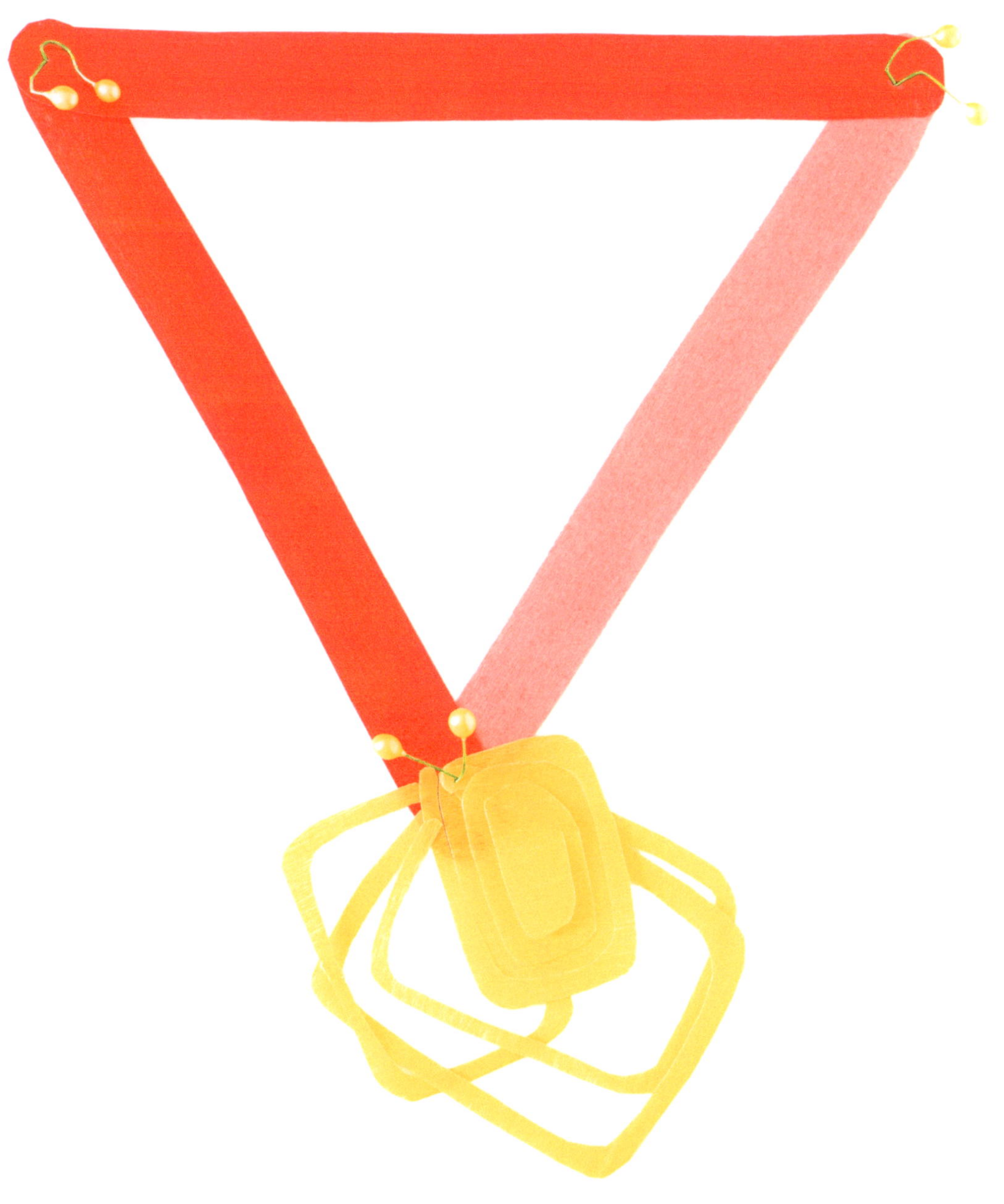

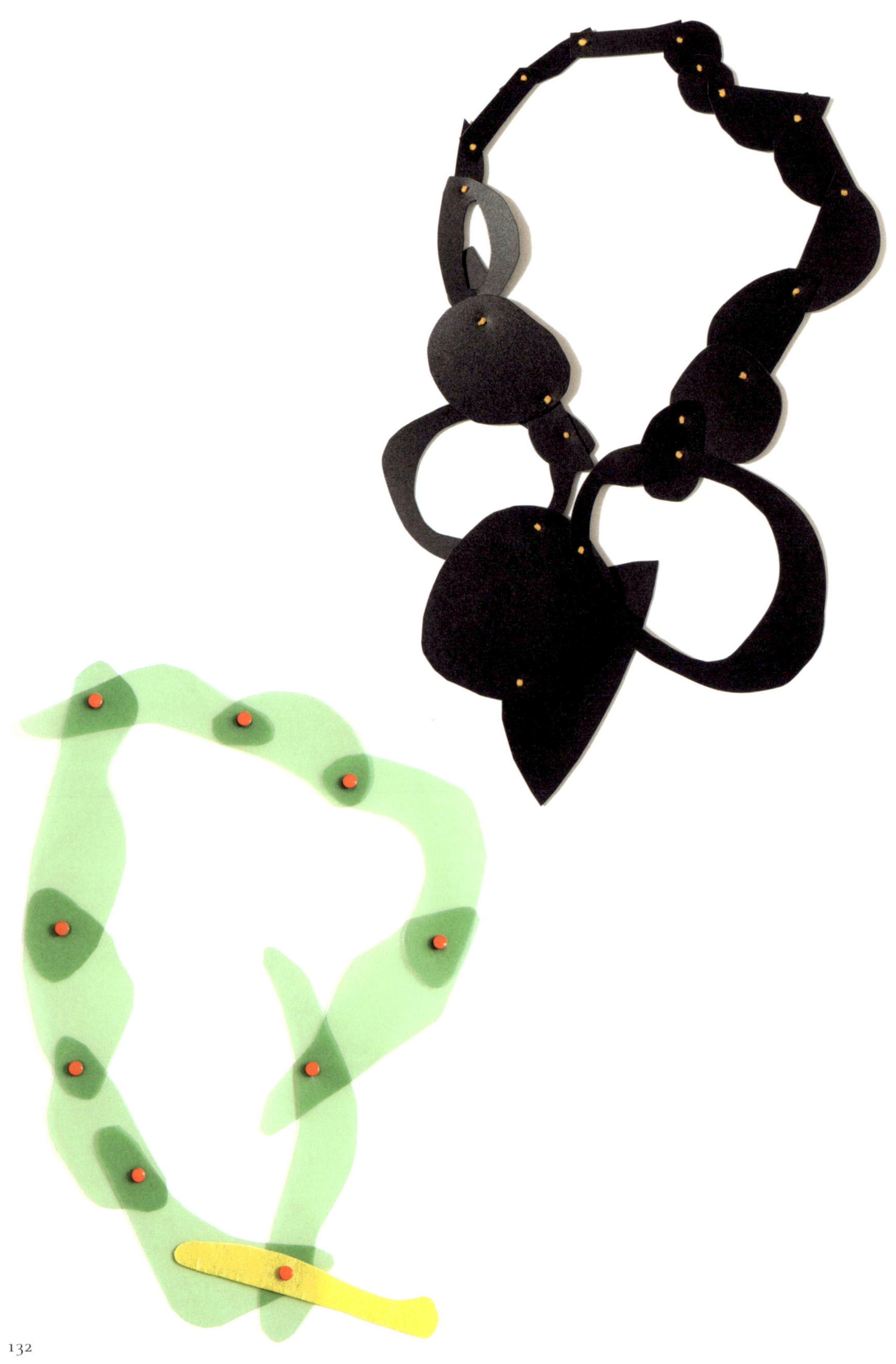

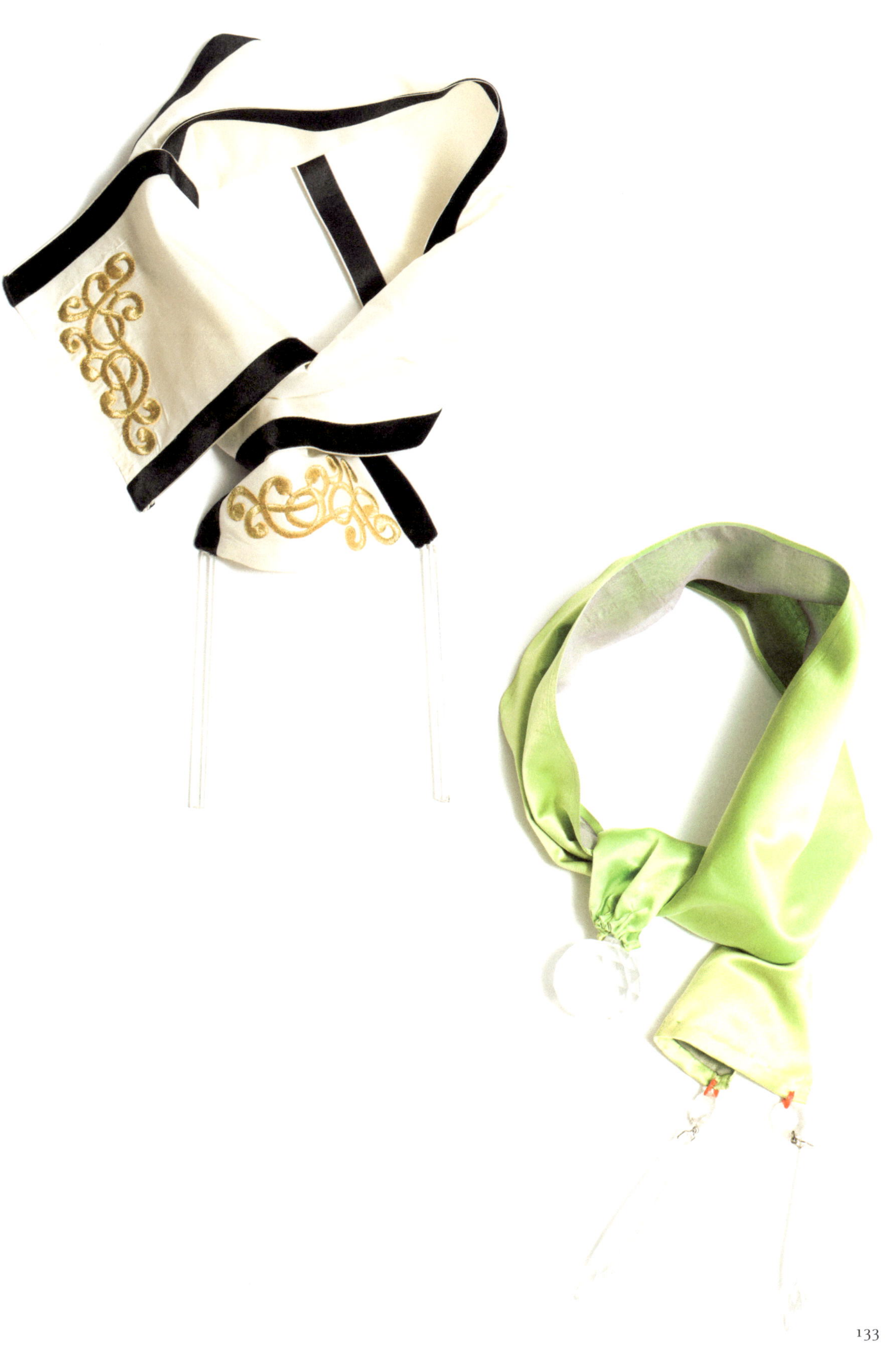

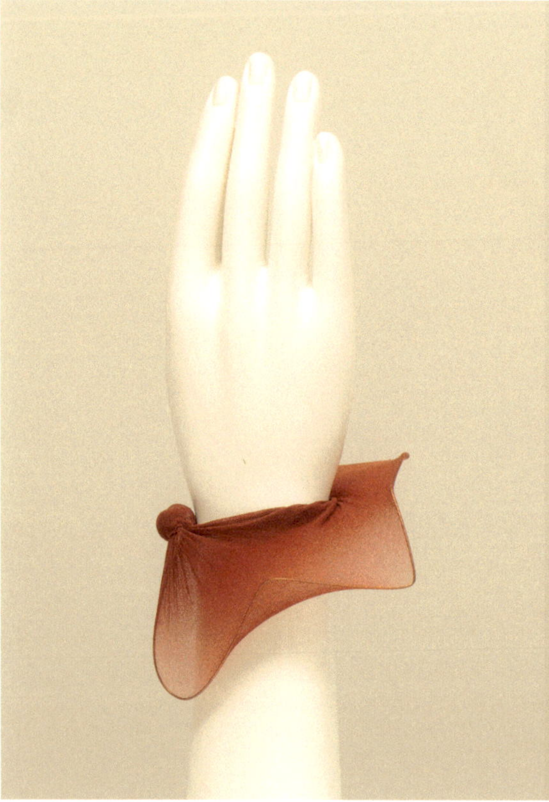

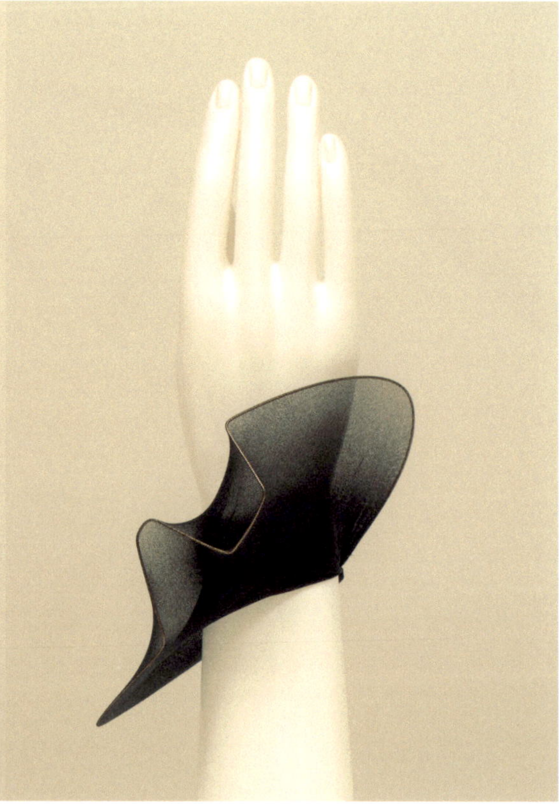

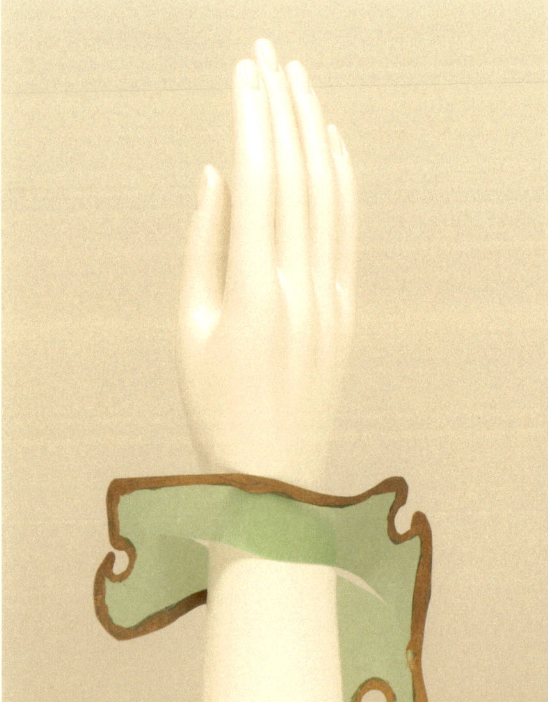

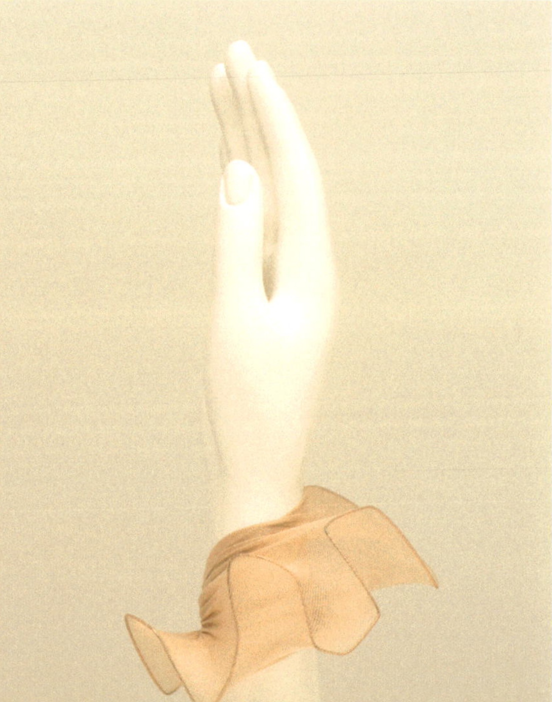

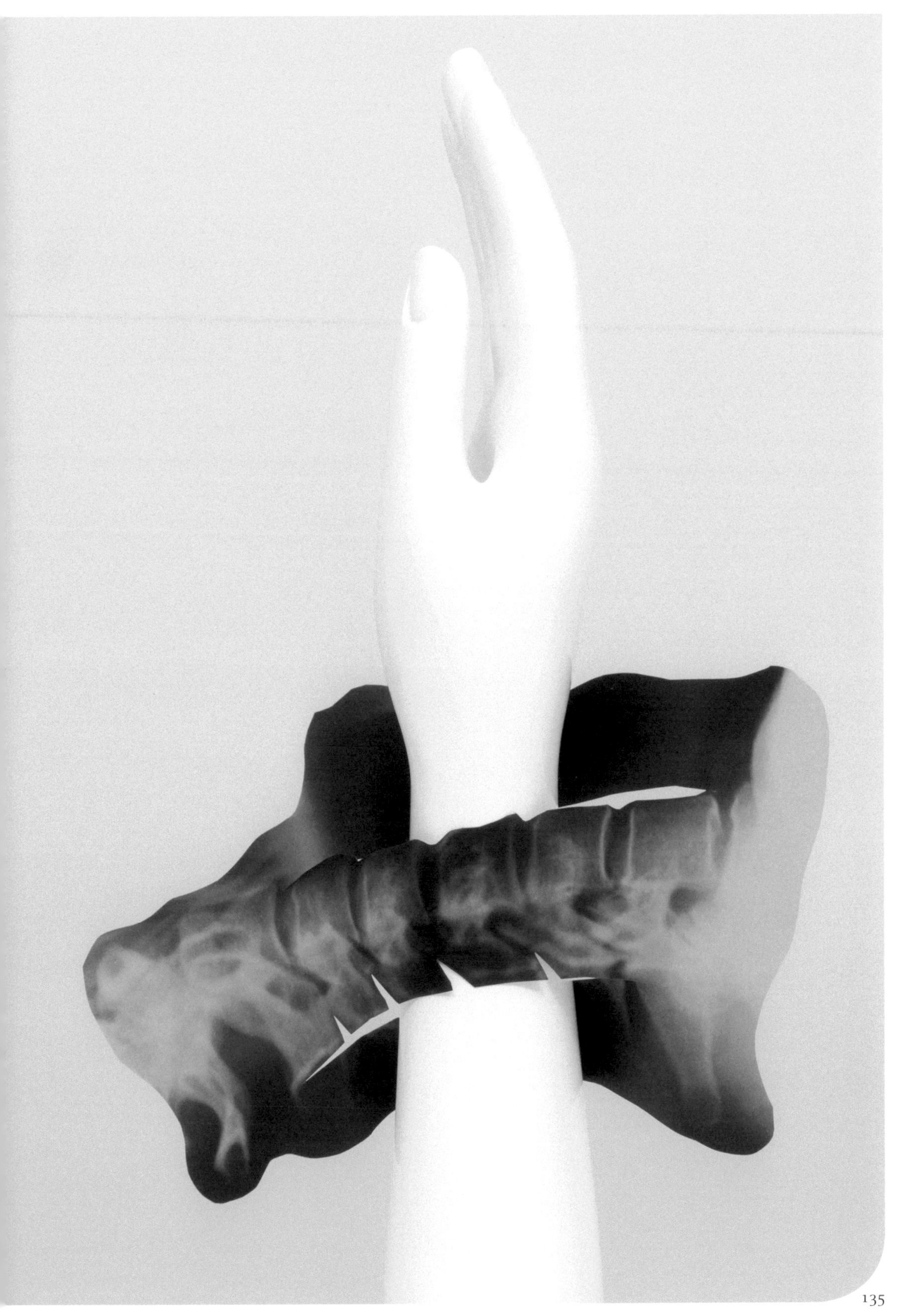

COLLAGES

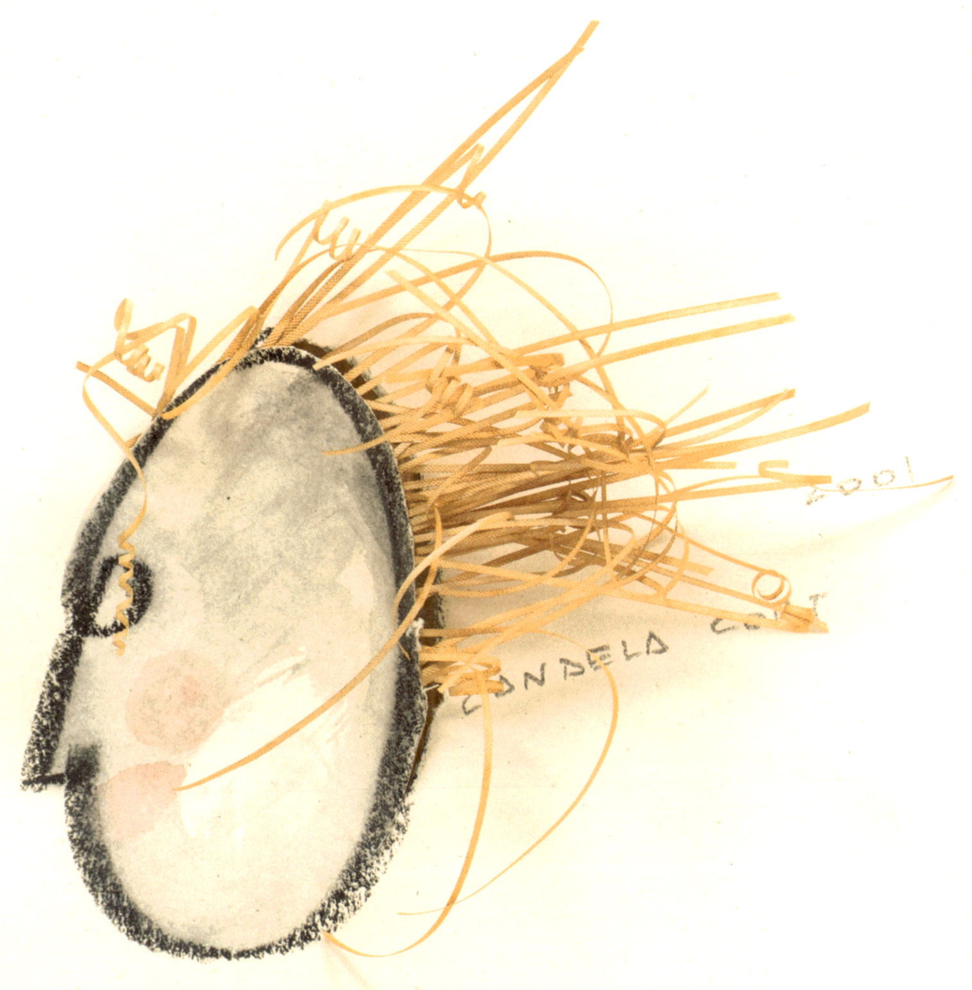

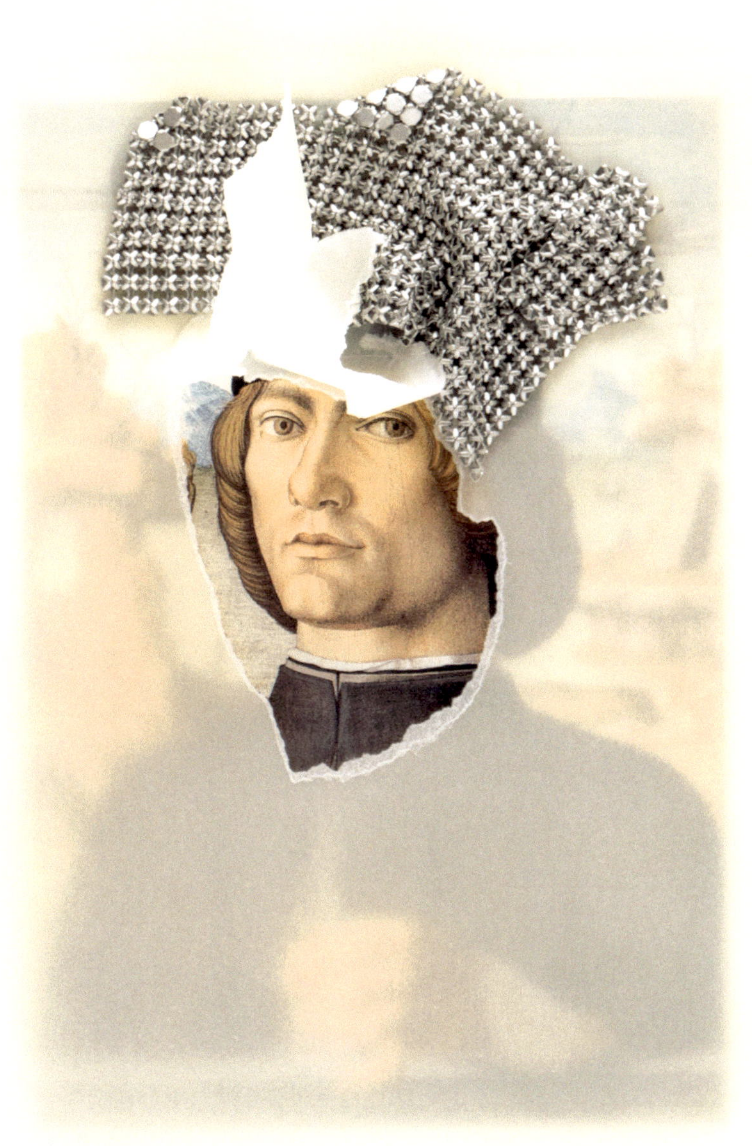

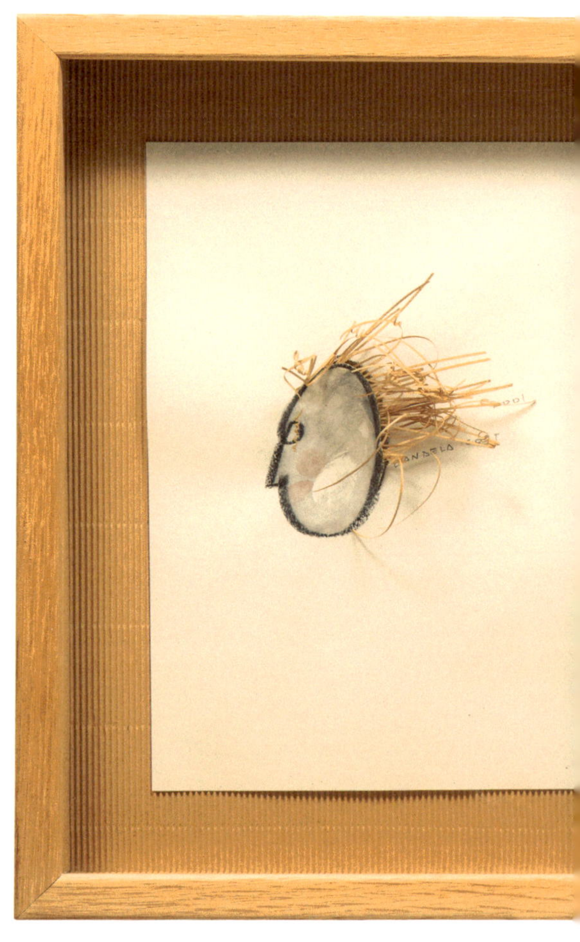

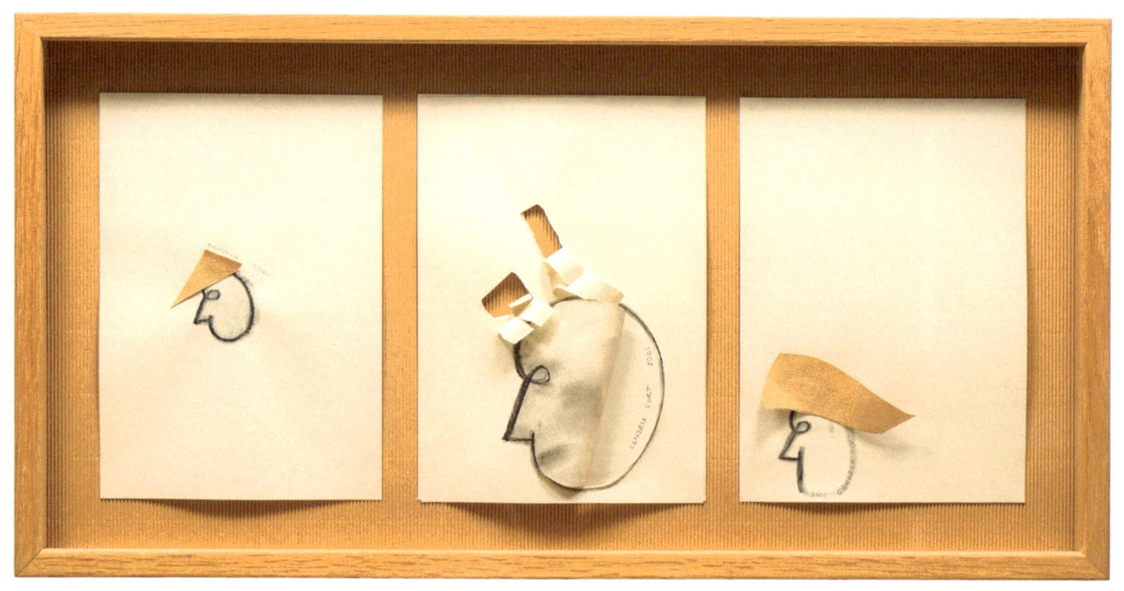

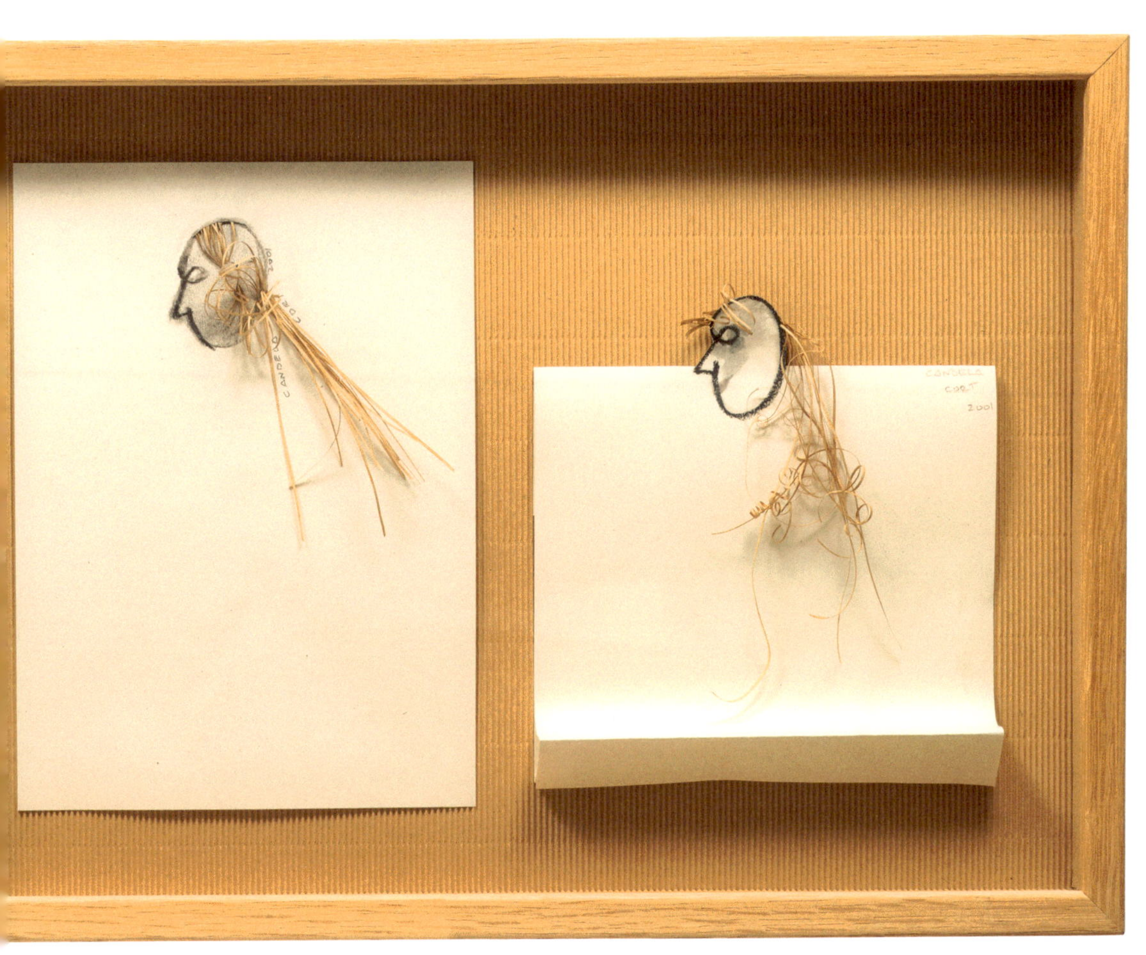

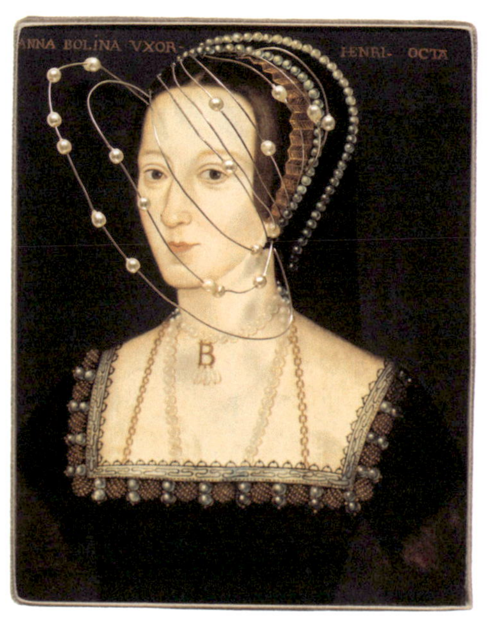

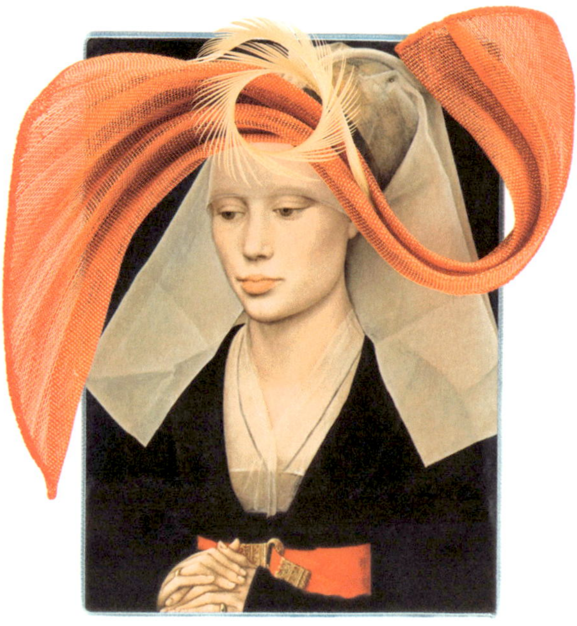

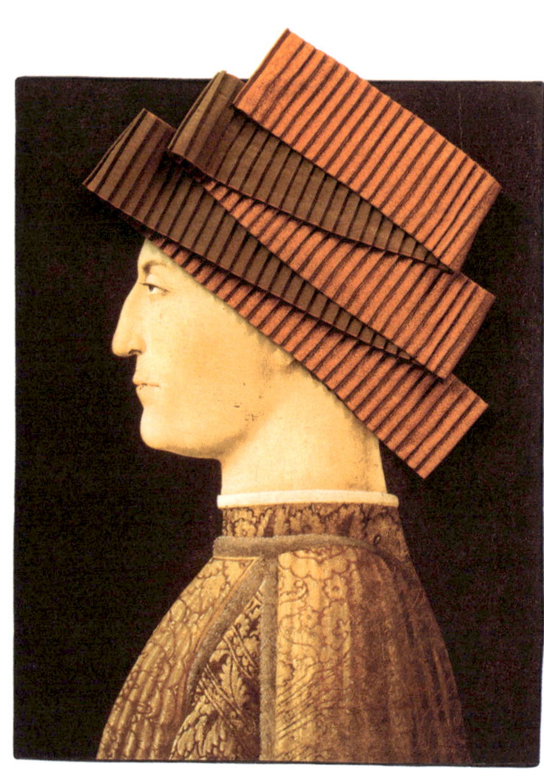

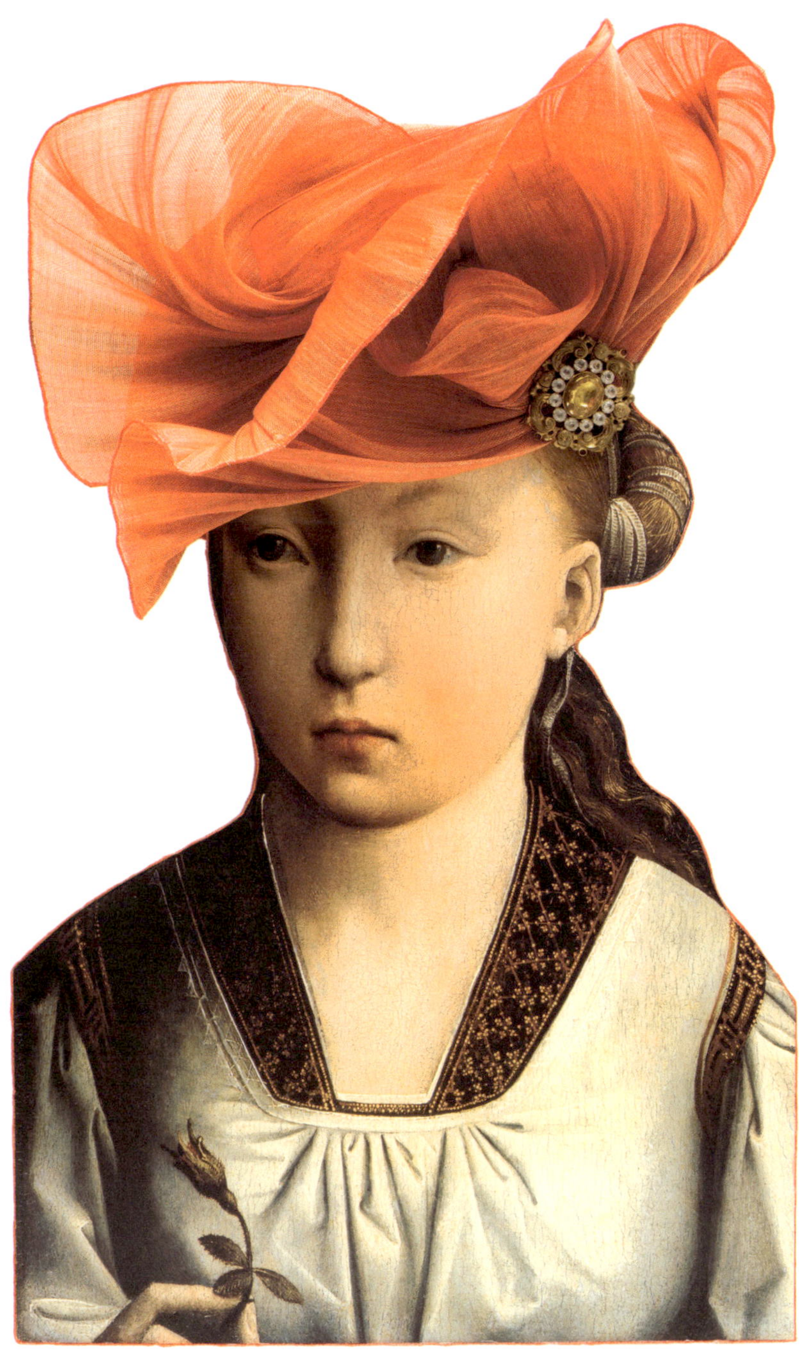

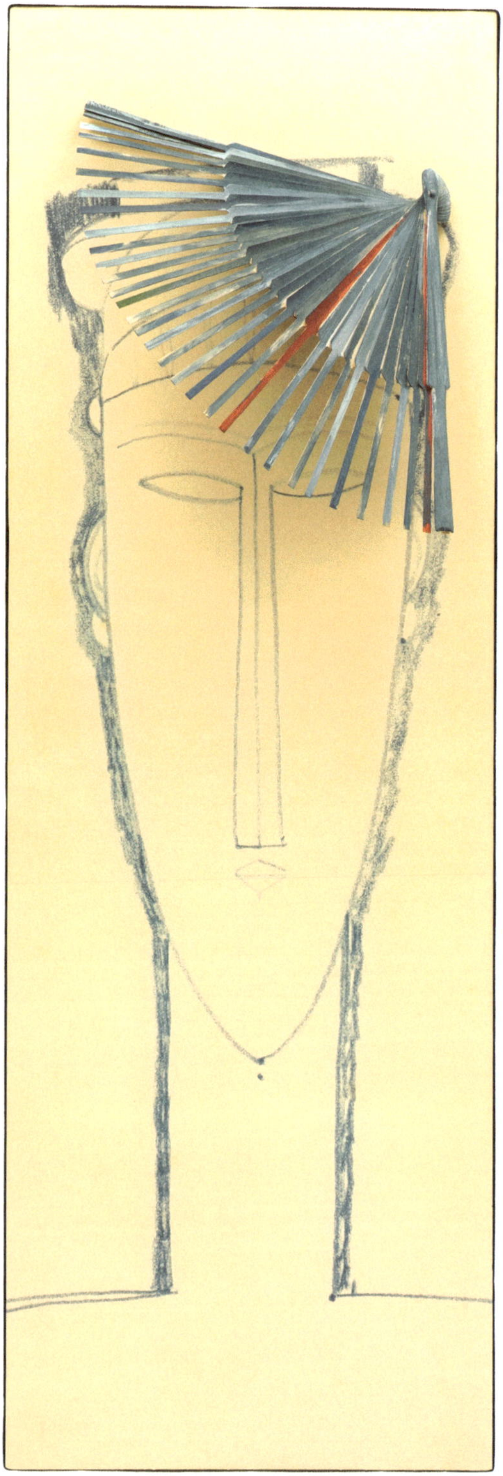

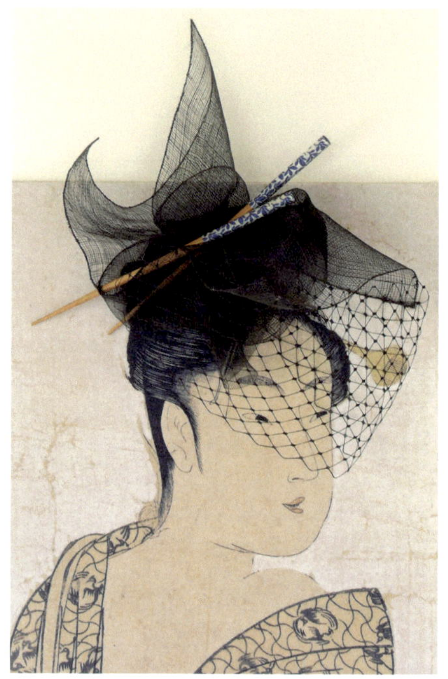

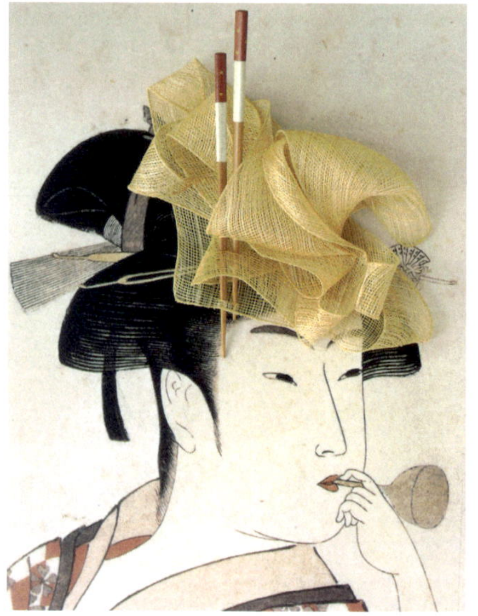

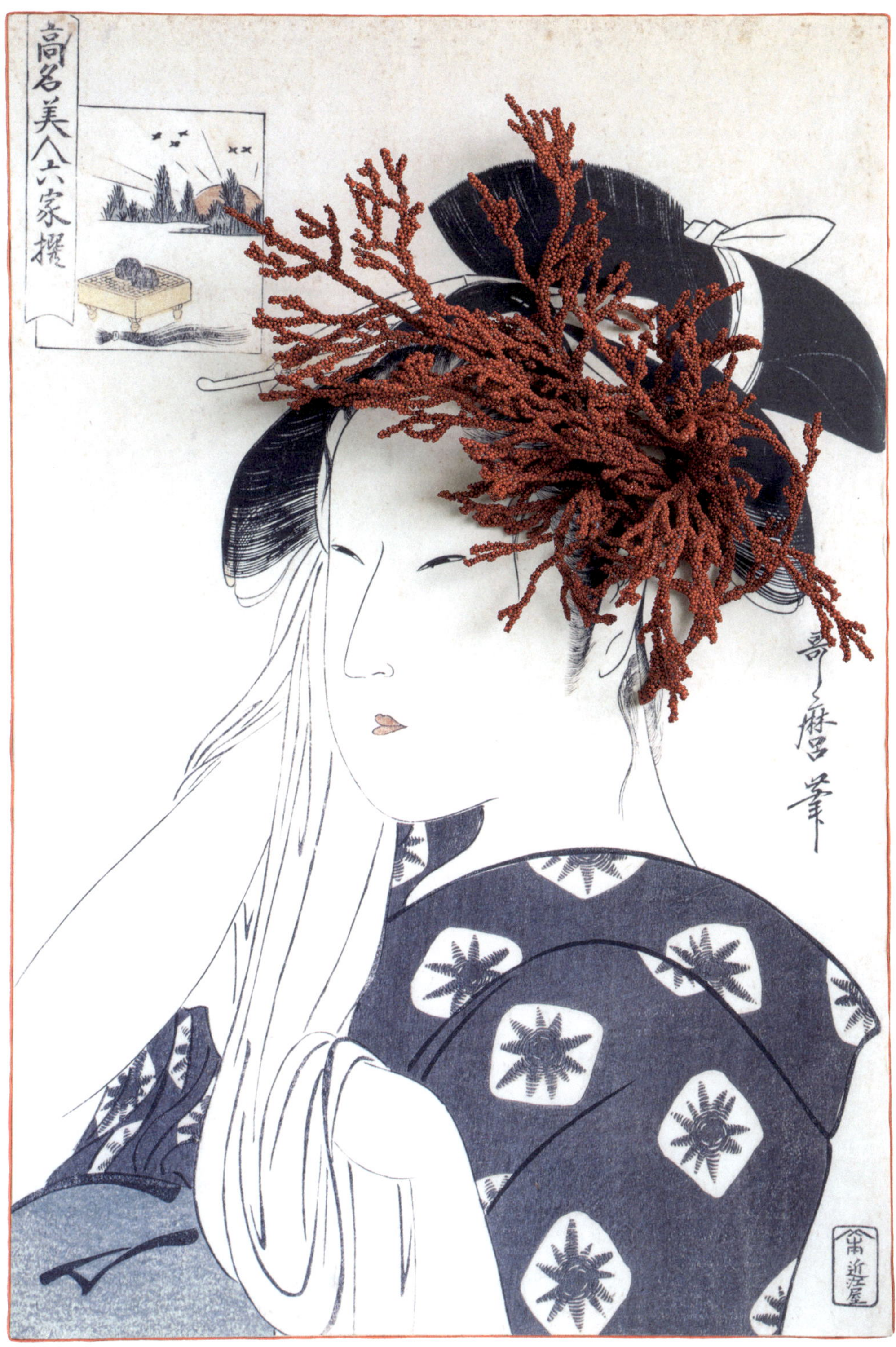

高名美人六家撰
歌麿筆

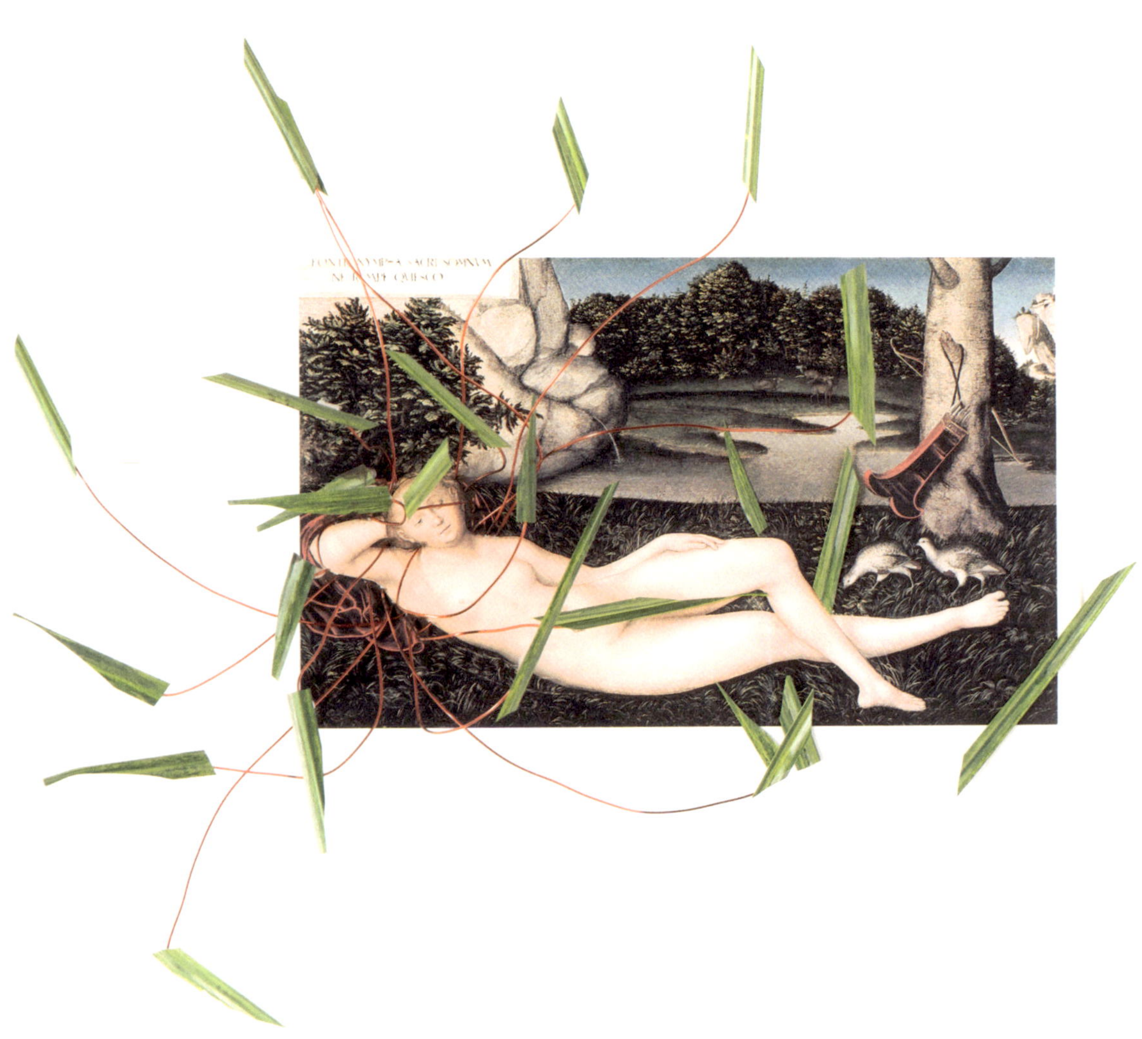
FONTE NYMPHA SACRI SOMNVM
NE RVMPE QVIESCO

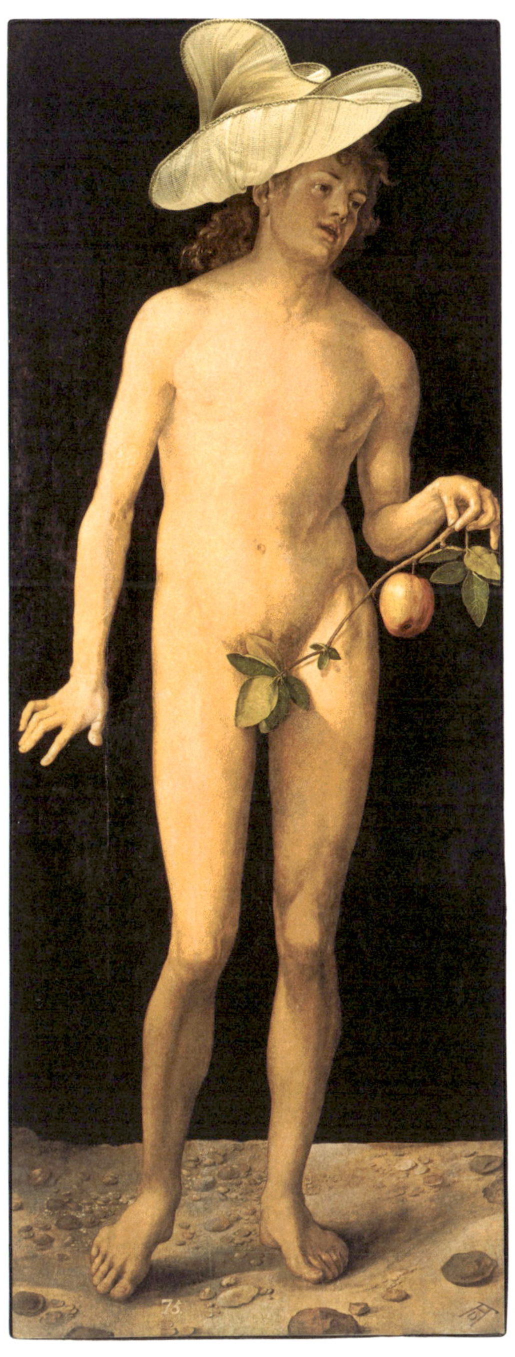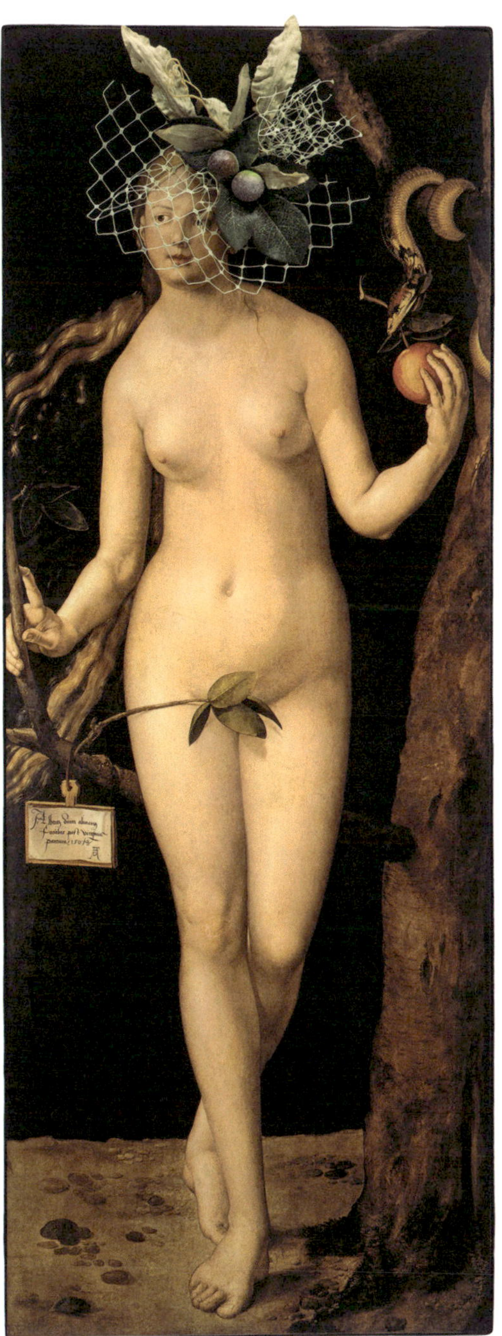

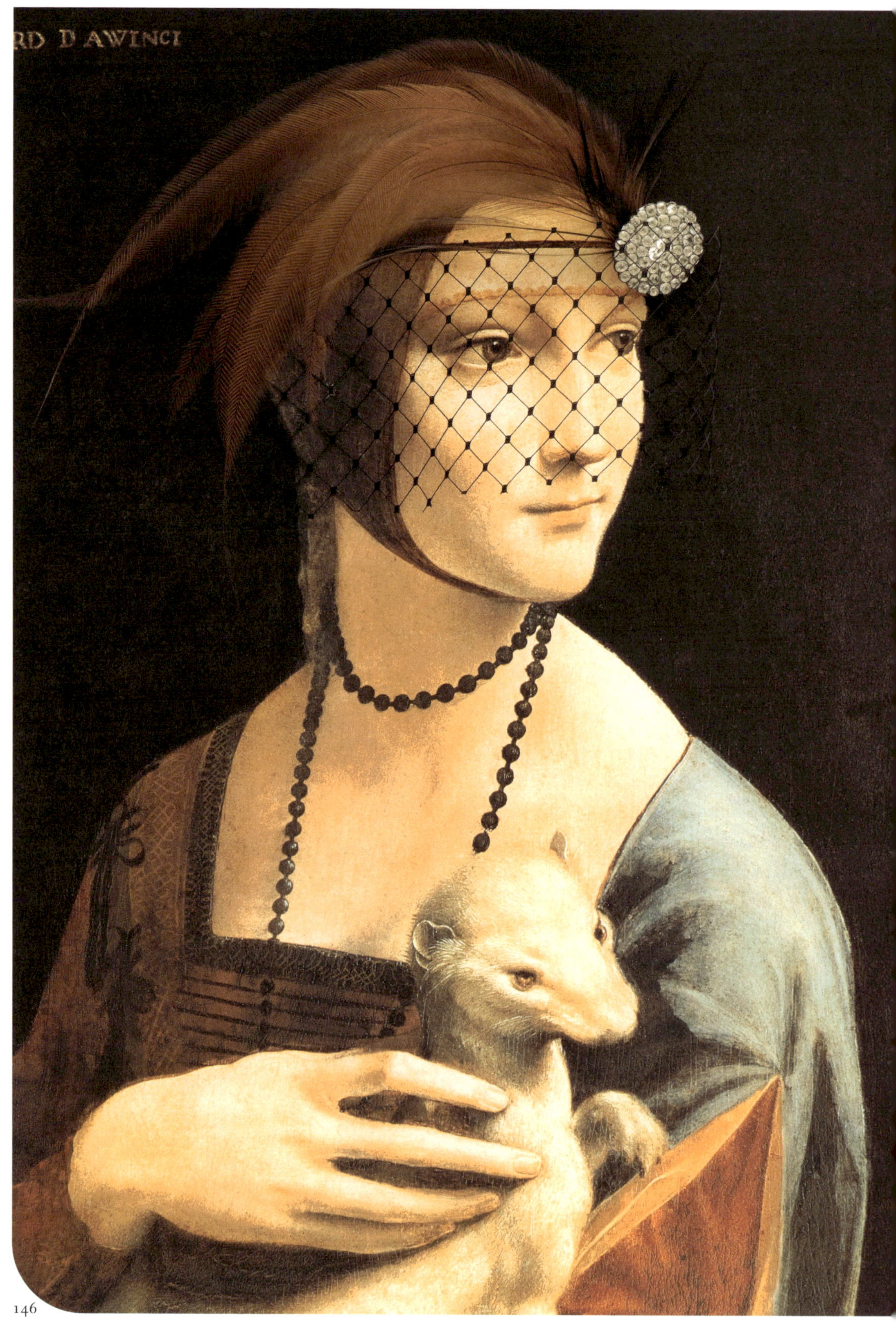
RD D AWINCI

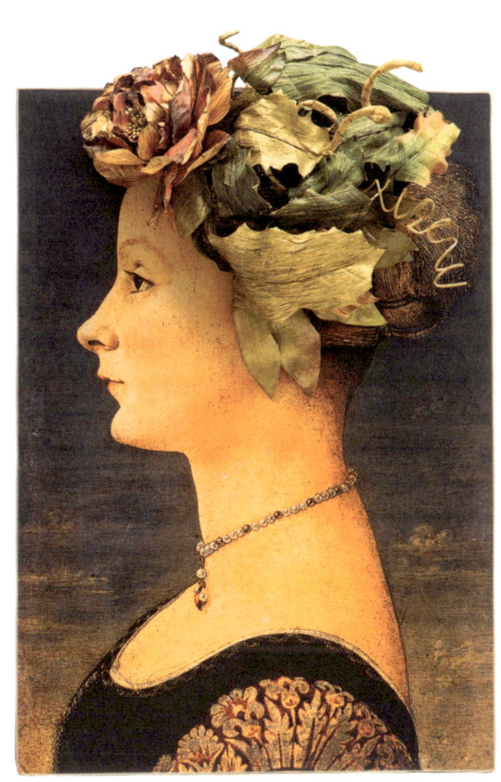

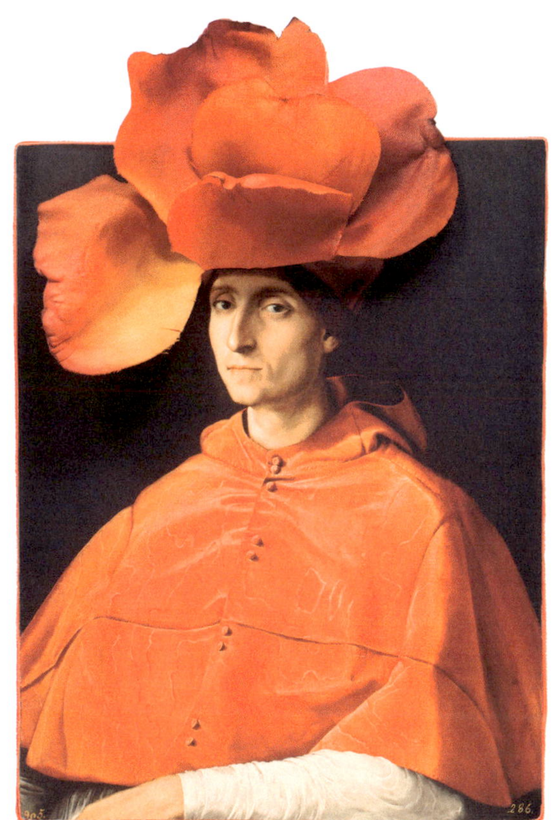

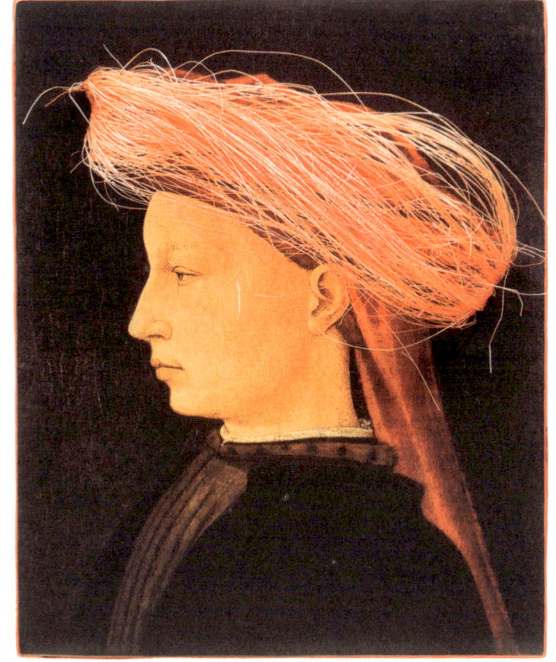

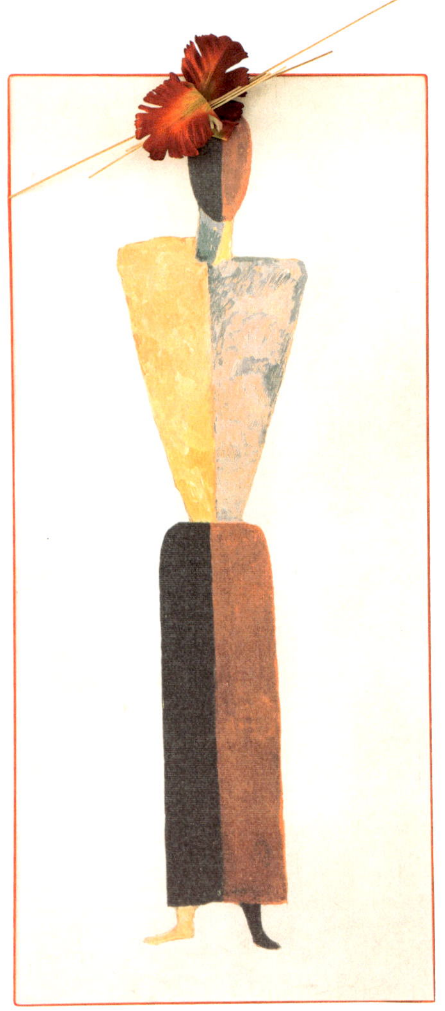 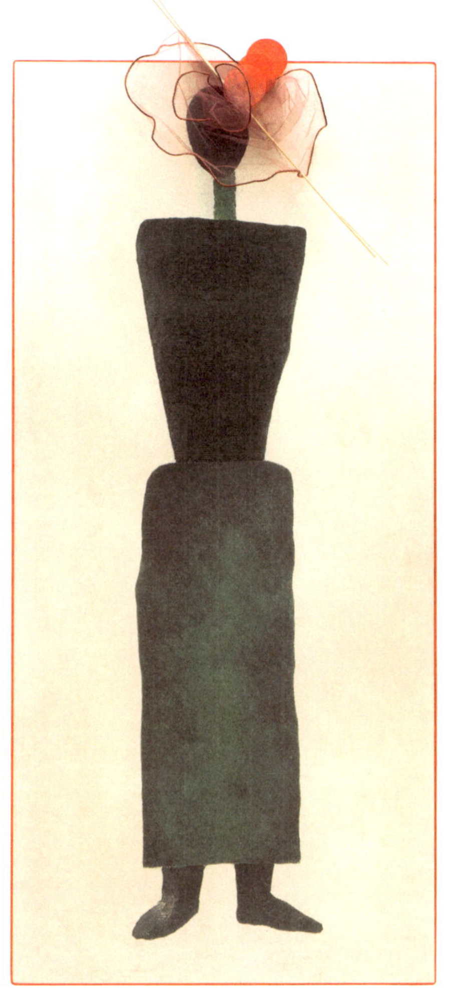

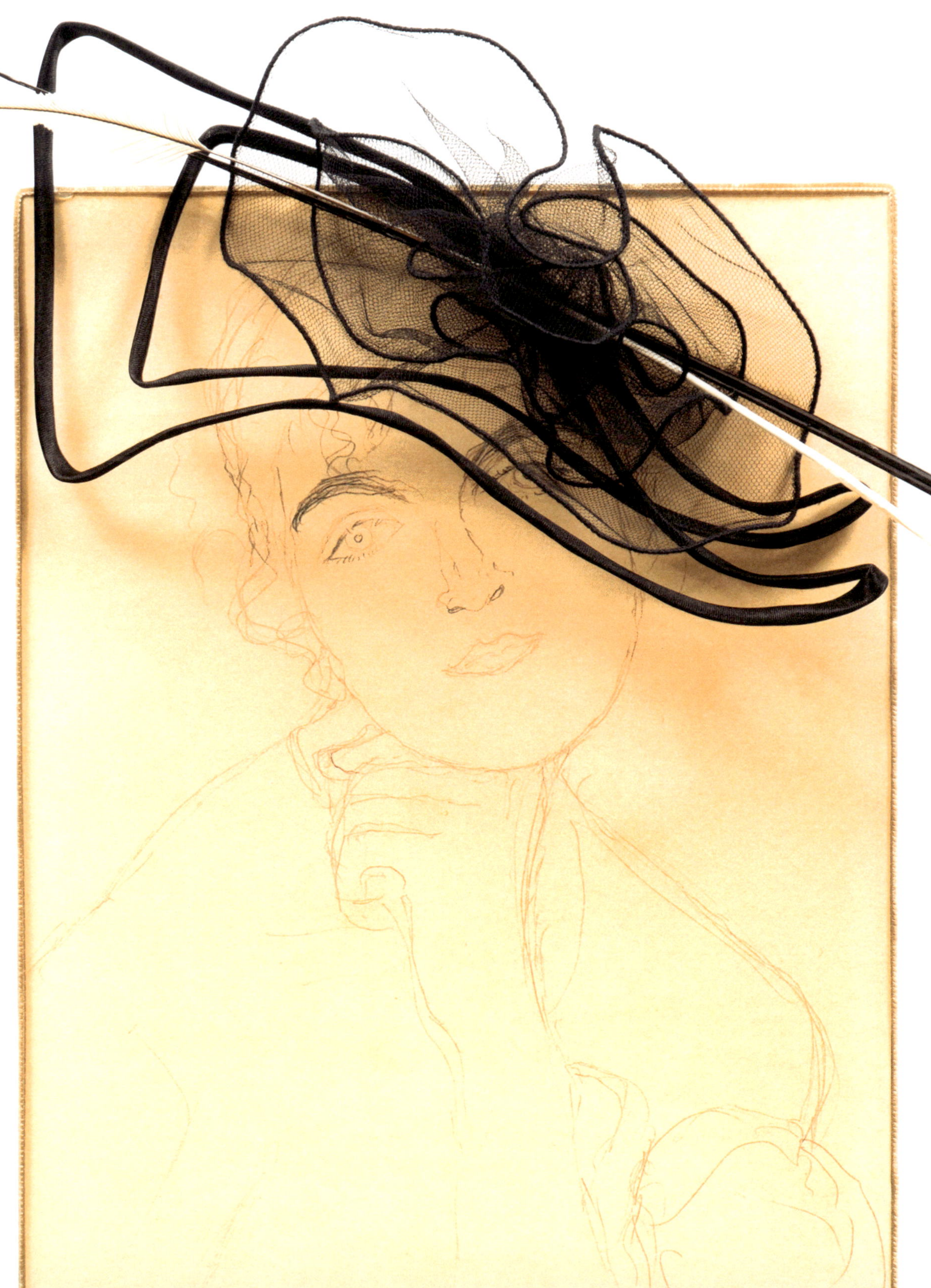

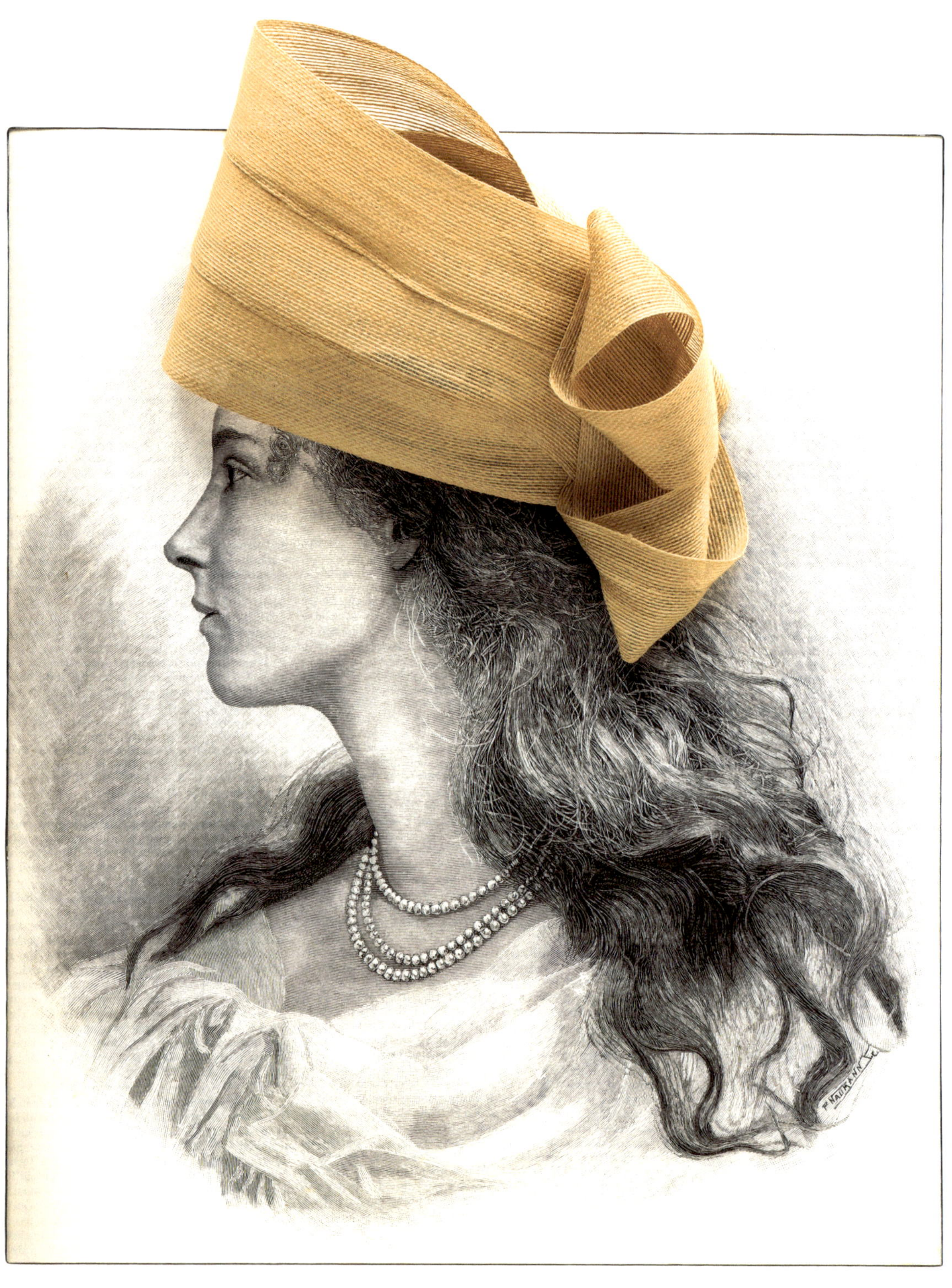

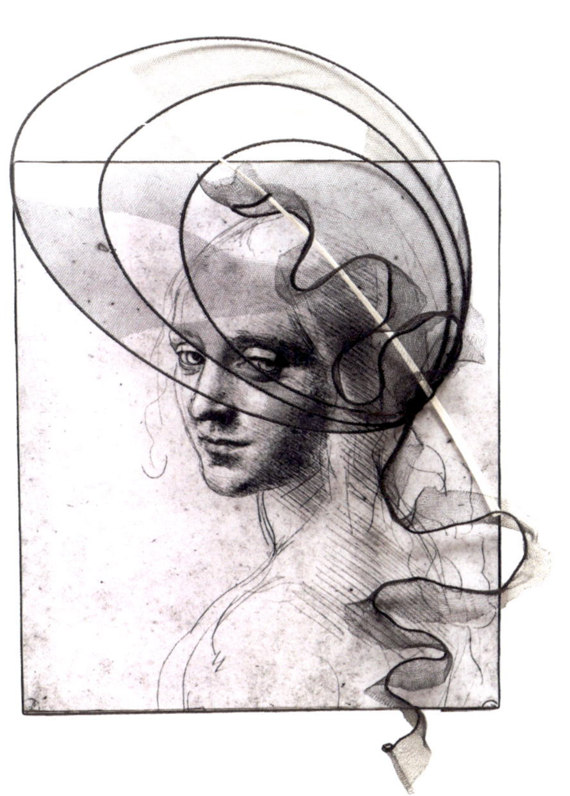

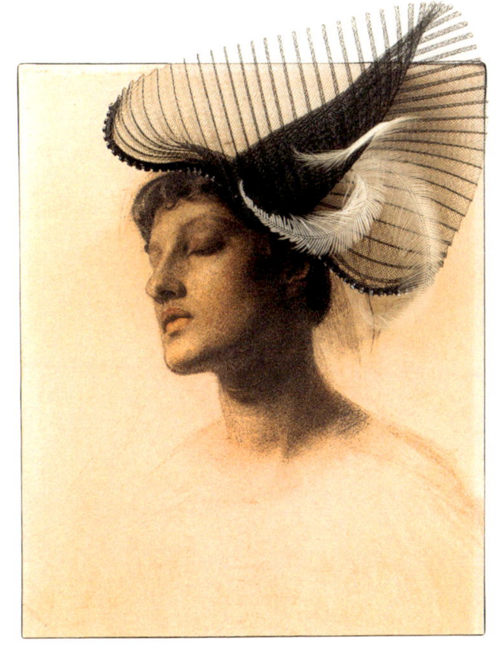

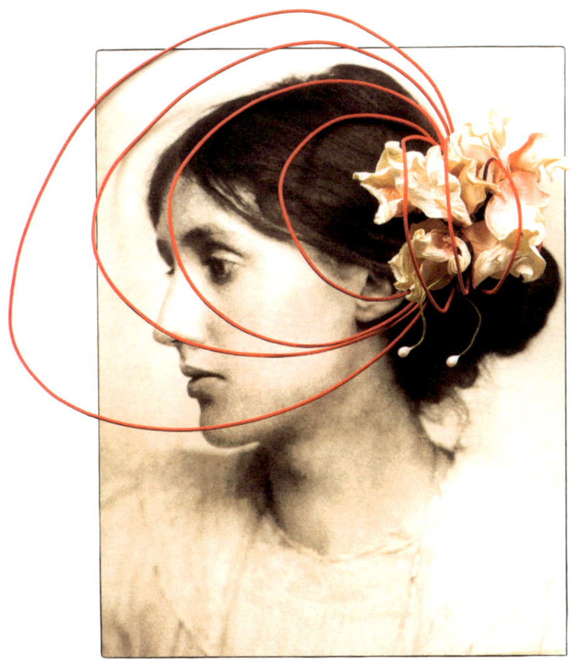

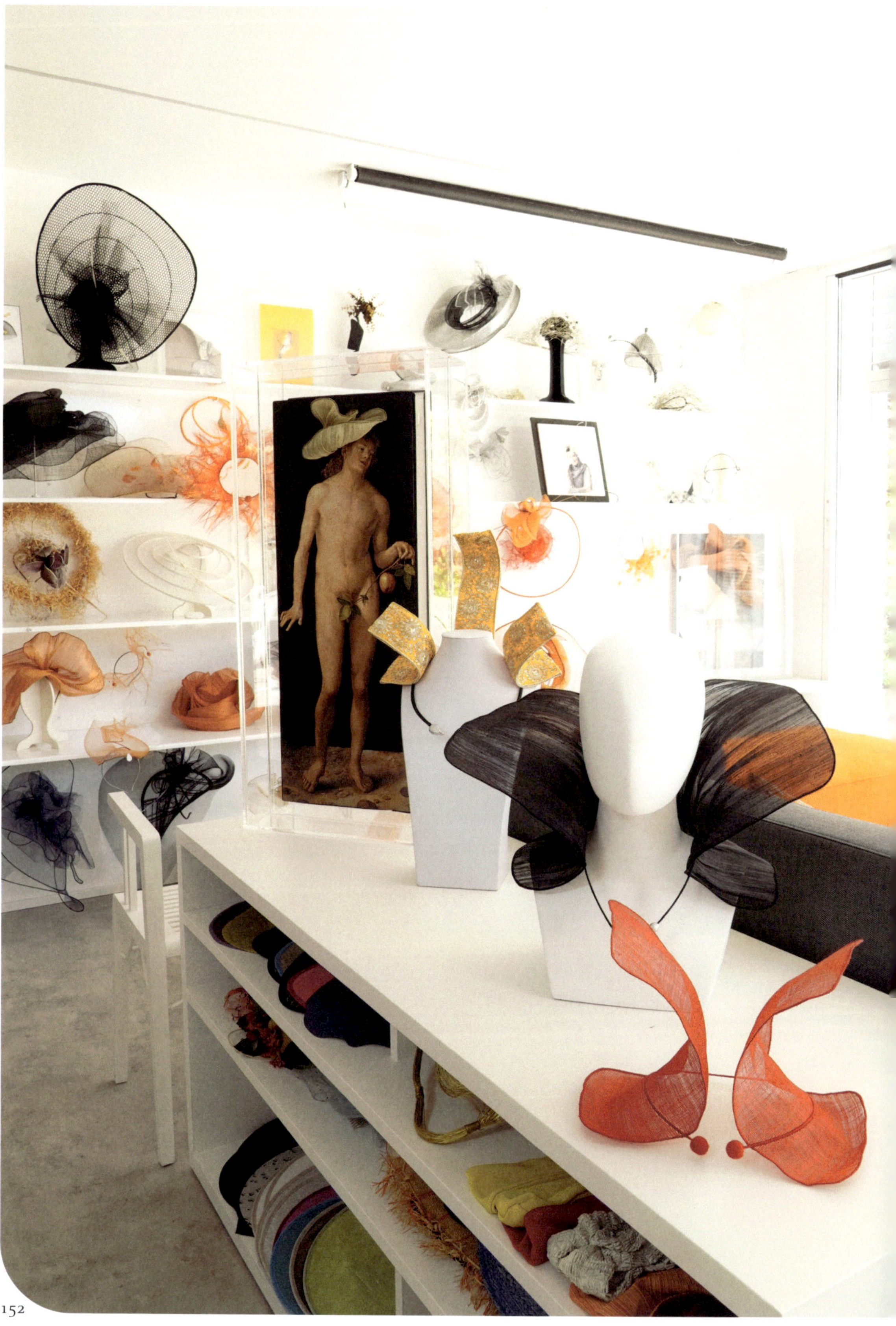

p. 61: Cinta de yute, alambre y goma / Hessian ribbon, wire and elastic. 2001.

p. 62: Madera tintada / Stained wood. 2001.

p. 63: Foto superior: varillas de abanico de madera y cordón de raso / Top: wooden fan sticks and satin cord. Foto inferior: varillas de abanico de madera e hilo de algodón / Bottom: wooden fan sticks and cotton string. 2001.

p. 64: Mimbre y madera tintada / Stained wood and wicker. 2001.

p. 65: Varillas de abanico teñidas y tul / Dyed fan sticks and netting. 2001.

pp. 66-67: Licra, alambre y algodón / Lycra, wire and cotton. 1987.

pp. 68-69: Licra, alambre y varillas de bambú / Lycra, wire and bamboo sticks. 1987.

pp. 70-71: Polímero, tarlatana y remaches / Polymer, tarlatan and studs. 1995.

pp. 72-73: Polímero y alambre / Polymer and wire. 1995.

pp. 74-75: Licra, alambre y cinta de algodón / Lycra, wire and cotton ribbon. 2003.

pp. 76-77: Crin ondulado, alambre bordado y galón strass / Linear-pattern crin, thread-wrapped wire and rhinestone trim. 2020.

p. 78: Licra, alambre y cinta de algodón / Lycra, wire and cotton ribbon. 2003.

p. 79: Crin plisado y cinta de seda / Pleated crin and silk ribbon. 2020.

pp. 80-81: Mimbre, alambre y hojas de seda / Wicker, wire and silk leaves. 2020.

pp. 82-83: Cinta de seda, alambre y hojas / Silk ribbon, wire and leaves. 2020.

pp. 84-85: Alambre bordado y hojas / Thread-wrapped wire and leaves. 2019.

pp. 86-87: Mimbre, alambre y hojas / Wicker, wire and leaves. 2020.

pp. 88-89: Acetato, polímero, alambre y cristal / Acetate, polymer, wire and glass. 2017.

p. 90: Cinta de raso, hojas, crin, mimbre y fieltro / Satin ribbon, leaves, crin, wicker and felt. 2019.

p. 91: Sinamay seda, alambre y rama vegetal / Silk sinamay, wire and plant stems. 1998.

p. 92: Foto superior: sinamay seda y alambre / Top: silk sinamay and wire. Foto inferior: sinamay, gasa y alambre / Bottom: sinamay, chiffon and wire. 1998.

p. 93: Sinamay seda y alambre / Silk sinamay and wire. 2020.

pp. 94-95: Licra, ballena forrada y plumas / Lycra, covered corset stays and feathers. 2005.

pp. 96-97: Tul, alambre, hoja de palma y pan / Netting, wire, palm leaf and bread. 2007.

pp. 98-99: Crin y alambre / Crin and wire. 2019.

pp. 100-101: Crin plisado / Pleated crin. 2020.

p. 102: Tul, alambre y flores / Netting, wire and flowers. 2019.

p. 103: Licra y hojas / Lycra and leaves. 1994.

p. 104: Cinta de raso, alambre, hojas, fieltro y mimbre / Satin ribbon, wire, leaves, felt and wicker. 2019.

p. 105: Crin de rombo, crin ondulado y foam / Diamond-pattern crin, linear-pattern crin and foam. 2020.

pp. 106-107: Crin, alambre, fieltro y foam / Crin, wire, felt and foam. 2020.

p. 108: Crin y alambre / Crin and wire. 2019.

p. 109: Polímero, alambre y fieltro / Polymer, wire and felt. 2019.

p. 110: Foto superior: crin y alambre / Top: crin and wire. Foto inferior: sinamay seda, alambre y fieltro / Bottom: silk sinamay, wire and felt. 2019.

p. 111: Sinamay seda, alambre, cordón y hojas / Silk sinamay, wire, cord and leaves. 2019.

pp. 112-113: Sinamay seda, alambre y fieltro / Silk sinamay, wire and felt. 2020.

p. 115: Cinta de terciopelo bordada, alambre y metal / Embroidered velvet ribbon, wire and metal. 2020.

pp. 116-117: Cordón de seda, alambre forrado y bolitas / Silk cord, covered wire and beads. 1994.

pp. 118-119: Cordón, cinta de seda, aros de baquelita y cuero / Cord, silk ribbon, Bakelite hoops and leather. 1994.

pp. 120-121: Licra, raso, algodón y cuero / Lycra, satin, cotton and leather. 1994.

p. 122: Cinta de raso y flores / Satin ribbon and flowers. 1994.

p. 123: Tubos de cristal, cinta, hojas y pétalos plastificados / Glass tubes, ribbon, laminated petals and leaves. 1994.

p. 124: Cartón, madera y cordón / Paperboard, wood and cord. 1995.

p. 125: Polímero, cristal, madera y botones / Polymer, glass, wood and buttons. 1995.

p. 127: Película fotográfica y cristal / Photographic film and glass. 1994.

pp. 128-129: Cinta de raso, mimbre, alambre y hojas / Satin ribbon, wicker, wire and leaves. 2017.

pp. 130-131: Polímero, pistilos y remaches / Polymer, pistils and studs. 1995.

p. 132: Polímero y remaches / Polymer and studs. 1995.

p. 133: Seda bordada, gasa y cristal / Embroidered silk, chiffon and glass. 1996.

p. 134: Foto superior: licra y alambre / Top: Lycra and wire.
Foto inferior izquierda: polímero / Bottom left: polymer.
Foto inferior derecha: licra y alambre / Bottom right: Lycra and wire. 1994.

p. 135: Radiografía / X-ray. 1994.

p. 136: Papel, grafito, acuarela y paja / Paper, pencil, watercolour and straw. 2001.

p. 137: *Retrato de un hombre con una sortija / Portrait of a Man with a Ring*, Francesco del Cossa, ca. 1472-77. Papel vegetal y malla metálica / Tracing paper and metallic mesh. 2009.

pp. 138-139: Papel, grafito, acuarela y paja / Paper, pencil, watercolour and straw. 2001.

p. 140: Foto superior izquierda: *Ana Bolena*, artista desconocido, 1533-36. Alambre y perlas / Top left: *Anne Boleyn*, unknown artist, 1533–36. Wire and pearls.
Foto superior derecha: *Retrato de una dama*, Rogier van der Weiden, ca. 1460. Sinamay seda y pluma / Top right: *Portrait of a Lady*, Rogier van der Weiden, ca. 1460. Silk sinamay and feather.
Foto inferior / Bottom: *Sigismondo Pandolfo Malatesta*, Piero della Francesca, ca. 1450-51. Seda plisada / Pleated silk. 2009.

p. 141: *Retrato de una infanta. Catalina de Aragón (?) / Portrait of an Infanta. Catherine of Aragon (?)*, Juan de Flandes, ca. 1493. Sinamay seda y broche / Silk sinamay and brooch. 2009.

p. 142: Foto izquierda / Left: *Tête de femme*, Amedeo Modigliani, 1913. Varillas de madera teñidas / Dyed wooden sticks. 2009.
Foto derecha / Right: *Estampa de mujer / Print of a Woman*, Kitagawa Utamaro, 1793.

p. 143: *Estampa de mujer / Print of a Woman*, Kitagawa Utamaro, 1793. Coral artificial / Artificial coral. 2009.

p. 144: *La ninfa de la fuente*, Lucas Cranach el Viejo, ca. 1530-34. Ramas y alambre. 2009 / *The Nymph of the Spring*, Lucas Cranach the Elder, ca. 1530–34. Plant stems and wire. 2009.

p. 145: *Adán y Eva*, Alberto Durero, 1507. Sinamay seda, alambre, tul y hojas. 2009 / *Adam and Eve*, Albrecht Dürer, 1507. Silk sinamay, wire, netting and leaves. 2009.

p. 146: *Dama del armiño / Lady with an Ermine*, Leonardo da Vinci, ca. 1490. Tul y broche / Netting and brooch. 2009.

p. 147: Foto superior izquierda / Top left: *Retrato de una joven dama / Portrait of a Young Woman*, Piero del Pollaiolo, ca. 1472. Hojas y flores de papel / Paper flowers and leaves. 2009.
Foto superior derecha / Top right: *El Cardenal*, Rafael / *The Cardinal*, Raphael, 1510-11. Pétalos / Petals. 2009.
Foto inferior / Bottom: *Retrato de un joven de perfil / Profile Portrait of a Young Man*, Masaccio, 1430-50. Hilos de seda / Silk threads. 2009.

p. 148: *Mujer joven (figura sobre fondo blanco) / Girl (figure on white background)*, Kazimir Malevich, 1928-32. Pétalos, tul y varillas de bambú / Petals, netting and bamboo sticks. 2009.

p. 149: *Mujer de frente / Woman Facing Forwards*, Gustav Klimt, 1916. Tul, alambre y plumas / Netting, wire and feathers. 2012.

p. 150: Grabado desconocido. Cinta de yute / Anonymous print. Hessian ribbon. 2012.

p. 151: Foto superior izquierda / Top left: *Cabeza de joven mujer. Estudio para la cabeza del ángel Uriel de La Virgen de la Roca / Head of a Young Woman. Study for the head of the angel Uriel in The Virgin of the Rocks*, Leonardo da Vinci, 1483-85. Tul, alambre y pluma / Netting, wire and feather. 2009.
Foto superior derecha / Top right: *Estudio de las aguas del Leteo / Study of the waters of Lethe*, Frederick Sandys, 1870-74. Crin plisado y pluma / Pleated crin and feather. 2012.
Foto inferior / Bottom: Virginia Woolf. Mimbre, pétalos y pistilos / Wicker, petals and pistils. 2012.

pp. 152, 157: Estudio de Candela Cort / Candela Cort's studio. Madrid. 2020.

p. 159: Candela Cort. Papel, gasa, licra, alambre y goma / Paper, chiffon, Lycra, wire and elastic. 1990.

p. 160: Candela Cort. Tul, alambre y algodón / Netting, wire and cotton. 1995.

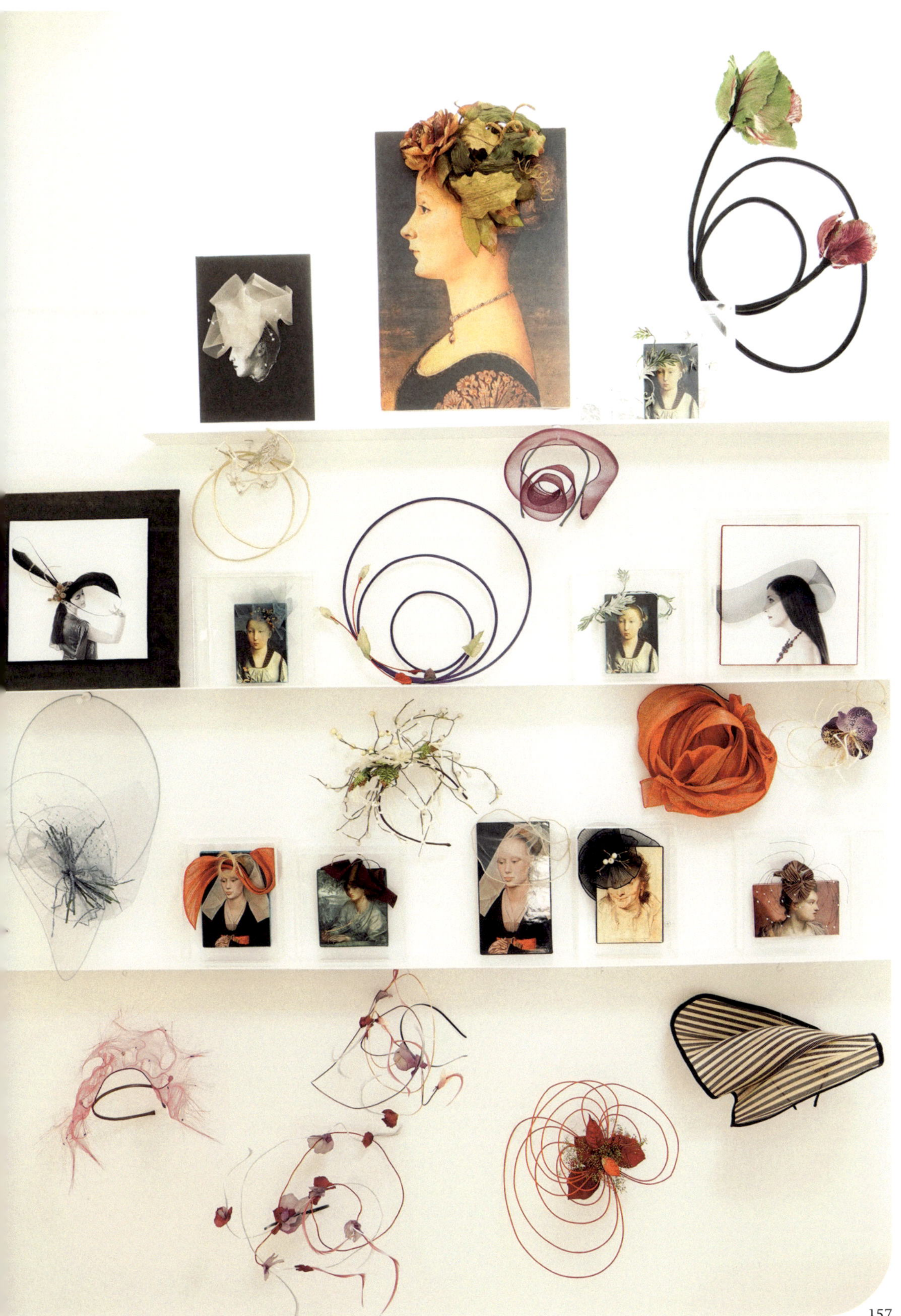

LA FABRICA

Presidente | President
Alberto Anaut

Vicepresidente | Vice President
Alberto Fesser

Director de La Fábrica Editorial | Publishing Director
César Martínez-Useros

Directora Editorial | Editorial Content Manager
Camino Brasa

Director de Distribución | Distribution Manager
Raúl Muñoz

La Fábrica
Verónica, 13
28014 Madrid
T. +34 91 360 13 20
edicion@lafabrica.com
www.lafabrica.com

Edición | Publisher
La Fábrica

Obras | Works
Candela Cort

Texto | Text
Anatxu Zabalbeascoa

Diseño gráfico | Graphic designers
Leona
Miguel Valverde

Fotografías | Photographs
Manuela Lorente

Traducción | Translations
Art in Translation

Retoque fotográfico | Image editing
Alberto Cubero

Producción | Production
Adriana Rodríguez

Impresión | Printing
Artes Gráficas Palermo

Las tipografías utilizadas en este libro son Azo Sans y Spectral, y ha sido impreso en Papel Pergraphica Smooth Classic de 150 g / The typefaces used in this book are Azo Sans and Spectral, and it has been printed on 150-gram Pergraphica Smooth Classic paper

Fotografía de cubierta | Cover photograph
Manuela Lorente, 2019

Este libro está dedicado a Manuela y Javier
This book is dedicated to Manuela and Javier

Agradecimientos
Quiero expresar mi agradecimiento a todas las personas que han participado en la edición de este libro. Muy especialmente, a Anatxu Zabalbeascoa por su desinteresada colaboración y el generosísimo texto sobre mi obra. También quiero dar las gracias a mi familia y amigos, a los medios de comunicación y a todos los que me han acompañado en el trayecto. Con ellos hice el camino. Muchos me dieron su incondicional apoyo, otros aportaron las críticas y el debate, otros fueron fuente de inspiración. Y entre todos contribuyeron, siempre sumando, a esta obra a la que he dedicado con pasión toda mi vida.

Acknowledgements
I would like to thank all the people who participated in the publication of this book. In particular, I am grateful to Anatxu Zabalbeascoa for her selfless contribution and amazingly generous text about my work. I also want to thank my family and friends, the media and all those who have accompanied me on this journey. They were with me every step of the way. Many gave me their unconditional support, some provided constructive criticism and debate, and others supplied inspiration. But they all contributed, always positively, to this endeavour which has been my lifelong passion.

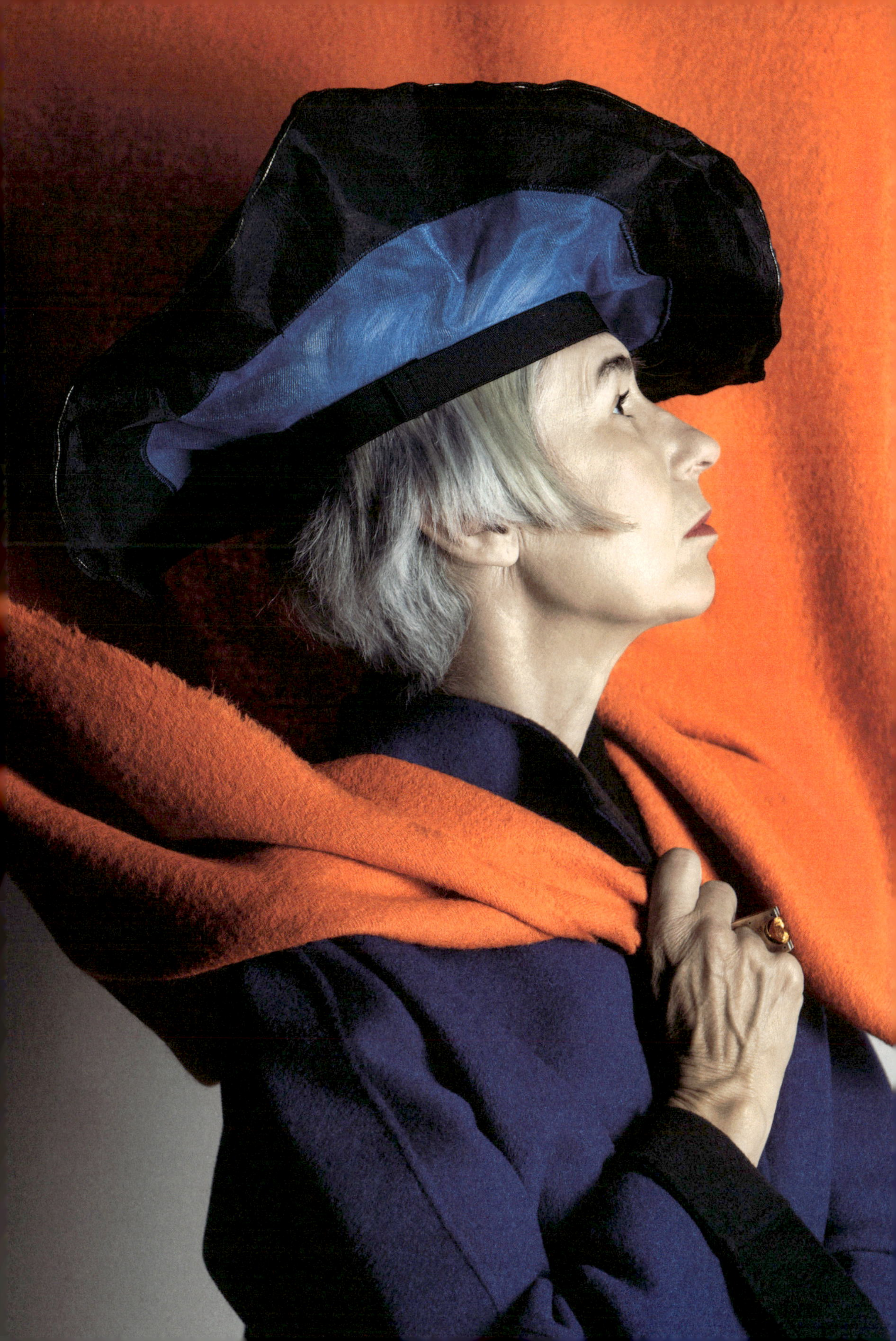

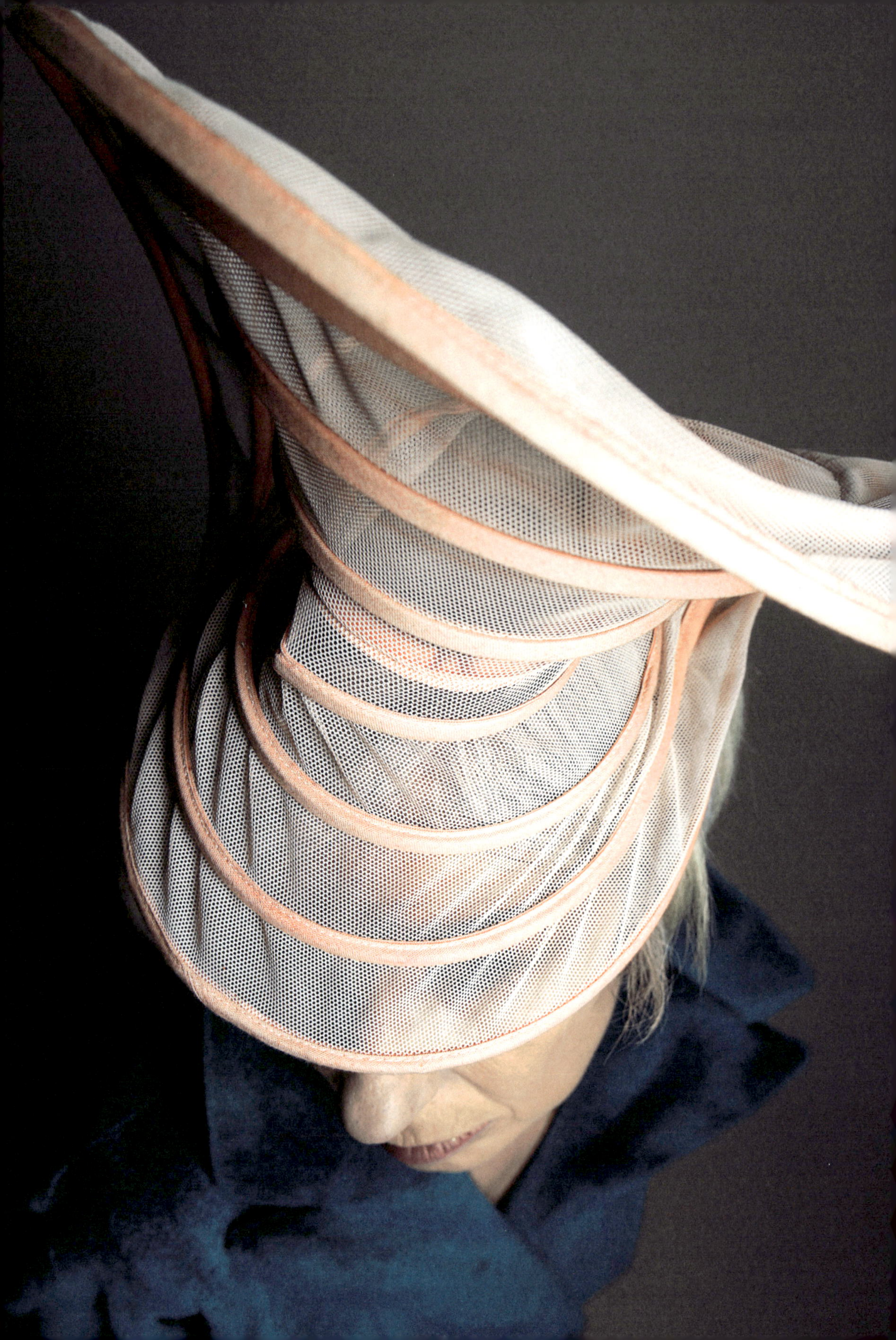